陕西高校青年创新团队——国际陆港物流运营管理创新团队
陕西省科技厅项目（2023-GHYB-10）：“一带一路”框架下中欧班列运营管理创新联合研究

国际陆港与中欧班列

International Dry Port and CR Express

王慧珍◎著

中国经济出版社
CHINA ECONOMIC PUBLISHING HOUSE
北 京

图书在版编目（CIP）数据

国际陆港与中欧班列 / 王慧珍著. -- 北京 ：中国经济出版社，2025. 3. -- ISBN 978-7-5136-8105-6

Ⅰ. F541；F530. 85

中国国家版本馆 CIP 数据核字第 2025R5Q544 号

责任编辑 冀 意
责任印制 李 伟
封面设计 久品轩

出版发行 中国经济出版社
印 刷 者 宝蕾元仁浩（天津）印刷有限公司
经 销 者 各地新华书店
开　　本 710mm×1000mm 1/16
印　　张 15. 75
字　　数 264 千字
版　　次 2025 年 3 月第 1 版
印　　次 2025 年 3 月第 1 次
定　　价 88. 00 元
广告经营许可证 京西工商广字第 8179 号

中国经济出版社 **网址** http://epc. sinopec. com/epc/ **社址** 北京市东城区安定门外大街 58 号 **邮编** 100011
本版图书如存在印装质量问题，请与本社销售中心联系调换（联系电话：010-57512564）

前言

PREFACE

国际陆港与中欧班列协同推动了内陆城市的“沿海化”[①] 进程和全球贸易的便捷化。国际陆港作为现代物流体系中的重要节点，不仅具备传统的货物集散功能，还涵盖报关、检验检疫、保税仓储等综合服务。自2008年西安国际港务区成立以来，其发展备受瞩目。特别是2013年中欧班列“长安号”开通后，国际陆港与中欧班列的关系更为紧密。

中欧班列不是一条普通的运输线路，它凭借高频次、定时定班的运营模式，显著提升了货物的运输效率和准点率，从而成为跨国企业优化供应链管理的重要选项。国际陆港作为中欧班列的起点和终点，为其高效运行提供了强有力的后勤保障。

国际陆港与中欧班列之间存在互补与依存的关系。国际陆港作为中欧班列的物理支撑和服务提供者，为其高效运行提供了坚实保障；而中欧班列的发展则推动了国际陆港的扩建与升级，促进了内陆城市的经济发展和对外开放。这种相互作用不仅加快了内陆城市的“沿海化”进程，更在全球范围内推动了贸易和物流的便捷化。

中欧班列被誉为新时代的“钢铁驼队”，创造了现代物流奇迹，不仅拉近了中欧之间的距离，更成为“一带一路”倡议下连接亚欧大陆的重要桥梁。从早期的偶尔尝试到如今的常态化运行，中欧班列的发展可谓突飞猛进。郑州、合肥等城市国际陆港的先后建立，不仅为中欧班列提供了强大的物流支持，更为内陆城市开辟了通向世界的新道路，将“沿海化”的内陆城市梦想变为现实。

本书聚焦中欧班列与国际陆港的发展历程，揭示其背后的战略意义及

---

① 内陆城市通过国际陆港和中欧班列等物流通道，实现类似沿海城市的国际贸易便利性。

其对区域经济的深远影响。通过详尽的数据分析与案例研究，展现现代丝绸之路上的繁荣景象，并探讨中欧班列与国际陆港对推动全球贸易、促进区域发展的重要作用。读者不仅可以从中了解中欧班列运营的具体情况，更能深刻感受国际陆港在全球化时代中的独特价值。

在全球化的浪潮中，国际贸易的动脉日益畅通，而陆港作为现代物流体系的重要组成部分，发挥着越来越重要的作用。本书不仅为我们提供了理论的指导，更通过实践总结与前瞻性分析，展现了国际陆港与中欧班列的实际价值。无论是对学者、学生，还是对从业者和政策制定者，它都是一份宝贵的资料，不仅能帮助读者更好地理解国际陆港和中欧班列的现状和未来，还能激发读者对全球物流和贸易新格局的思考和探索。

在本书的编写过程中，我们注重理论与实践的结合。通过详尽的数据收集和分析，深入探讨了国际陆港的发展趋势、运营模式以及中欧班列的运营情况及其对国际贸易的影响。本书的出版得到了众多专家、学者和从业者的支持和帮助。尤其是第 8 章中欧班列与国际贸易的编写，杜跃平教授、张慧文副教授、罗宁副教授和谢聪利副教授参与其中，在此，向他们表示衷心的感谢！

随着数字化和绿色物流的发展，国际陆港和中欧班列将面临新的机遇与挑战。未来，我们将继续关注国际陆港和中欧班列的发展动态，不断更新和完善相关内容，为推动物流和国际贸易的发展贡献力量，并探索其在全球价值链中的应用。同时，我们也欢迎广大读者提出宝贵意见和建议，共同促进本书的完善。

由于本人学术水平有限，本书难免存在疏漏，敬请各位同人批评指正。

王慧珍

2024 年 9 月

目录

CONTENTS

第一章　国际陆港概述 …… 001

一、国际陆港的含义及研究的主要内容 …… 001

二、国际陆港的特点与发展模式 …… 004

三、国际陆港的业务功能 …… 008

四、国际陆港的发展机理 …… 012

五、陆港发展历程 …… 016

第二章　国际陆港系统 …… 026

一、国际陆港系统概述 …… 026

二、国际陆港系统构成 …… 027

三、国际陆港节点 …… 030

四、国际陆港网络及其构建 …… 031

五、国际陆港物流系统运作模式 …… 032

六、国际陆港物流系统建设的建议 …… 033

第三章　典型国际陆港枢纽 …… 036

一、西安陆港型国家物流枢纽 …… 036

二、成都陆港型国家物流枢纽 …… 043

三、重庆陆港型国家物流枢纽 …… 049

四、郑州陆港型国家物流枢纽 …… 054

第四章 国际陆港物流能力评价 …… 058

一、"一带一路"与国际陆港物流的关系 …… 058
二、国际陆港物流能力评价 …… 062
三、基于熵权-TOPSIS 法的国际陆港物流能力评价模型的构建 …… 069
四、基于熵权-TOPSIS 法的陕西国际陆港物流能力评价 …… 075
五、陕西国际陆港物流能力提升对策 …… 081

第五章 国际陆港物流通道——中欧班列 …… 097

一、中欧班列相关研究现状综述 …… 097
二、中欧班列概述 …… 099
三、中欧班列"长安号"发展现状 …… 103
四、中欧班列"长安号"运行中存在的问题 …… 113
五、中欧班列高质量运行的路径及发展对策 …… 115
六、保障措施 …… 126

第六章 建设集结中心发展多式联运 …… 128

一、多式联运相关研究概述 …… 128
二、以西安为例构建国际陆港物流多式联运服务体系 …… 131
三、建立中欧班列(西安)集结中心，发展多式联运 …… 134

第七章 中欧班列运营效率评价研究 …… 146

一、中欧班列运营效率评价概述 …… 146
二、相关概念及理论基础 …… 151
三、中欧班列运营现状分析 …… 159
四、中欧班列"长安号"运营现状 …… 161
五、中欧班列运营效率评价 …… 168
六、中欧班列运营效率制约因素及发展建议 …… 174

第八章　中欧班列与国际贸易 …………………………………………… 179

一、中欧班列对地区国际贸易影响的理论分析 ……………………… 179
二、陕西对外贸易发展现状 …………………………………………… 181
三、中欧班列“长安号”对陕西外贸增长和贸易结构的影响分析 …… 189
四、中欧班列“长安号”对陕西贸易结构影响的分析 ……………… 208
五、推动中欧班列“长安号”发展，促进陕西外贸增长和结构优化的政策建议 ………………………………………………………………… 226

参考文献 ……………………………………………………………… 235

第一章

国际陆港概述

一、国际陆港的含义及研究的主要内容

（一）国际陆港的含义

国际陆港也被称为“内陆港”，是位于内陆经济中心城市的铁路、公路交会处的，便于货物装卸和暂存的车站。它是依照有关国际运输法规、条约和惯例设立的对外开放的国际商港。国际陆港除不具备港口装卸货物功能外，拥有港口和物流的全部功能，是沿海港口在内陆经济中心城市的支线港口和现代物流的操作平台。

在内陆地区，国际陆港具备国际货运的单证办理、货物查验、货物装卸、存储配送等功能。因此，国际陆港能使内陆进出口商品就地完成订舱、报关、报检等手续，提升货物流通效率。根据功能定位、服务范围、运输规模、运量构成和辐射范围等，国际陆港可分为不同类型，例如综保型、联运型和公路型等。每一种类型的陆港都具有独特的功能和服务，以满足不同地区的经济发展需求。

总的来说，国际陆港有力地推动了区域经济的快速发展，其在国内外的发展都非常迅速。它通过提供高效、便捷的物流服务，帮助内陆地区的企业更好地融入全球经济体系，促进了内陆地区的经济繁荣。

对于在内陆无水地区建设的具有港口服务功能的物流节点，不同的学者对其有不同的称谓，国外一般称“dry port”和“inland port”；国内学者则使用“国际陆港”“干港”“内陆港”等名称。实际上，这几种名称的内涵基本相同，只有“inland port”（内陆港）与其他名称稍有差异。

欧盟委员会（European Commission）认为，dry port 是与海港在地理上直接相连的内陆场站。Roson（2010）认为 dry port 是与海港通过铁路连接的内陆多式联运终端，它和海港一样，能为货主提供收货、取货、报关等一系列

服务。

与欧洲不同，美国学者习惯将内陆地区建设的具有港口服务功能的物流节点称为“inland port”。美国学者认为内陆港位于远离海港、空港或陆地边界的内陆地区，能够为国际贸易提供货物通关等物流增值服务，以及多式联运服务。

提出内陆港概念是为了解决进出口贸易中出现的物流阻塞问题。而广义的内陆港还包括位于内河的河口港。席平（2007）根据内陆地区发展国际贸易的需求，提出了“国际陆港”这一概念，他认为，国际陆港是在内陆经济中心城市的铁路、公路交会处，依照有关国际运输法规、条约和惯例设立的对外开放的国际商港，是沿海港口在内陆经济中心城市的支线港口和现代物流的操作平台，为内陆地区经济发展提供快捷高效的国际港口服务。

张戎、艾彩娟（2010）将内陆港定义为在港口内陆腹地建立的，具有口岸功能和综合物流服务功能的多式联运设施。它通常以腹地大型的交通枢纽（如铁路集装箱中心站）及物流园区为载体，通过赋予其新的功能或政府政策，发展为具有海港基本功能的内陆口岸。

吕顺坚等（2007）认为国际陆港也叫内陆港，是指在内陆地区建立的具有报关、报验、签发提单等港口服务功能的物流中心。在国际陆港内设置海关、动植物检疫、商检、卫检等监管机构，为客户通关提供服务，同时，货代、船代和船公司也在国际陆港内设立分支机构，以便收货、还箱、签发以当地为起运港或终点港的多式联运提单。内陆的进出口商则可以在当地完成订舱、报关、报检等手续，将货物交给货代或船公司。国际陆港除没有港口装船、卸船的功能外，其他功能与港口基本相同。

杨睿（2006）认为干港是为当地客户和船公司提供服务的内陆集装箱中转站。除没有港口装卸货物功能外，它的功能和港口是相同的。船公司在当地设立分支机构和堆场，确定该地为公司服务网络中的收货点和还箱点，为客户签发以当地为起运港或终点港的多式联运提单，提供全程物流服务。内陆的进出口贸易商在当地就能办理订舱、报关、报检等手续，将货物交给船公司，拿到提单，或在清关取货后将空箱交还船公司，实现对货主“门到门”的一站式服务。

从上述定义可以看出，由于所处的国情和环境不同，这些定义的侧重点各有不同，其中有些定义还存在着一定的局限性。因此，有必要对这些定义进行综合分析，形成有代表性的、概括性强的、反映陆港核心内涵的定义。

欧盟委员会的定义较好地说明了 dry port 的空间属性，但没有阐述其核心功能特点，具有一定的局限性。Roson（2010）对 dry port 的定义是基于欧洲国际陆港发展和内陆运输现状提出的。虽然欧洲铁路和公路运输系统都较为发达，但公路运输在内陆集装箱运输市场占主导地位，铁路运输份额较小。由于铁路运输比公路运输污染小，环保优势明显，因此欧洲政府倾向于提高铁路运输在内陆集装箱运输市场中的份额。而作为内陆集装箱运输终端的国际陆港，需要有铁路与港口相连。所以 Roson（2010）在国际陆港的定义中除了强调国际陆港的功能，还强调了国际陆港与海港必须有铁路相连。美国学者提出的 inland port 这一概念是基于美国国情提出的，美国海铁联运相当发达，作为内陆集装箱运输终端的内陆港一般都有专有铁路与港口相连，因此在内陆港定义中没有突出强调运输方式，而是强调了内陆港的功能，内陆港除没有港口装卸船功能外，要具备与港口一样的其他功能。

与欧美国家不同，出于多方面原因，我国海铁联运在港口集装箱吞吐量中所占比例较小，很难在短时间内大幅提高海铁联运在港口集装箱吞吐量中的比例，所以我国学者对陆港的定义都没有强调运输能力。席平（2007）的国际陆港定义主要强调了国际陆港的地理属性，而对国际陆港具备的功能阐述得很模糊。张戎、艾彩娟（2010）对内陆港的定义比较全面地阐述了内陆港的功能，但对内陆港的地理属性描述得不够。吕顺坚等（2007）的国际陆港定义对国际陆港的功能阐述得不够清楚。杨睿（2006）的干港定义较为全面地阐述了干港的功能。

综上所述，国际陆港、内陆港、干港的内涵基本一致，其中国际陆港和干港实质上是由 dry port 翻译而来的，只不过翻译后的称谓不同。而内陆港的概念相对宽泛些，有时也可以指位于江河边的河港。本书采用国际陆港这一称谓，一是因为陆港与海港、空港等名称相对应，便于理解；二是体现其具有国际物流功能的特点。综合以上分析，本书对国际陆港的定义：①位于内陆无水地区，与沿海港口、沿海口岸或空港之间有便利的运输通道，具有报关、报检等口岸功能的物流节点；②设在内陆经济中心城市铁路、公路交会处，便于货物装卸和暂存的车站；③依照有关国际运输法规、条约和惯例设立的对外开放的国际商港。

（二）国际陆港研究的主要内容

国际陆港研究的主要内容涉及多个方面，包括国际陆港的概念与定义、发展模式与实践、相关制度制定与对策、相关技术创新等。

(1) 关于国际陆港的概念与定义，主要探讨国际陆港作为内陆地区货物集散中心的特性，突出其便捷的交通网络和物流配套设施的重要性。这些研究为理解国际陆港与传统港口的区别奠定了基础。

(2) 关于国际陆港的发展模式与实践，分析不同国家和地区的陆港发展模式，如以货运中心、物流园区、跨境物流中心等为代表的发展模式。通过对各种模式的案例分析，总结研究各种模式的特点和适用条件，为国际陆港的发展提供了实践经验和启示。

(3) 国际陆港的相关制度与对策制定是国际陆港研究中的另一个重要内容，包括国际陆港空间布局优化、提升物流效率、促进产业集聚等方面的制度制定。特别是在全球化和区域经济一体化的背景下，研究如何通过制度创新和政策支持来推动国际陆港的发展，具有重要的现实意义。

(4) 技术创新是国际陆港研究的一个重要领域。例如，利用物联网、传感网、云计算等先进技术来提升国际陆港的智能化水平，实现物与物、物与人、人与人之间的广泛互联互通，提升信息交互的全面性与高效性。这些技术创新不仅有助于提高国际陆港的服务水平和效率，也为国际陆港的可持续发展提供了新的动力。

总的来说，国际陆港研究是一个跨学科的综合研究领域，涉及物流学、交通工程、经济学、地理学、信息技术等多个学科。通过深入的研究和实践探索，我们可以更好地理解和把握国际陆港的发展规律，为推动全球贸易和区域经济发展提供有力的支持。

二、国际陆港的特点与发展模式

（一）国际陆港的特点

1. 从国际陆港与经济发展的关系看国际陆港的特点

(1) 地理位置明确。国际陆港设在内陆经济中心城市，且通常位于铁路、公路交会处。这样的位置设置不仅更贴近进出口企业，便于货物的快速集散，同时也利用了铁路和公路的运输优势，降低了国际运输成本，提高了集疏效率。

(2) 功能定位明确。国际陆港是依照有关国际运输法规、条约和惯例设立的对外开放的通商口岸，它直接融入国际运输网络，成为沿海港口或沿边口岸功能在内陆的延伸地，让处于内陆地区的外贸企业在当地就可以完成订舱、报关及报检等手续，大大提高了国际贸易货物流通的效率。

（3）物流平台关键。国际陆港是内陆地区现代物流的重要操作平台，通过提供高效、便捷的物流服务，帮助内陆地区的企业更好地融入全球经济体系。同时，国际陆港也是内陆地区经济发展的重要推动力，推动了内陆地区的经济繁荣。

（4）设施完善且先进。国际陆港通常配备完善的物流设施和设备，包括仓库、堆场、装卸设备、运输工具等，以满足各种货物的存储、装卸和运输需求。这些设施和设备的使用提高了国际陆港的物流处理能力和效率。

（5）多式联运协同。国际陆港支持多种运输方式的联运，包括铁路、公路、航空等。这种多式联运不仅提高了货物的运输效率，还降低了运输成本，使内陆地区的货物能够更快速、更便捷地到达全球市场。

综上所述，国际陆港凭借其独特的地理位置、功能定位、物流平台、完善设施及多式联运等特点，为内陆地区的经济发展提供了重要支持与坚实保障。

2. 从国际陆港的定义看国际陆港的特点

（1）地处内陆无水地区。国际陆港与一般港的最大区别在于它既不临海，也不靠近内河，而是位于内陆无水区域。这类内陆无水区域既涵盖西安、兰州、石家庄等内陆城市所在地（如位于石家庄经济技术开发区的石家庄内陆港），也包括大连、深圳等沿海城市的非临海区域（如距离大连港大窑湾集装箱码头 20 千米的大连陆港物流基地）。

（2）手续便捷高效通关。国际陆港的一项重要服务功能是设有海关和检验检疫部门等政府机构，这样可以方便地办理通关手续。进出口的报关、通关和清关等工作在国际陆港可一次完成，即一次结关，无须在沿海沿边海关再次进行“一关三检”，这一模式显著提高了货物流转效率，降低了相应的运输成本，同时极大地提升了国际陆港在国际贸易中的地位，有利于国际陆港的不断发展壮大。国际陆港出现之前，内陆地区各类有进出口业务的企业，都需前往港口、沿边口岸办理货物的转关或结关手续，以致要多次往返企业所在地与口岸之间，不仅消耗了大量人力物力，还延迟了货物投放市场的时间，增加了物流成本。而在内地建立功能齐备的国际陆港后，企业可就近办理货物的各类进出口通关手续，既能节约成本，又能提高效率，为企业提供便利。

（3）国际陆港是沿海港口或沿边口岸功能在内陆的延伸地。除了不具备港口装卸船功能外，国际陆港的功能和其他港口的功能基本相同，是沿海港口功能在内陆的延伸。国际陆港能够为货主提供集装箱拆拼箱、集散、存储、通关等一系列服务。

（4）具备便捷运输通道。国际陆港一般通过高速公路或铁路与沿海港口或沿边口岸相连。在国际陆港经过处理后的货物可以方便快捷地通过高速公路或铁路到达沿海港口或沿边口岸运往海外，经过沿海港口或沿边口岸进口的货物也可经由高速公路或铁路进入国际陆港进行分拨和处理。对于大多数国际陆港而言，拥有与沿海港口相通的铁路线将会使之具有较大的竞争优势。因为通过公铁联运比货主直接将货物通过公路送达港口具有更低的成本优势，一般国际陆港都有从陆港到沿海港口的五定（定点、定路线、定车次、定时间、定运价）集装箱班列。

（5）国际物流和国内物流业务互相支撑。国际陆港主要处理进出口货物，以国际物流业务为主。然而，由于其位于经济相对发达的内陆地区，能够吸引一部分国内物流业务。并且，国际陆港地处内陆，存在着空集装箱先从沿海港口调运到国际陆港，装上货主的货物后，再重新返回港口的情况，使得集装箱利用效率较低。如果开展国内物流业务，从沿海港口或其他地方运来的集装箱货物到达国际陆港后，在国际陆港拆箱，利用这批集装箱，将出口货物运到沿海港口，便可有效地解决国际陆港集装箱利用效率低的问题。因此，国际陆港需要国际物流和国内物流互相支持。

（二）国际陆港的基本形式与发展模式

1. 国际陆港的基本形式

国际陆港主要包括三种类型：综保型国际陆港、联运型国际陆港和公路型国际陆港。

（1）综保型国际陆港是具有综合保税功能的内陆港口，通常提供一站式的国际物流单证作业，保税物流和公铁联运国际集装箱运输服务。这类国际陆港旨在提升货物进出口效率，降低企业的物流成本，同时结合铁路运输与海关监管等服务，成为内陆地区对外开放的重要枢纽。譬如贵阳国际陆港通过“区港联动”模式，实现了港口、口岸功能的转移，企业在“家门口”就可以完成报关、查验，实现进出口货物就地监管，一站式办结所有海关手续。贵阳国际陆港依托紧邻贵阳综合保税区的优势，大力发展以铁路运输为主的多式联运。

（2）联运型国际陆港是一种以多式联运为主的内陆港口，它实现了铁路、公路、水路和空中运输方式的无缝衔接。通过整合不同运输方式的资源，这种港口能够提高物流效率，降低运输成本，并为货物提供快速、稳定、低成本的运输服务。成都国际陆港是一个典型的联运型国际陆港，它利用科技和新技术驱动，创新跨境贸易金融产品，推出了全国首个基于多式联运“一单制”的跨境贸易金融区块链平台——“中欧 e 单通”。南昌国际陆港则是通过开通中欧、中亚班列及铁海联运班列，扩大了其在国际物流网络中的覆盖范围，进一步提升了物流集疏运能力。联运型国际陆港是本地区直接对外贸易的重要通道，有助于改善当地的外向型投资环境。

（3）公路型国际陆港是具备陆港基本功能的最低级别类型，主要服务于进出口企业和国际物流企业，提供一站式办公的国际物流单证作业和国际集装箱运输服务。

每种类型的陆港都根据其功能和服务范围的不同，对区域经济产生着积极的影响。它们通过提高物流效率、降低运输成本、促进产业集聚等方式，有力地推动了内陆地区的经济发展。

2. 我国内陆港的发展模式

（1）沿海港为争取货源，主动与内陆地区合建国际陆港（争取货源模式）。例如，天津港与内地合建的国际陆港便是这种模式的典型代表。天津港通过构建北方地区大通关协作机制，开启港口全国性战略布局，在北方地区各物流中心城市和过境运输边境口岸打造内陆国际陆港。天津港通过在内陆 14 个省会城市和主要的集装箱货源生成地设立国际陆港，完善港口与内陆的运输通道，实现内陆地区与国际航运的贯通。此外，宁波港建立的金华、义乌、绍兴、余姚及衢州 5 个国际陆港也采用此种模式，且目前运转良好。这些国际陆港的建设，不仅拓展了港口的经济腹地，使广阔的中西部地区成为沿海港口拓展货源的重要潜在市场，还解决了传统转关过程中内地企业必须到沿海口岸申报的问题，减少了不必要的环节，提高了工作效率，降低了物流和通关成本，缓解了沿海港口的拥堵及港口腹地的运输压力。

（2）内陆地区为推动发展本地经济建立国际陆港（本地发展模式）。这种模式以南昌和西安建立的内陆港为典型代表。为了发展本地经济，南昌主动与宁波港、深圳港和厦门港联系，建立了内陆港，开通了海铁联运班列。内陆港的建立大大缩短了南昌与国际市场的距离，提高了其对外开放的水平，吸引了国际知名企业纷纷投资兴业。西安国际港务区的建设，则实现了港口服务功能的内向移动，将西部地区的进出口贸易与国际货运航线直接对接，达成了航空、铁路、公路与水运的有效衔接，使西安成为适应跨国公司经营战略需求的国际物流体系的重要组成部分。

（3）沿海港口和内陆地区为各自的发展需要共同建立国际陆港（互利共赢模式）。这种模式以大连的东北腹地陆港以及石家庄与天津港的合作为典型代表。“以大连为门户，在长春、哈尔滨、沈阳建立内陆港”，此举使大连的货源辐射腹地扩展至整个东北三省，增强对货源地的掌控力。地处内陆的这三大省会城市，也因在本地建立国际陆港，有力地促进本地经济发展。石家庄与天津港的合作同样基于互惠互利原则。石家庄国际陆港作为天津港在内陆地区功能的延伸，具有区位优势、资源优势和宽松的对外开放投资环境；天津港则拥有先进的设备、科学的管理技术、现代化的管理手段，以及丰富的经验。两地合资建设石家庄内陆港，有利于实现资源的合理利用与优势互补，促使天津港与石家庄内陆港有机融合，达成共赢局面。

三、国际陆港的业务功能

从属性上看，多数国际陆港拥有公共基础设施的特性，其备受重视并得以建设发展的原因在于其能为社会提供专属的产品和服务。从经济学角度来看，国际陆港提供的业务与其他社会产品一样，也具备相对稀缺性，能够满足特定客户的需求。

从市场营销学的角度来看，国际陆港提供的服务可以分为三个层次：核心服务功能、辅助支持功能与延伸服务功能。其中，核心服务功能是辅助支持功能与延伸服务功能存在和发展的基础，而辅助支持功能与延伸服务功能则围绕核心功能展开。国际陆港的业务功能主要涵盖提供一站式通关服务、促进多式联运发展、推动产业集聚和供应链优化等方面。

总的来说，国际陆港的业务功能并不局限于传统的物流和通关服务，还涉及产业集聚和供应链优化、数字化和智能化平台建设、绿色低碳发展、全球供应链的韧性与安全，以及陆港型物流枢纽建设等诸多领域。这些业务功能的不断发展，不仅有助于提升国际陆港的核心竞争力，还能促进内陆经济的开放与发展，为企业提供更加高效、便捷、绿色的服务。同时，国际陆港的建设和运营也为全球经济的共享共赢贡献了力量。

（一）国际陆港的核心服务功能

国际陆港的核心服务功能是指国际陆港向客户提供的基本效用或利益，这些功能正是客户寻求的真正价值所在。作为国际陆港独有的业务范畴，这些核心服务功能构成了其在内陆区域存在和发展的根本原因。

国际陆港的核心服务功能主要包括报关、报检、签发提单、集装箱提还箱周转等港口服务，以及实现海铁联运的功能。这些服务使国际陆港成为沿海港口功能向内陆延伸的重要据点，极大地提高了内陆地区货物进出港的流通效率，从而降低了企业物流成本。具体包括：①提供一站式通关服务。国际陆港能提供集装箱的拆拼、存储、通关等一系列服务，实现货物在内陆的快速流转。通过与海关的合作，国际陆港可以实现“一次申报、一次查验、一次放行”的通关便利，使货物能够直接运至码头装船出海。②促进多式联运发展。国际陆港整合铁路、公路、水路和空中运输资源，实现多种运输方式的无缝衔接，从而降低物流成本。例如，开通海铁联运线路，提供定制化物流解决方案，满足不同企业的运输需求。

具体来说，报关和报检服务是国际陆港为进出口货物提供的基本服务，助力货物顺利通过各类海关和检验检疫程序。签发提单服务则是为了方便货物的运输和交付，提供必要的单证支持。集装箱提还箱周转服务则是为了提高集装箱的利用率和运输效率，减少空箱调运和等待时间。多式联运是国际陆港通过实现海铁联运，将海港和内陆地区的铁路运输紧密连接起来，使货物能够更快速、更便捷地从内陆地区运往海港，或从海港运往内陆地区。这种联运方式不仅提高了运输效率，还降低了运输成本，为内陆地区的经济发展提供了有力支持。

总的来说，国际陆港的核心服务功能在于提供高效、便捷的港口服务，并通过海铁联运促进内陆地区与海港之间的货物流通。这些功能使国际陆港成为内陆地区经济发展的重要推动力量，同时也为全球供应链的优化和区域经济一体化提供了重要支撑。

（二）国际陆港的辅助支持功能

国际陆港的辅助支持功能是为了让核心服务功能得到更好的发挥，该功能随着国际陆港核心业务的发展而不断壮大。

1. 基础功能

（1）快运货运服务功能。组织快速列车、卡车等，为货主提供便捷的“门到门”服务。

（2）集装箱存储功能。提供进出口集装箱整箱交接、保管、堆存和中转服务，向港口及船公司提供集疏运及流向保证，为腹地内的干支线、长短途运输或水陆联运的衔接配合创造有利条件。

（3）货物集散、仓储及分拨等功能。为进出口的国际集装箱提供拆装箱、理货、拼箱、货物仓储、保税、加工、重新包装、标签、分类及分拨配送等综合物流服务。

（4）集装箱箱管点（也称还箱点）功能。经船公司箱管中心认可，作为船公司及其代理人调度、交接、保管和堆存集装箱的场所，提供集装箱清洗、消毒、熏蒸和维修等服务。

（5）货运代理。在国内及国际市场承揽运输业务，受货主及船公司委托代办接货、发运、签发提单、租赁、管理集装箱、报关及发展多式联运业务。

（6）流通加工功能。通过物流增值服务提高物流对象的附加价值，比如商品的包装、整理、加固、换装、改装、印制条形码等。

2. 其他功能

国际陆港的辅助支持功能还包括多式联运、中转枢纽、物流中心、信息中心及综合配套服务等。这些功能共同构成了国际陆港的综合服务体系，为内陆地区的经济发展提供全方位的支持。

（1）多式联运配套服务。国际陆港作为多种运输方式的枢纽节点，可以实现公路、铁路、航空等多种运输方式的无缝衔接，提高货物运输的效率和便捷性。

（2）中转枢纽。国际陆港具备强大的中转能力，可以将来自不同地区的货物进行集中、分拣和再配送，从而满足内陆地区对国际货物的需求。

（3）物流中心。作为物流体系的重要组成部分，国际陆港提供集仓储、装卸、包装、配送等于一体的物流服务，降低企业物流成本，提高物流效率。

（4）信息中心。陆港汇集了大量的物流信息、市场信息和供应链信息，通过信息平台的建设和共享，可以为企业提供及时、准确的信息服务，帮助企业负责人作出科学决策。

（5）综合配套服务。国际陆港还提供一系列综合配套服务，如金融、保险、报关、报检等，为企业提供全方位的支持，推动内陆地区经济快速发展。

这些辅助支持功能共同支撑着国际陆港的高效运营和持续发展，为内陆地区与全球市场的连接提供了坚实的保障。

（三）国际陆港的延伸服务功能

延伸服务功能是国际陆港核心服务功能和辅助支持功能的深度拓展，旨在促进内陆地区经济发展、提升物流效率、降低物流成本。尽管延伸服务功能并非国际陆港的必备业务范畴，但其在国际陆港业务发展至特定阶段时会自然衍生，是充分发挥国际陆港功能的关键要素。具体而言，国际陆港的延伸服务功能主要包括以下方面。

（1）推动产业集聚和供应链优化。国际陆港周边通常会形成特定的产业集群，利用其物流优势吸引相关产业集聚。国际陆港本质上属于生产性服务业，通过产业的新变化与新集聚，与商贸物流构建正向循环体系。

（2）提升外贸服务水平。国际陆港为外贸企业提供报关、报验、订舱等全方位服务，有助于推动全市外贸工作的开展。其核心竞争力——海关监管场站，能够吸引更多企业前来办理货物进出口业务，进一步提升外贸服务效能。

（3）建设数字化和智能化平台。通过加快数字化基础设施建设（如大数据、AI 智能模型、数字平台等），国际陆港能够为产业经济提供高效服务。推进深度智能融合工程，实现海关、铁路、场站、企业之间的高效交互与协作，提供一站式精准服务。

（4）实现绿色低碳发展。积极打造符合“双碳”目标要求的绿色、高效、可持续的产业链生态圈。发展绿色低碳经济，加快建设绿色物流体系，引入绿色物流、绿色园区、绿色管理等多应用场景，推动可持续发展。

（5）加强全球供应链韧性和安全。依托陆港优势，突破供应链中的关键核心技术，加强数字智能供应链管理。提高全球供应链运营和管理的国际竞争力，特别是在共建“一带一路”中发挥重要作用。

（6）推动国际陆港型物流枢纽建设。运用数字科技构建陆港的平台生态体系与创新业务模式。以商贸物流枢纽建设为核心，探寻中国陆港经济高质量发展的新路径。

（7）商务配套服务功能：国际陆港的建设和运营，离不开各类商务配套服务。通过引入银行、保险、电信等服务型企业，为入驻企业提供相应的商务配套服务。与陆港所在城市和其他城市银行发展联行协作业务，确保为客户提供安全、方便、快捷的资金结算服务。吸引国内外知名大型公司、物流企业总部等高附加值经济体进驻陆港，带动大量配套企业在陆港集群发展，为陆港及周边地区各类企业提供业务往来和商务办公条件。该业务越发达，集聚效应就越强，越有利于营造充分竞争、资源互补的良性合作竞争关系。

（8）公共管理服务功能：国际陆港需要引进并提供相关公共管理服务，包括公路、铁路、码头的建设与运营。同时，吸引工商、税务、质量监管等行政管理服务机构入驻陆港，为入驻企业就近办理相关公共行政管理事宜，提供一站式服务，进一步提高陆港的服务效率。

（9）生活配套服务功能：国际陆港需要提供各类生活配套服务，如住宿、餐饮、超市、医疗、卫生、邮政等。通过集聚大量的生活服务企业，为入驻企业员工、运输车辆司机等人员提供便利的生活条件。

（10）咨询培训功能：国际陆港可以组织相关力量为入驻企业提供行业咨询、教育培训等增值服务。通过与高校及相关研究机构开展产学研合作，为入驻企业、客户企业及社会各界举办现代物流前沿讲座、现代物流发展论坛，开展各类物流教育培训业务，助力企业提高员工素质和企业管理水平。

从上述分析可以发现，国际陆港的核心功能独具特色，该功能的发挥依赖特殊政策支持，类似于国际陆港的“软件”；而辅助支持功能和延伸服务功能更多地依托硬件，这些硬件与内陆集装箱站、物流中心、物流园区、海关特殊监管区域等的常规功能一致。国际陆港的意义在于将二者有机结合。从本质上讲，国际陆港属于管理创新范畴，其布局更倾向于政策布局。国际陆港包含的内陆集装箱场站、物流中心等设施是物流基础设施的通用部分，若缺乏特殊政策支持，仅能发挥普遍服务功能，并非陆港专属。因此，国际陆港的发展建设不能单纯依赖大规模硬件投资，而应更注重与现有交通、物流、外贸设施的整合与衔接。国际陆港的布局规划应与现有交通运输枢纽布局、物流设施规划布局相适配，这是其发展的基本思路。

四、国际陆港的发展机理

国际陆港的发展主要受外部环境、发展格局及内陆地区经济发展需求的影响。具体而言，其发展动因可归纳为以下几个方面。

（1）外向型经济发展需求是国际陆港形成与发展的核心驱动力。随着国际贸易的不断发展，港口作为连接国内外市场的关键枢纽，其战略地位日益凸显。然而，内陆地区因远离海岸线，常被国际市场边缘化，主要依赖相对有限的国内市场。为了突破地域局限，提升国际竞争力，国际陆港这一创新模式应运而生。

（2）海关区域通关改革实践促进了国际陆港的发展。在区域经济一体化的背景下，海关积极实行区域通关改革，旨在简化内陆地区进出口货物的通关手续，促进内陆区域的对外贸易发展。这一改革举措为国际陆港营造了良好的发展环境，使其能够更好地发挥口岸通关功能，吸引更多的物流企业集聚，实现货源与场源的有机结合，推动物流集成体的协同发展。

（3）内陆地区国际经贸的发展需要便利的国际物流通道作为支撑。国际陆港的形成和运营不仅有利于内陆地区构建适合外向型经济发展的物流体系，为外向型经济的发展提供强大的物流支撑，还有利于降低企业发展对外贸易的物流成本，加快通关速度，为当地国际贸易提供便捷的口岸与物流综合服务。

（4）政府政策在国际陆港的发展中起到了关键作用。政府通过制定并实施土地、资金等一系列优惠政策，促进对土地资源的集约化使用，减少物流企业分散导致的土地资源浪费，同时为国际陆港提供坚实的资金保障，为国际陆港的发展营造了优越的政策环境。

综上所述，国际陆港的发展是多因素共同作用的结果。不断优化的外部环境和发展格局、外向型经济发展需求、海关区域通关改革实践以及政府政策的支持，共同推动了国际陆港的持续发展。

（一）国际陆港与海关特殊监管区域

海关特殊监管区域是经国务院或海关总署批准，设立在中华人民共和国境内，被赋予承接国际产业转移、连接国内国际两个市场的特殊功能和政策，以海关为主实施封闭监管的特定经济功能区域。

改革开放以来，随着中国外向型经济的不断发展，对外贸易额逐年攀升。为了提高外贸监管效率，经国务院批准，陆续设立了一批海关特殊监管区域和场所。在海关严格监管下，这些区域积极开展各类业务，涵盖货物加工、转运、出口等关键领域。例如，保税区、进口保税仓、出口监管仓、出口加工区、跨境工业园区、保税物流中心（根据功能分为 A 型和 B 型）、保税物流园区、保税港区、综合保税区等。这些区域具有不同的功能和政策，主要目的是促进国际贸易和投资的发展。它们通过提供税收、贸易、外汇等方面的优惠政策，吸引外资、促进出口，推动地区经济的增长。由于海关特殊监管区域内的企业可享受快速通关、进口货物免税、出口货物入区退税等优惠政策，因而这类特殊区域对以国际市场为主的进出口型企业具有很强的吸引力。海关特殊监管区域的主要特征有以下两个。

1. “境内关外”

国际海关合作理事会在日本东京签订的《关于简化和协调海关业务制度的国际公约》关于自由区的附约中，把类似于中国特殊监管区的自由港、自由贸易区等国际通行的开放区域统称为“自由区”，并对其下了定义：“自由区系指一国的部分领土，在这部分领土内运入的任何货物就进口税及其他个税而言，被认为在关境以外，并免于实施惯常的海关监管制度。”根据上述定义，自由区所在国的开放地位有三个基本特征：一是“一国的部分领土”，即“境内”；二是“在关境以外”，即“关外”；三是“免于实施惯常的海关监管制度”。可见，海关特殊监管区域和场所具有“境内关外”的特征。

2. 经济活动自由化

进入海关特殊监管区域内的企业享有充分的经济自由，具体表现为：自由进出的航运，港口实施自由进出管理，无须申报海关手续，免除强制引航，船员可自由登陆等；自由交易的贸易体制，自由港区内实施交易自由、免除进出口关税等自由贸易政策；自由化的货币金融制度，自由港区内货币自由兑换，资本自由流动，银行利率自定，外汇管理放开等；自由流动的货物、人员管理，自由港区内货物流动不缴纳相关的增值税，人员往来管理相对宽松。

国际陆港与海关特殊监管区域之间存在密切的关系。

作为内陆地区的物流节点，国际陆港具有口岸通关功能，可以实现在陆港完成对货物的报关、报检以及通关、通检工作。这种功能使国际陆港与海关特殊监管区域之间建立起天然的联系。一方面，国际陆港可以作为海关特殊监管区域的延伸，将沿海地区的通关通检政策引入内陆地区，为内陆地区的外贸发展提供便利。另一方面，海关特殊监管区域也可以利用国际陆港的物流优势，扩大其辐射范围，吸引更多的货源和投资。

在实际运营过程中，众多国际陆港都选址于海关特殊监管区域内，或与其相邻。这种布局不仅有利于实现货物的快速通关和转运，还可以促进内陆地区与沿海地区及国际市场的高效衔接。同时，海关特殊监管区域与国际陆港之间的紧密合作，能够有效推动区域经济的协同共进，全方位提升整个地区在国际市场中的竞争力。

因此，国际陆港与海关特殊监管区域之间存在相互依存、相互促进的关系，它们共同构成内陆地区开放型经济发展的重要支撑体系。

（二）国际陆港的发展路线

（1）科学选址与精细规划。优先选择具有战略地理位置的区域，通常应紧邻交通枢纽（如铁路、公路、内河航道），同时靠近主要市场。制定详细的规划方案，包括陆港的布局、功能区域划分、物流通道设计等。

（2）强化基础设施建设。投资建设一系列必要的硬件设施，如道路、仓库、堆场、装卸设备、信息系统等。确保设施能够满足未来货物吞吐量的增长需求，并具备可扩展性。

（3）争取政策与法规支持。政府提供土地、税收、资金等方面的优惠政策，以吸引投资主体。制定和完善相关法律法规，为陆港的正常运营提供法律保障。

（4）推进通关便利化进程。与海关、边防、检验检疫等政府部门紧密合作，实现一站式通关服务。采取先进的信息技术手段，如电子数据交换（EDI）、物联网等，提高通关效率。

（5）大力发展多式联运。加强与海港、空港、铁路等其他运输方式的衔接，构建多式联运体系。开发多样化的运输产品和服务，满足客户不同的运输需求。

（6）促进产业集聚与供应链整合。吸引货运代理、第三方物流、仓储配送等相关企业入驻陆港，形成产业集聚效应。通过供应链整合，提供从采购、生产、销售到逆向物流的一站式服务。

（7）加强国际合作与交流。加强与其他国家和地区的陆港合作，共同推动国际物流通道的建设。参与国际陆港组织、物流协会等机构的交流活动，分享经验和技术。

（8）践行绿色与可持续发展理念。在陆港建设和运营过程中注重环境保护和资源循环利用。采用清洁能源和低碳技术，减少污染物排放和能源消耗。

（9）推动智能化与数字化转型。应用大数据、人工智能、云计算等现代信息技术手段，提升陆港的智能化水平。建设数字陆港平台，实现信息共享、业务协同和决策支持等功能。

（10）坚持持续创新与优化。密切关注市场变化和客户需求变化，及时调整发展策略和服务模式。鼓励创新思维和跨界合作，探索陆港发展的新路径和新机遇。

这条发展路线是一个循环往复、不断优化的过程，需要政府、企业和社会各界的共同努力和持续投入。每个陆港的具体发展路线还可能因地区差异、经济特点、市场需求等因素而有所不同。

陆港作为一种新型的功能体，与前述海关特殊监管区域有着密切的联系。从陆港的核心功能来看，陆港的设立离不开海关特殊监管政策的有力支撑和海关特殊监管区域的协同配套，否则陆港的核心功能难以充分发挥。

国际陆港产生的基础条件是内陆集装箱业务的大量涌现。为了满足内陆集装箱业务的需求，内陆集装箱站、物流中心、物流园区等场站枢纽成为内陆集装箱物流运输的重要载体，并逐渐演化为沿海港口在内陆地区服务功能的硬件支撑。依托集装箱内陆站、物流中心、物流园区等设施，可以将内陆地区不同托运人的集装箱集中起来，通过定期的铁路班车或高密度发车的集卡获得批量运输优势，降低运输成本。同时，集装箱的堆存、发放、回收、装箱、拆箱等业务也可以在这些设施内集中完成，减少了空箱在集疏运系统中以码头堆场为中心的调运次数，降低了集装箱卡车的空驶率，使得集装箱运输系统中的其他各环节更加低成本、高效率地运转。在客户需求增加以及对运转效率进一步提高的期望下，在政府的支持下，内陆集装箱站、物流中心、物流园区等功能会逐渐拓展“一关三检”功能，方便客户就地办理相关手续。当内陆集装箱站、物流中心、物流园区等的外贸业务量达到一定规模时，不同等级类型的海关特殊监管区域就会出现。

五、陆港发展历程

（一）国外陆港发展历程

国外陆港的发展历程可以追溯到较早的时期，并且在不同地区有着不同的发展轨迹和特点。

1. 美国国际陆港发展历程

美国在集装箱运输技术方面起步较早，引领了国际陆港的发展。美国已建成数百个内陆港口，它们广泛分布于美国内陆地区，尤其是沿着密西西比河及其在美国腹地的支流，西部的哥伦比亚河、斯内克河，以及北部的大湖地区和圣劳伦斯海道沿线。

美国的内陆港口网络遍布全国，东部和西部地区尤为密集。由于美国西海岸与中国贸易往来频繁，贸易量巨大，西海岸地区的内陆港布局逐渐增多。东海岸的佐治亚州和南卡罗来纳州等地，也相继建设了多个国际陆港，以缓解沿海港口的拥挤状况。这些国际陆港通过铁路和公路的连接，将集装箱从沿海港口运输到内陆，实现快速、高效、低成本的货物转运。这些陆港在美国的内陆经济发展中起到了重要的推动作用，进一步完善了美国高效物流系统。

20 世纪 80 年代美国放松交通管制后，出台了许多鼓励多式联运发展的法案，促进了集装箱多式联运在美国的发展。由于美国的客户在寻求进出口物流服务时，大多要求海运公司提供“门到门”的运输服务，因此海运公司成为美国多式联运经营的主要组织者。这就要求海运公司在内陆地区设立服务机构，以满足客户的需求，因此内陆港应运而生。

美国的国际陆港建设，从最初依托铁路和公路网络进行布局，逐步发展至多式联运模式，进而形成了遍布全国的内陆港口网络。随着美国经济结构的变迁和全球化进程的推进，这些陆港在促进内陆地区与国际市场连接方面发挥了重要作用。美国的国际陆港建设历程可以分为以下三个重要阶段。

（1）初期基础铺设阶段。

铁路和公路网络完善：美国铁路总里程超过 23 万千米，以货运功能为主。公路网络发达，能够无缝衔接各内陆港节点，形成高效的物流体系。

政府支持政策：美国政府通过立法支持多式联运发展，整合各种运输方式的优势以提高效率。20 世纪 80 年代起，一系列放松运输业管制法案的出台，如 1980 年的《斯塔格斯铁路法》等，激发了运输市场的活力，提高了其竞争力。

（2）多式联运发展阶段。

集装箱和信息技术推动：随着集装箱技术和信息技术进步，美国多式联运快速发展，实现货物快速流转、高效组织和信息化管理。

经济结构变化适应：20 世纪 80 年代，美国服务业成为主导产业，大量生产、大量消费的经济形态逐渐消失。这种结构性变化要求物流系统提供更高效、更多样化的服务，多式联运成为满足这些需求的重要手段。

东部和西部区域发展：因美国西海岸与中国贸易量大，西海岸内陆港布局增多。东部较西部地区更发达，内陆港数量更多。

典型内陆港建设：堪萨斯内陆物流中心位于多条重要铁路和高速公路的交会处，是以公铁联运为主的内陆物流中心，成为美国内陆地区与国际市场连接的重要枢纽。

（3）现代高效发展阶段。

数字化和智能化：大数据和人工智能技术的发展促使美国加快数字化转型。如通过建立智能物流平台实现更高效的货物跟踪与管理。

绿色低碳发展：美国内陆港积极推进绿色物流，采取低碳运输和环保措施，响应“双碳”目标，提升可持续发展能力。

提升全球供应链韧性：美国内陆港在国际供应链中扮演着关键角色，通过优化供应链管理和数字技术应用，提高全球供应链的稳定性和安全性。

区域经济引擎功能：内陆港不仅是物流枢纽，更是推动区域经济发展的引擎。如堪萨斯内陆物流中心借助当地农业和制造业优势，成为经济发展的重要驱动力。

综上所述，美国的国际陆港建设经历了从基础设施铺设到多式联运发展，再到现代高效发展的阶段。在此过程中，政府政策的支持、技术的进步和经济结构的调整共同推动了美国国际陆港的快速发展。

2. 欧洲国际陆港发展历程

欧洲是国际陆港发展的重要地区。2014 年，欧盟提出旨在连接欧洲内陆的运输基础设施新政，即全欧交通网络政策（TEN-T）。在这一政策的推动下，西班牙、荷兰等众多欧洲国家纷纷加强国际陆港的建设规划。

此外，中欧班列的不断增开，进一步助推了欧洲国际陆港的发展。截至 2023 年，中欧班列已累计开行 9 万列，为欧洲内陆城市带来了极大的贸易物流需求。

欧洲的国际陆港建设发展历程涵盖早期的物流节点设立、多式联运推进、内陆港与物流园区融合、国际铁路货运发展以及现代内陆港网络形成等重要阶段。这些阶段共同推动了欧洲内陆港的高效运营，促进了全球贸易的便利化。

（1）早期物流节点设立。

依托港口和铁路网络：欧洲大陆拥有约 3.79 万千米的海岸线，沿海港口众多。得益于欧盟组织的统一协调，建立内陆港能够使多个沿海港口从中获利。早期的物流节点主要依靠铁路和公路网络，将内陆地区与沿海港口连接起来，实现货物的快速转运。

基础运输设施完善：欧洲的铁路和公路网络发达，为内陆港的建设提供了良好的基础。特别是在环保要求较高的背景下，铁路代替公路进行长途运输的需求更加迫切。

（2）多式联运推进。

集装箱技术和信息技术应用：随着集装箱技术的普及和信息技术的发展，欧洲多式联运快速发展。内陆港通过整合不同的运输方式，实现了货物运输的高效组织和信息化管理。

经济结构调整适应：欧洲经济结构的变迁也推动了多式联运的发展。随着服务业的崛起，物流系统需要提供更高效、更多样化的服务，以满足新经济形态的需求。

（3）内陆港与物流园区融合。

货运村方式推广：欧洲广泛采用货运村（Freight Village）的方式，这是一种由多个运营商通过租赁或购买仓库、堆场、办公场所、停车场等设施，开展国内、国际运输、物流、商品配送作业的方式。这种方式促进了货运业务的集中和效率提升。

单一主体规划和管理：货运村通常由单一开发主体进行规划、投资开发和运营管理，负责提供公共设施和公共服务。其主要特征包括货运相关业务的集聚、总体规划、靠近城市、高质量的设施等。

（4）国际铁路货运发展。

中欧班列推动：中欧班列作为“一带一路”倡议的重要组成部分，极大地推动了欧洲内陆港的发展。例如，杜伊斯堡港成为中欧班列的重要枢纽，促进了其从地区贸易的内陆接驳中心转型为辐射整个欧洲的集运、分配枢纽。

国际陆港功能完善：中欧班列开行促使各到发站改造为国际陆港，具备口岸功能，如报关报检、外汇结算、保税监管、货柜堆场等。

（5）现代内陆港网络形成。

数字化和智能化升级：欧洲内陆港在数字化转型方面走在前列，通过建立智能物流平台，实现货物跟踪和管理的高效运作。

绿色低碳发展：欧洲内陆港也在积极推进绿色物流发展，采取低碳运输和环保措施，响应“双碳”目标的要求，提升可持续发展能力。

综上所述，欧洲国际陆港建设的发展历程体现了从基础网络构建到现代化高效运营的演进过程。在这一过程中，技术创新、经济结构调整和政策支持共同推动了内陆港的快速发展。欧洲国际陆港兴起的另一个基础条件是成熟的多式联运技术。这种技术使内陆城市能够更好地融入全球贸易体系，甚至许多沿海港口业务也需要在内陆城市建立运作基地。

3. 其他国家的陆港发展情况

除了美国和欧盟国家，其他国家根据自身的地理、经济和物流需求情况，制定相应的发展策略，推动陆港的建设和发展。

近年来，中亚各国的陆港发展取得显著进展，这主要得益于“一带一路”倡议和区域合作组织的积极影响，如上海合作组织（SCO）和联合国的相关援助。其发展情况具体如下。

（1）哈萨克斯坦的陆港发展情况。

阿拉山口陆港：阿拉山口位于哈萨克斯坦与中国边境。通过这里的中欧班列连接了中国与欧洲。

多斯特克陆港：多斯特克陆港是一个重要的内陆交通枢纽，它连接了哈萨克斯坦与俄罗斯的铁路网，为货物运输提供了便利。

（2）吉尔吉斯斯坦的陆港发展情况。

比什凯克陆港：作为吉尔吉斯斯坦的首都，比什凯克具有重要的物流枢纽功能。比什凯克与乌鲁木齐国际陆港区合作，推动了中吉乌多式联运通道的发展。

奥什陆港：奥什是吉尔吉斯斯坦南部的一个重要城市，通过与邻国塔吉克斯坦和乌兹别克斯坦的交通连接，奥什在国际货物运输中扮演着重要角色。

（3）塔吉克斯坦的陆港发展情况。

杜尚别陆港：杜尚别作为塔吉克斯坦的首都，其陆港设施主要服务于国内以及与邻国的货物流通。随着塔吉克斯坦积极参与“一带一路”建设，杜尚别陆港的功能得到进一步提升。

库利亚布—库尔干—秋别铁路：该铁路连接了塔吉克斯坦的多个重要城市，提高了其国内的运输能力。

（4）土库曼斯坦的陆港发展情况。

阿什哈巴德陆港：阿什哈巴德是土库曼斯坦的首都，该国封闭性较强，但近年来开启对外开放进程，特别是在天然气管道和铁路建设方面取得了一定发展。

(5) 乌兹别克斯坦的陆港发展情况。

塔什干陆港：塔什干作为乌兹别克斯坦的首都，其陆港设施在区域物流中发挥着重要作用。乌兹别克斯坦政府积极提升陆港设施水平，以推动其与全球市场更好地连接。

安格连—帕普铁路：这条铁路线路是乌兹别克斯坦的重要运输通道，其中的卡姆奇克隧道是中亚最长的隧道之一，对提升区域互联互通水平发挥了关键作用。

中亚各国陆港的发展，不仅有力促进了区域内部的经济合作，还为这些内陆国家融入全球贸易网络提供了更为便捷的途径。未来，随着更多的基础设施建设的持续推进和技术的提升，中亚陆港的功能和影响力有望进一步增强。

总体而言，国外陆港的发展历程是一个持续演进与完善的过程。随着全球贸易的不断扩大和物流技术的不断创新，陆港在全球物流体系中的地位和作用将越发凸显。展望未来，国外陆港的发展将朝着智能化、绿色化和可持续化方向深入发展，为全球贸易和物流提供更为高效、便捷的服务。

（二）国内陆港的发展历程

1. 国内陆港发展历程

(1) 早期探索阶段（1990—2000 年）。

2000 年，席平（2001）首次提出“国际陆港”概念，提出建设西安国际陆港的构想。这标志着中国内陆港发展的开始。在此阶段，中国学者和政策制定者开始关注内陆港的发展潜力。这一时期的研究主要集中在对国际陆港理论的探讨和初步实践上。早期的内陆港项目主要以提升特定地区的物流效率为目标，缺乏全国性的规划和协调，发展具有一定局限性。

(2) 初步发展阶段（2001—2007 年）。

2001 年 12 月 11 日，中国正式加入世界贸易组织（WTO），这标志着中国对外开放进入一个新的阶段。加入 WTO 后，中国的国际贸易规模迅猛扩张，对物流基础设施的需求与日俱增，为内陆港的发展创造了有利契机。2002 年，北京朝阳口岸与天津港达成协议，北京朝阳口岸成为中国具有“海关监管通道”和“海运集装箱中转站”双重功能的内陆港。这一举措标志着中国内陆港建设正式进入实践轨道。北京朝阳口岸的功能定位，成功将天津港的港口服务延伸到北京，为北京地区的企业提供了更便捷的通关和物流服务。这种合作模式不仅提高了物流效率，还促进了区域经济的协同发展。

(3) 战略推进阶段（2008—2012 年）。

随着全球经济一体化的深入和中国对外贸易的快速增长，国际陆港建设逐渐成为国家战略的重要组成部分。2008 年前后，中国逐步建立起多个国际陆港，如郑州国际陆港、成都国际陆港等。这一阶段的陆港建设更加强调与国家交通运输体系的融合，尤其是在铁路和公路的联运方面取得了显著进展。

2008 年，西安国际陆港挂牌成立，这不仅标志着中国第一个国际陆港正式投入运营，更是中国内陆港发展的重要里程碑。自此，中国内陆港建设进入快速发展阶段。众多内陆城市（如重庆、郑州、成都、乌鲁木齐等）纷纷布局建设国际陆港。

(4)“一带一路”倡议阶段（2013—2023 年）。

2013 年，中国提出了“一带一路”倡议，旨在通过推动亚欧非大陆的互联互通和经济合作，构建全球开放新格局。这一倡议为国际陆港的发展注入了新动力。在“一带一路”倡议下，国际陆港不仅在中国内陆地区数量迅速增长，且与沿线国家的合作更加紧密。例如，中欧班列的开行让郑州、成都、重庆等城市的国际陆港成为重要物流枢纽。

截至 2024 年，全国国际陆港数量达 326 个。依据国家发展改革委规划，陆港型国家物流枢纽共有 41 个，目前累计有 26 个城市入选。这些陆港型国家物流枢纽为构建国内国际双循环的新发展格局提供了有力支撑。

总体而言，经过近 30 年的发展，中国国际陆港已成为国家物流体系的重要组成部分，特别是在推进“一带一路”建设的过程中，国际陆港发挥了关键作用。通过不断提升国际陆港的现代化水平，中国正在将内陆地区转变为对外开放的新前沿，推动区域经济繁荣和促进国际贸易便利化。

展望未来，随着国际合作增多与技术革新推进，中国国际陆港的功能将进一步拓展，影响力将进一步扩大。随着内陆港数量的增加和功能的不断完善，我国开始注重内陆港的规范化和标准化发展。政府相继出台一系列政策文件，指导内陆港建设与运营。与此同时，内陆港之间合作不断强化，区域性的内陆港网络逐步形成，提高了整个物流体系的运行效率。

近年来，伴随信息技术的持续进步，中国内陆港逐步开启向智能化与数字化转型进程。借助大数据、人工智能、物联网等现代信息技术手段的应用，内陆港的运营效率和服务质量均得到了显著提升。

综上所述，中国国内陆港的发展经历早期探索阶段、初步发展阶段、战略推进阶段以及“一带一路”倡议阶段等。未来，随着全球经济的不断演变以及中国内陆地区经济的稳步发展，中国内陆港必将继续发挥重要作用，有力推动中国经济的进一步开放和发展。

2. 典型的国内陆港

自2000年以来，随着我国国际贸易的迅猛发展，我国的国际陆港建设起步并保持较快发展速度，下面介绍3个典型的国内陆港。

（1）北京朝阳陆港口岸。

北京朝阳口岸于1994年10月经北京市政府批准开放。其位于北京东四环南路甲1号，南临大秦铁路，北靠南四环公路，东依京津塘高速公路，西傍北京高新科技园开发区，具备得天独厚的地理和区位优势。北京朝阳口岸的经营主体为北京陆港国际物流有限公司。

为满足北京外向型经济发展需求，2002年10月，《北京朝阳口岸与天津海港口岸直通协议书》签订，该协议明确朝阳口岸集装箱中转站作为北京市政府批准的唯一的海运内陆进出口货物集散地，实现与天津港的海陆联运，将天津港的功能延伸至北京。进口货物可通过海关跨关区转关运输方式，快速转至北京办理海关手续。随着作为海关监管场所的集装箱堆场投入运营和船公司的进驻，朝阳口岸集国际集装箱多式联运，进出口货物集散、中转、仓储、物流配送、国际集装箱集散站和国际集装箱还箱点，以及海关、检验检疫集中监管查验等功能于一体，成为真正意义上的内陆港。这使北京地区外向型企业能够就地办理口岸海运业务，享受包括订舱、仓储、中转、集装箱拆拼装箱、海陆联运在内的一条龙服务。同时，缩短企业办理结汇、退税时间，便于企业资金流转，有效促进了企业经济发展。

随着通州口岸的建成，预计通州口岸将整体承接朝阳陆港口岸的功能，实现朝阳口岸的外移和首都非核心功能的疏解。通州口岸计划建设一系列现代化的物流设施，包括立体冷库、监管仓库和查验平台等，进一步提升北京内陆港的功能。总体而言，北京朝阳陆港口岸在北京市的对外经贸发展中发挥了重要作用，成为连接城市与国际供应链的关键节点。未来，随着通州口岸的逐步完善，朝阳陆港口岸的功能有望得到进一步提升和拓展。

通州口岸的建设和完善将为北京内陆港的功能提升提供重要支撑，同时也为首都非核心功能的疏解创造了条件。随着现代化物流设施的建成和智慧物流系统的应用，北京的物流枢纽功能将进一步增强，为京津冀地区的协同发展和国际供应链的优化提供有力保障。

（2）石家庄国际陆港。

2006 年 12 月，石家庄内陆港有限公司与天津港集团有限公司共同出资成立石家庄内陆港。该港坐落在石家庄国际物流园区，总投资 2.68 亿元。其地处石家庄环城公路东侧 1.5 千米处，距石家庄机场 29 千米，北邻石德铁路、石黄高速公路、107 国道，南接 308 国道，东靠规划中的京珠高速公路，地理位置优越，周围公路、铁路网络四通八达，可实现公路、铁路、航海、航空运输的多式联运，具备国家二类口岸功能。石家庄内陆港与海关、检验检疫、港口、船公司等单位协同运作，实施“区域管理封闭化、海关管理智能化、园区管理信息化、报关通关快捷化”等管理模式，形成集报关、报验、订舱、集疏运、包装、分送、EDI 等功能于一体的现场一站式办公规模，实现“一次申报，一次查验，一次放行”，达到现代物流简化手续、提高效率、缩短结汇时间、降低运输成本、规范运输市场的要求，使货物就地实现进出港，加快了口岸物流速度，大大提高了通关效率。

2007 年 4 月 6 日，石家庄国际港务区正式开通。同年 10 月，石家庄国际港务区首票货物通过关港联动物流信息平台经天津港顺利通关。为方便河北企业货物就近出海，石家庄海关先后与天津海关、青岛海关签订了《区域通关备忘录》，助力企业更好地利用天津和青岛口岸便捷通关。2008 年 7 月，石家庄海关促进河北外向型经济发展推出新举措，与天津海关、石家庄内陆港、天津港四方正式签订《便捷通关协议》，明确提出在便捷通关模式下启动关港联动物流信息平台。该平台投入运行后，有效解决了“属地申报、口岸验放”通关模式下企业需委托口岸报关企业运作的问题。中海、天远、东方海外等十几家船公司以及石药集团、招商局集团、天津克运、中国金鹏等大型国际公司已以此为平台，开展进出口贸易和国际货运业务。石家庄国际港务区从无到有、从低迷到稳步发展，再到行业领跑，其发展依托天津港与各内陆省份海关合作的国际陆港项目。

石家庄国际港务区自 2018 年 6 月 29 日首列中欧班列发车以来，已快速发展 6 年。这一标志性事件开启了石家庄国际陆港的发展新征程，自此以后，该港迅速发展为国家一级铁路物流基地、国家多式联运示范工程、国家综合货运枢纽，成为河北省对外开放的重要地标。这既体现了石家庄国际陆港在短短 6 年内的飞速发展，也彰显了其在促进河北省对外开放中的重要作用。

此外，石家庄国际陆港已开辟16条国际线路，覆盖50多个国家和地区，助推京津冀地区深度融入国家“一带一路”建设。这些成就不仅证明了石家庄国际陆港的物流和贸易功能在日益完善，也反映其在促进区域经济发展和国际贸易中的重要地位。

（3）长春国际陆港。

长春国际陆港位于长春东站，其前身为长春铁路货运口岸，占地面积近20万平方米。该陆港基础设施建设分两期进行，设计年吞吐量可达20万标箱，投资4亿元以上。该港由长春市政府、大连市政府、沈阳铁路局和大连港集团四方合作建设，作为无水无船的陆地港口，除装船卸货外，具备港口的其他所有功能。它能够为客户提供租船、订舱、签发提单、拆装箱等海港特有的专业服务，实现了海港功能的延伸，达成“陆港”与“海港”间运输连接的紧密与高效，降低了内陆客户的运输成本，确保了陆港货物的及时出运和送达。此外该陆港还能为客户提供进出口货物报关、报检等通关服务，使内陆企业在长春即可办结通关手续。

长春国际陆港把大连市的口岸优势与长春市的腹地资源及物流优势紧密结合起来，加强了区域间物流合作的一体化，实现了铁海联运和陆港联动。同时，长春国际陆港充分利用大连保税港的政策优势，将大窑湾保税港的优惠政策和功能延伸至长春，提升了长春的口岸服务功能和城市综合竞争力。

长春国际陆港不仅在国内与中铁集装箱等企业签订了全方位的战略合作协议，还在海外与瑞士 HUPAC、俄罗斯 FELB 等公司合作，确保全程线路高效通畅运营。此外，依托长春综保区的优势，该陆港提供仓储、在库管理、国际分拨、多式联运等跨境贸易服务，致力于打造东北亚国际分拨中心。

长春国际陆港地处吉林省，具有独特的地理优势和物流条件，有效连接大连港、营口港、丹东港、天津港等沿海出境口岸，初步形成了以长春为中心、辐射东北和华北地区的物流圈。该陆港还拥有铁路专用线和独立运维的场站，这在全国中欧班列中独具特色，有助于提升服务质量，降低运营成本。

此外，长春国际陆港已开通常态化运行的长春至汉堡的中欧班列，并计划开通更多国际线路。截至2022年，中欧班列已承运8万余标箱货物，货值达280亿元。为进一步提升功能，长春国际陆港正在推进与综合保税区的一体化建设，将完善服务体系，扩大业务范围。

总体而言，长春国际陆港通过多式联运网络和高效的服务体系，正逐步成为东北亚地区重要的物流集散中心，为国内外客户提供便利的跨境贸易服务。

第二章

国际陆港系统

一、国际陆港系统概述

国际陆港系统以内陆经济中心城市的铁路、公路枢纽为核心节点构建的复合型物流系统。它不仅是货物装卸、临时存储的场所，更是依据《国际海关条例》及 INCOTERMS®等国际规则设立的陆域型国际口岸。该系统拥有完善的设施和设备，如停车场及线路、货物查验区、装卸站台、仓库堆场、分拣厂房及办公大厦等，具备国际货运的单证办理、货物查验、装卸、存储、运输及配送等各项功能。

国际陆港旨在提供类似沿海港口的一站式报关、报验、签发提单等服务，借助信息技术与陆路运输，依据国际运输和贸易规则，实现内陆与沿海港口的无缝对接。其定义涵盖两方面：一是货物在陆地上装卸和运输，港口建于陆地且运输国际货物；二是名称符合国际运输操作要求与国际港口命名规范。

国际陆港具备货物集散、仓储、报关、报验、订舱、分送等功能，使内陆货物能就地办单并实现海铁联运。国际陆港具备上述功能，其形成有诸多动因，包括全球化进程加速、内陆城市发展诉求、交通运输技术创新等。国际陆港的构建通常采取政府主导、市场运作、国际合作等模式，具体实施路径取决于地区特点和经济发展需求。

在布局规划方面，国际陆港的理论涉及系统聚类、传递闭包聚类等多种方法，以保障陆港合理分布与高效运作。国际陆港的选址需要考虑交通条件、经济环境、政策支持等因素，通过优化资源配置提升区域物流效能。

现代国际陆港普遍引入信息化和智能化系统，如智能 TOS 系统（Terminal Operating System）、水平运输管理系统、智能调度系统等数字化解决方案，借助人工智能、数据分析和无人驾驶等技术手段提升港口自动化水平。例如，西安国际港务区建立了物流信息平台，整合人、车、货等资源，实现物流高效运转。

国际陆港对内陆城市发展具有显著的促进作用，通过构建国际物流通道，加速区域经济一体化进程并推动产业集群发展。它不仅提升了内陆地区的地缘政治和经济地位，还为沿海港口提供了有效的腹地连接，促进了全球供应链的高效运转。

总体而言，国际陆港系统通过整合内陆交通枢纽资源，提供全链条国际物流服务，不仅激发了内陆地区的经济活力，还在全球范围内加强了物流与供应链的高效管理。随着技术的不断进步与国际协作的深化，国际陆港系统的功能架构与服务模式将持续完善并迭代升级。

二、国际陆港系统构成

国际陆港系统是一个综合性的物流体系，其主要由国际陆港物流系统和国际陆港运营保证系统构成。其系统构成如图 2.1 所示。

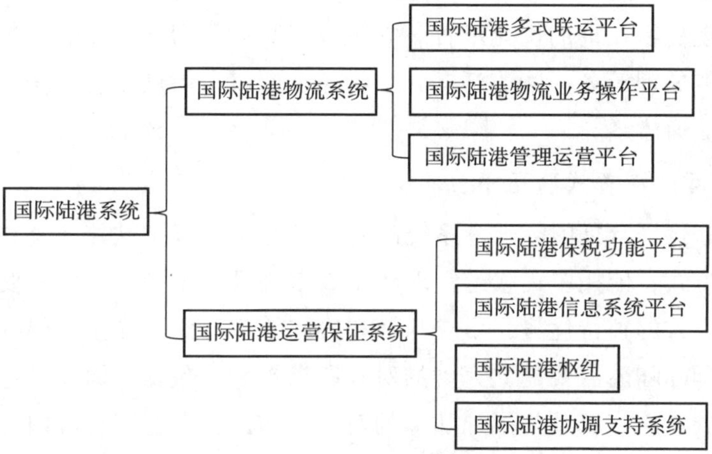

图 2.1　国际陆港系统构成

（一）国际陆港物流系统

国际陆港物流系统是为适应现代物流发展需求而形成的新型产业形态。它存在于经济活动与物流活动高度关联的区域，涵盖对内及对外贸易领域，是连接内陆地区与沿海港口的重要纽带。该系统以物流线路与物流据点构成的通道网络为基础，以运输工具接力运输为特征，以计算机网络为信息交互、管理与控制平台，以物流运作过程协同化为机制，以国际陆港和沿海港口为主体，并衔接其他类型物流节点。由运输、储存、包装、装卸、搬运、配送、流通加工、信息处理等各环节构成。

国际陆港物流系统的核心目标是实现物资的空间和时间效益。在确保社会再生产顺利进行的前提下，达成各种物流环节的合理衔接，进而获取最佳经济效益。该系统打破了以单个物流园区或单个港口为中心的传统思维模式，将国际陆港的规划、建设，以及现有物流园区、货运站场的资源整合，提升到物流系统层面，对基于站场的各项运输与物流业务进行开发、管理和控制。以国际陆港为依托，推动基于国际陆港的各项物流业务蓬勃发展，提高物流服务水平，从而促进内陆区域经济与港口城市的发展。

此外，国际陆港物流系统是陆港所在地区经济系统的重要组成部分。通过与地区及沿海港口城市的经济联动，国际陆港能够提升自身的综合实力，扩大地区和城市经济的竞争优势。其最终目的是满足客户对港口物流服务的个性化需求，通过增值服务持续提升港口物流系统的货源吸附能力。

国际陆港物流系统的基本功能是通过高效率、高效益的装卸、集疏及服务增值实现货物在港的优化配置。它集成了装卸、搬运、仓储、运输、流通加工和信息处理等各项物流活动，是物流、商流、信息流、资金流和人才流的复合型流通体系。

1. 国际陆港多式联运平台

多式联运平台是国际陆港系统的核心部分，整合了铁路、公路、内河等多种运输方式，依托多式联运实现物流效率提升。该平台建设需要充分发挥各种运输方式的独特优势，形成互补和协同效应。作为连接国内外市场的重要节点，国际陆港需要建立完善的对外联通平台，包括与海港、空港等其他物流节点的连接，以及与国外陆港的对接。如此，方能实现国内外市场的无缝衔接，推动国际贸易便利化进程。

2. 国际陆港物流业务操作平台

国际陆港物流业务操作平台承担着国际陆港具体业务操作的重任，涵盖货物装卸、仓储管理、分拣配送、信息处理等核心环节。为实现自动化、智能化操作，需配置先进的物流设备并提供相应的技术支撑。

3. 国际陆港管理运营平台

管理运营平台是国际陆港系统的中枢机构，负责整个系统的规划、建设、运营和管理。其运作需建立完善的管理体制和运营机制，确保国际陆港的高效运转和可持续发展。该平台主要由陆港货物的装卸作业、集疏港运输以及港口生产监控与调度等涉及陆港物流运作的企业或部门组成。其中，物流运营子系统作为陆港物流系统的核心模块，直接影响物流运作效能与服务竞争力。

综上所述，国际陆港系统是由多个子系统构成的集成式物流体系，各子系统通过相互关联与协同作用，共同构建起高效、便捷、智能的物流网络。

（二）国际陆港运营保证系统

根据陆港物流系统的内涵，在充分体现港口物流系统的技术性、经济性、安全性、时间性和可持续发展性原则的指导下，陆港物流系统可分为国际陆港保税功能平台、国际陆港信息系统平台、国际陆港枢纽、国际陆港协调支持系统。

1. 国际陆港保税功能平台

保税功能是国际陆港的核心竞争优势。通过设立保税仓库、保税物流中心等基础设施，国际陆港能够实现进出口货物的保税存储、初级加工和增值服务，从而降低企业运营成本并提升物流效率。

2. 国际陆港信息系统平台

信息系统是国际陆港实现数字化、智能化的重要手段。建设先进的信息系统平台，可实时采集、传输和处理物流信息，提高物流信息的透明度和可追溯性，为企业的决策和运营提供有力支持。该平台覆盖港口物流系统及相关部门和机构。它承担物流系统的信息传递、处理、存储、分析等功能，在保障陆港物流系统整体高效运作、提高物流效率、推动物流管理协调手段现代化以及增强物流管理协调能力方面，发挥着至关重要的作用。

3. 国际陆港枢纽

第一层级：自然条件。国际陆港选址需优先考虑自然条件，主要涵盖港口区位条件、港区面积，以及气象、水文、地质、泥沙等综合环境要素。这些条件是陆港物流系统运作的前提，不仅为陆港物流系统提供基本的作业环境，还在增强港口物流系统的双向辐射能力与货物通关效率等方面发挥着显著作用。

第二层级：基础设施建设。基础设施子系统由国际陆港物流运作必需的设施与装备构成，主要包括库场生产设施、辅助库场设施以及港口集疏运设施等。基础设施子系统是陆港物流系统运作的物质基础，通过为陆港物流运作提供必要设施，确保物流系统得以成功运作。

第三层级：产业集聚发展。配套产业子系统由国际陆港附近的物流增值服务企业、中介及配套服务企业、生产性服务企业以及临港加工贸易企业等组成。它伴随着港口从传统运输中转节点向综合物流服务链重要环节的定位转变而出现，是陆港物流系统朝着集运输、多功能和多式联运等于一体的综合物流中心发展的体现。

4. 国际陆港协调支持系统

国际陆港协调支持系统负责物流系统的统筹管理、监督协调与人才培养。该系统由政府监督协调部门、海关联检部门和行业协会等构成。

该子系统通过优化政策环境与市场机制，从管理体制与人力资源等方面，构建了系统的外部环境。其中，地区的政治制度、经济制度、科学体制、教育体制等构成了外部环境的重要部分；而地区物流系统信用环境、资金环境、人才资源、基础设施等，则构成了物流系统的内部环境。

在系统运行过程中，系统内部各要素相互作用、相互制约，进而促进新制度的形成。国际陆港物流系统是一个开放、动态的网络系统，在这个系统中，信息、技术、人员、资金、政策等要素流动频繁。通过供应链管理，对知识流、资金流、信息流、物流进行有效控制，在需求信息的驱动下，通过共享过程实现整个供应链的高效运作。这为陆港物流系统提供了制度保障和人才支持。

三、国际陆港节点

国际陆港节点是国际陆港系统中的重要组成部分，是指在国际陆港网络中承载物流中转、集散、仓储、加工、配送等功能的特定区域或设施。这些节点通常具备多式联运的能力，可以连接铁路、公路、内河等多种运输方式，实现货物的快速高效转运。

国际陆港节点的选址和建设需要考虑诸多因素，如地理位置、交通条件、物流需求、产业基础等。一般来说，节点会选在交通便利、物流需求旺盛、产业基础扎实的地区，以便更好地发挥其物流中转和集散功能。

在国际陆港节点内，通常会建设一系列的物流设施，包括仓库、堆场、分拣中心、配送中心等，以满足不同货物的存储、加工、配送等需求。同时，还会配备先进的物流设备，采用先进的技术手段，如自动化装卸设备、智能仓储系统、物联网技术等，以提高物流作业效率和服务水平。

此外，国际陆港节点还需要建立完善的管理和运营机制，包括节点规划、运营管理、信息服务等方面。这些机制需要充分考虑节点的物流需求和市场环境，确保节点的高效运转和可持续发展。

总的来说，国际陆港节点在国际陆港系统中举足轻重，承载着物流中转、集散、仓储、加工、配送等重要功能，是连接国内外市场、促进国际贸易便利化的关键物流节点。未来，随着全球经济的不断发展和物流技术的持续创新，国际陆港节点的地位和作用将愈加凸显。

四、国际陆港网络及其构建

国际陆港网络是以陆路运输为主要方式的，连接不同国家和地区的物流网络体系。该网络以铁路、公路等运输方式为基础，实现货物的快速、高效、便捷转运，从而促进国际贸易和区域经济的发展。构建国际陆港网络需要考虑以下几个方面。

1. 国际陆港节点布局规划

依据国际贸易流向、物流需求及地理位置等因素，合理规划国际陆港节点的布局。确保节点能够覆盖主要贸易通道和关键物流节点，从而形成互联互通、高效便捷的物流网络。

2. 国际陆港基础设施建设

在国际陆港节点内部，需建设完善的物流基础设施，包括仓库、堆场、分拣中心、配送中心等。同时，还需要配备先进的装卸设备、智能化仓储管理系统等，以提高物流作业效率和服务水平，满足日益增长的物流需求。

3. 国际陆港多式联运体系建设

国际陆港网络需要实现多种运输方式的无缝衔接，包括铁路、公路、内河等多种运输方式的无缝对接。通过构建多式联运体系，实现货物的快速转运和高效配送，显著提高整个物流网络的运输效率。

4. 国际陆港信息化和智能化建设

借助现代信息技术和智能化技术，搭建国际陆港网络的信息平台和智能化管理系统。实现物流信息的实时共享、货物跟踪与追溯、智能决策等功能，大幅提高物流网络的透明度和智能化水平。

5. 合作与协同发展

国际陆港网络涉及众多分布于国内外的国际陆港节点，因此加强国际合作与协同发展至关重要。通过政策对接、标准统一、信息共享等举措，推动各国在国际陆港网络建设中实现合作共赢。

综上所述，构建国际陆港网络是一项复杂的系统性工程，需要政府、企业和社会各界的共同努力。通过合理规划、完善设施、加强合作，能够打造高效、便捷、智能的国际陆港网络，为国际贸易和区域经济的繁荣发展注入强大动力。

五、国际陆港物流系统运作模式

（1）规划与建设主体。建设陆港物流园区能产生巨大的社会和经济效益，因涉及多方因素，应由政府部门统一规划。规划一旦确定，陆港园区的开发建设应由政府和企业联合推进，前期的物流设施建设应以政府为主，后期的项目开发则需政府、民间、企业和受益方共同努力、合力推进。

物流企业是物流园区的投资主体和利益主体，在经营过程中起主导作用。因此，政府部门应像建设其他基础设施一样，给予物流企业一定的扶持与政策优惠。例如，提供一定数量的低息长期贷款，适当减免税费，保障所需的土地，并建设园区运转必备的公共设施等。同时，政府还需要营造公平竞争、规范有序的市场环境，助力园区内物流企业发展。

（2）运作方式。在政府完成陆港园区基础设施建设的基础上，陆港应采用市场化运作方式。可通过出租等方式，将物流园区的场地等公共设施提供给物流企业。这种租赁方式取得的收入受市场波动影响较小，能有效稳定陆港收入。

对于陆港园区内的众多物流企业，主要依靠市场规律运作。首先应重点引进知名大公司，以吸引更多公司入驻，逐步把规模做大。而规模扩大又将提高吸引力，从而为降低投资者成本和风险提供良好的环境，形成发展的良性循环。同时，通过政策引导，推动陆港物流园区不断发展。

鉴于陆港园区主要为国际物流运作服务的特性，可考虑在园区内设立自由贸易区，实施零关税、放松管制等政策，吸引更多货物及跨国物流企业入驻。当前，迫切需要简化中转货物的通关手续，延长中转货物的免费堆存时间，充分发挥自由贸易区的优势，特别是引入 EDI 系统，构建起联络各方的完整网络。

为此，政府要与对接港口、港口属地海关协商，确立内陆中心城市的自由港务区并签署相关协议。通过协商确立内陆集装箱进出口利益分配规则，实施高效便捷的海关监管方针和进出口通关手续，实现内陆中心城市港口型物流园区与沿海港口码头的港区一体化国际物流系统模式。如此可连通保税区和港区，实行区港统一监管制，避免二次通关的重复手续，实现简捷高效的通关、检验及运输监管政策。具体包括：①当进出口货物或转口贸易货物进区享受各项低税率政策时，避免重复验关；②海关根据货物的品种、来源地等特点有针对性地抽查检验；③货物因区内企业作业性质发生改变时，海关核对备案记录，不必要求一一对应，只要基本吻合即可。

与此同时，需促进港口园区、保税区、陆港物流园区及物流中心的一体化发展。陆港作为国际物流和区域性物流的重要枢纽和平台，尤其是在中国加入 WTO 后，其国际业务不断提升，作为中转平台，需要更多的保税库以满足未来发展的需要。因此，应研究国外在港口、保税区、物流园区三者结合方式上的先进经验，利用高科技手段建立港区与保税区、物流园区之间的保税专用通道，促进三者的一体化发展，开展集装箱国际中转服务和货物增值服务，形成良性互动局面，从而促进区域经济的发展。

政府应成立港区管理办公室，主要负责政策配套、总体规划、整体开发及管理协调工作。通过利益协调，确立与沿海港口及海关的合作，进一步整合物流环节，降低国际物流运作成本，以促进内陆中心城市对外贸易的发展。

（3）经营管理方式。国际陆港应由一系列多功能、规模化的货物配送中心构成。港区可按市场规律，采用多种经营方式，既可以独立经营，也可以合作与联营，并积极引进国内外物流企业的先进技术和管理经验到港区。在建设中可采用社会融资方法，吸引更多社会投资，以实现投资结构和投资方式的多元化，为其发展注入竞争活力，使港区的管理企业化。与此同时，应及时调整港区经营结构和服务策略，注重功能调整及人员素质的提高，因此，应加强港区物流专业人才的培养。

六、国际陆港物流系统建设的建议

国际陆港物流系统建设的建议是一个综合性、复杂性的过程，需要政府、企业和社会各界的共同努力。为实现其健康发展，提出以下建议。

1. 完善基础设施

加大对国际陆港基础设施的投资力度，包括道路、铁路、仓库、堆场、分拣中心、信息平台等。这些设施是物流系统高效运作的基础，必须确保它们能够满足当前的物流需求，并具备一定的扩展性，以适应未来的增长。

2. 健全多式联运体系

国际陆港作为连接不同运输方式的重要节点，应着力提升多式联运的能力。这包括加强铁路、公路、内河等运输方式之间的衔接，优化转运流程，缩短换装时间，降低成本，提高整体运输效率。

3. 提升信息化和智能化水平

借助现代信息技术和智能化手段，能够显著提高国际陆港物流系统的运作效能。建议搭建统一的物流信息平台，实现信息资源的共享与整合，提高物流信息的透明度。同时，引进自动化、智能化设备和技术，如智能仓储、无人搬运车等，以减轻人力负担，提高作业精度和效率。

4. 优化口岸服务

国际陆港通常承载报关、报检等口岸功能，为提升物流效率，建议优化这些口岸服务流程，简化手续，缩短通关时间。同时，加强与海关、商检等部门的沟通协作，实现信息共享和互通有无。

5. 推动绿色发展

在环保日益成为全球共识的背景下，国际陆港物流系统的建设亦应注重绿色发展。通过引进绿色能源、减少污染排放、优化资源配置等措施，降低物流活动对环境的影响。例如，推广使用电动车辆进行短途运输，利用太阳能、风能等可再生能源为物流设施供电等。

6. 加强国际合作

国际陆港物流涉及沿线不同国家和地区，必须加强国际合作与协同发展。建议与周边国家建立稳定的合作关系，共同推动国际陆港物流系统的发展。同时，积极参与国际物流组织和协会的活动，学习借鉴先进经验和技术成果。

随着世界经济一体化进程的加快以及现代科技的迅猛发展，国际物流呈现出网络化、系统化及信息化的趋势。尽管我国国际物流已具备一定规模，但仍存在一些不合理因素。为进一步完善我国国际物流网络及其运作模式，应采取以下措施。

（1）合理选择和布局国内物流节点，通过加强与沿海港口的合作，扩大国际贸易的范围，加快内陆商品出口速度，降低国际物流运作成本，以实现成本低、效率高、服务优的物流总体目标。

（2）加强基础设施的建设与设备改进。完善的交通运输网络及枢纽站的规划与建设是实现一体化物流目标的基础，主要包括多种交通方式网络的综合规划与建设、交通枢纽站场的建设及地区或城市物流中心的建设等。改造现有基础设施并建设适应国际物流运作需求的新基础设施是确保国际物流有效运作的基本手段。

（3）贯彻实施物流标准化。为保障国际物流的顺利开展，统一物流各环节的标准至关重要。运输设备尺寸有差异、数据交换格式不同等都会引起国际物流运作效率低下。运输模式的日益变化，要求具备统一、通用的各类软硬件标准，以支撑国际物流在不同国家、地区及运输方式之间的高效衔接。我国在推进物流标准化建设进程中，不仅要考量标准体系在国内的普适性，更要关注其与国际通行规则的兼容性，积极主动对接全球标准框架。

（4）调整相关的政策法律体制。政策法律体制是开展国际物流运作的有力保障。当前，我国国际物流领域的政策和法律尚不健全。因此，应研究制定引导国际物流系统发展的政策，并构建完善的法律体系，包括相关法律法规的制定和专业法律人才的培养，推动国际物流在法治环境下健康快速发展。

（5）整合物流资源，构建综合物流体系。破除部门、行业壁垒分割与所有制界限，通过资源整合降低社会物流成本。积极引导物流企业依据业务流程进行整合，提升跨区域作业和综合服务能力。加快建设以市区配送物流为基础、省内物流为依托、区域物流为重点、国际物流为导向的现代综合物流体系，形成以区域经济为中心的四重物流服务圈。

（6）加快物流信息化建设，实现社会信息资源共享。搭建物流信息平台，整合社会信息资源，实现信息共享，并加强物流企业与制造业及商业企业的合作，构建并优化供应链。借助国际互联网技术，通过示范作用，初步建立标准化物流信息枢纽，确保不同物流信息系统数据的顺利交换，实现物流信息共享、电子商务、网上交易，凭借信息资源优势为物流企业搭建合作桥梁。同时，要利用现有信息技术，使其在物流供应链一体化中发挥协同服务作用。

第三章

典型国际陆港枢纽

一、西安陆港型国家物流枢纽

（一）西安国际港务区的发展历程

西安陆港型国家物流枢纽是陕西省、西安市为打造内陆改革开放新高地而设立的经济先导区。它是省市践行国家“一带一路”倡议、打造丝绸之路经济带新起点、建设对外开放大通道的重要抓手和主要平台，也是陕西自贸试验区的核心板块。园区位于西安市主城区东北部的灞渭三角洲，浐河、灞河、泾河、渭河四水聚港，规划控制区 120 平方千米，规划建设面积为 89.89 平方千米。园区区位优势明显，骨干路网与西安三环路、绕城高速无缝对接，距离西安咸阳国际机场 28 千米，距西安高铁站 7 千米，距西安行政中心仅 15 分钟车程，穿区而过的西安地铁 3 号线、地铁 14 号线已建成通车。园区对外与沪陕、包茂、连霍、福银等 8 条高速公路通过绕城方式无缝衔接，是国家多式联运示范基地。2022 年，全区主要经济指标表现良好：地区生产总值同比增长 8.1%，规模以上工业增加值同比增长 11%，服务业增加值同比增长 1.2%。

在国际港务区发展早期，基础设施建设是重中之重。2010 年，西安保税物流中心通过四部委联合验收；同年，西安铁路集装箱中心站竣工开通。2013 年，首列“长安号”国际货运班列开行；2014 年，“西安港”国际代码正式启用。这些里程碑事件标志着国际港务区的建设逐步走向成熟。

目前，西安国际港务区已经形成以铁路、公路、航空为主的立体化运输体系，实现了公路、铁路、海运、航空等多式联运的高效运转。此外，国际港务区还借助西安公路港、西安综合保税区等核心平台，将沿海的港口口岸服务功能内移，有效提高了物流效率，降低了物流成本。

西安国际港务区积极有序承接东部沿海地区产业转移，推动园区、企业、学校、科研、基金多方协同合作。截至 2023 年，已引进世界 500 强企业 31 家、中国 500 强企业 42 家、中国民营企业 500 强 15 家，正在构建面向未来、参与全球竞争的产业体系，致力于打造千亿级临港产业集群。

总的来说，西安国际港务区已经从一纸蓝图步入实质性建设和发展阶段，其愿景是成为丝绸之路经济带上最大的国际中转枢纽。随着“一带一路”倡议的深入推进，国际港务区有望在未来继续发挥其作为内陆改革开放新高地的优势，为西安市和陕西省的发展注入新的活力。

（二）西安陆港型国家物流枢纽的发展战略

西安国际港务区的发展历程可以追溯到 2008 年，它是陕西省和西安市为打造内陆改革开放新高地而设立的经济先导区。2010 年 11 月 4 日，港务区的规划获得国家发展改革委的批复，自此，港务区告别蓝图设想，迈入实质性建设阶段。

港务区为西安的产业和城市发展开辟了新的空间。它的目标定位是成为中国第一个不沿江、不沿海、不沿边的国际陆港，规划面积为 120 平方千米。该区域被寄予厚望，被视为最国际化、最生态化、最活力化的区域，集合了现代生产性服务业和宜商宜居的环境。

随着港务区的建设和发展，一系列大型基础设施项目相继落地。例如，西安奥体中心于 2016 年 6 月选址国际港务区，并计划于 2020 年竣工。这个中心将拥有 6 万个座位的体育场、1.8 万个座位的综合体育馆和 4000 个座位的游泳跳水馆，预计其会成为西安新的体育产业名片。此外，西安丝路国际会展中心也在这里建设，建成后将成为西部设施最完备、规模最大的国际会议展览中心。

在吸引企业方面，港务区也取得了显著成绩。在 2019 年的西安第四届丝博会上，包括招商局集团、华润集团在内的 6 大央企集中落户国际港务区。该区域将聚集高端人才流、全球商品流、现代服务流及资金流，助推区域高速发展。此外，砂之船集团和华南城等企业也在港务区布局，共同打造商业高地。

西安国际港务区已经从蓝图变为现实，正在发生翻天覆地的变化。它不仅促进了城市东部的发展，还为西安的经济和社会发展注入了新的活力。未来，港务区将继续发挥其作为内陆改革开放新高地的优势，为西安市和陕西省的发展作出更大贡献。

首先，差异化战略定位，增强其作为自由贸易核心功能区作用。西安作为“丝绸之路经济带”三大核心节点城市之一，具有独特的东联西进区位优势，应发挥自身资源集聚力和向心力，将西安国际陆港定位为未来西部地区自由贸易区的核心功能区。在此基础上，西安国际陆港应在传统陆港功能上进一步增强其集散中心、商品流通和产业集聚地的功能，通过扩散效应带动区域经济更大程度的开放发展，增强西安市经济发展的极化作用。

其次，不断完善物流枢纽功能，促进区域贸易增长。西安国际陆港的发展离不开海港的货源基础，因此需与海港建立紧密的协作关系，形成“海港—路桥—陆港”的发展路径，这有利于促进区域外向型经济和贸易额的增长。在“一带一路”倡议背景下，应进一步强化西安国际陆港的国际中转型枢纽功能，拓展其货源吸引路径，这对促进西部地区乃至全国的经济发展都有深远的影响。

最后，不断扩大枢纽陆港集聚范围，吸引货源。从西安的交通区位和城市竞争力来看，西安陆港的核心集聚区域是西安、关中地区，主要集聚区域是陕西省其他地区和周边区域。随着郑州、成都等陆港竞争的加剧，西安陆港对周边区域的吸引力有限，物流需求极小。因此，应出台特殊优惠政策，助推公铁海联运发展，逐步扩大西安陆港集聚范围。为了保障“长安号”类集装箱“五定”班列的常态化运营，西安市铁路部门可制定更有竞争力的运价机制。此外，对在西安陆港中转货物的货源企业减免路桥通行费或给予一定补贴等，以吸引货源，提升西安陆港扩大集聚范围的比较优势。

未来，应加快拓展新的利润点，以吸引更多货物中转数量。例如，可以建设临港经济区、物流园区、保税区等，吸引更多企业入驻，提高货物中转效率。同时，引进先进的信息技术和管理经验，提升物流服务水平。

（三）西安陆港型国家物流枢纽的发展定位与功能布局

1. 西安国际港务区的发展定位

(1)“一带一路”内陆型贸易枢纽港。

打造中欧班列（西安）集结中心，推进以“长安号”为核心的“运产贸”融合发展，加快形成面向中亚、南亚、西亚国家的通道，打造商贸物流枢纽，构筑内陆地区效率高、成本低、服务优的国际贸易通道。坚持开放创新，充分发挥自贸试验区先行先试优势，做强西安陆港型国家物流枢纽，与国内外物流枢纽加强衔接，推进海铁联运、公铁联运等多式联运建设，努力形成“干支结合、枢纽集散”的集疏运体系。完善口岸功能，强化各类开放平台的功能，做大做强口岸商贸。建设进口贸易促进创新示范区，大力发展一般贸易、大宗贸易和跨境电商，实现“港产贸”融合一体化发展，进一步提升国际港务区的区域带动和辐射作用，助力陕西深度融入共建“一带一路”的大格局。

（2）内陆改革开放高地。

以产业链延伸及创新为路径引领发展，夯实做强临港经济、商贸服务、数字经济、新金融、文体健康五大产业集群，努力构建开放型经济产业高地。积极打造面向“一带一路”的产业转移承接中心、国际贸易中心、金融服务中心、人文交流基地和多元化国际商事争端解决中心。深度融入全球产业链和价值链，努力将国际港务区打造为西安开放型经济发展的核心载体。

（3）现代化国际城市新中心。

按照“世界眼光、国际标准、中国特色、高点定位”的发展要求，践行“以人民为中心的发展思想”，优化城市空间结构，升级城市功能，改善乡村环境，增强园区承载力、集聚力和吸引力，建设面向“一带一路”的城市功能载体。

借力第十四届全运会，高标准建设运营总部项目，与西安奥体中心“一场两馆”、“一带一路”系列公建项目共同打造西安最美天际线。坚持生态优先，统筹“三河一山”国际港务区段、中央绿色廊道、快速路网和主干道景观建设，构建“一环三区五带多线”大生态格局，绘就蓝绿交织、清新明亮、水城共融的陆港画卷。

坚持以人为本，不断优化教育、医疗基础服务，大力推进美丽乡村建设，努力提升区内原居民的幸福感和获得感。引进国际、国内优质资源，参与城市功能配套建设，构建国际化教育、医养、商业、文化、体育高品质人居生活圈，打造国际一流和谐宜居城市新中心。

2. 西安国际港务区的空间布局

西安国际港务区坚持“陆港引领、产城融合、生态惠民”，形成“一核、两带、双轴、五区、五支撑”的功能结构布局。“一核”是指以西安港为核心；“两带”是指以灞河、渭河为中心的绿色生态发展带和以中央绿廊及总部经济聚集区为中心的总部经济发展带；“双轴”是以港务大道为中心的临港经济发展轴和以欧亚大道为中心的奥体新城发展轴；“五区”是指城市综合创新区、产业发展引领区、集结中心配套区、城乡统筹区、远期协同发展区；“五支撑”是指以临港经济、商贸服务、数字经济、新金融、文体健康五大产业为支撑，推进国际港务区经济社会高质量发展，先行先试、示范引领、全面升级。

3. 西安陆港型国家物流枢纽的功能布局

从功能上看，西安陆港型国家物流枢纽主要承载着铁路干线运输组织、区域分拨、配送组织、多式联运转运组织及国际物流服务等功能。这些功能能使该枢纽有效实现物流和运输的组织与管理，提高物流效率，降低物流成本，为区域经济发展提供有力支持。

从布局上看，西安陆港型国家物流枢纽采用“两中心六片区”的结构。其中，“两中心”包括国际铁路物流枢纽港和国际公路物流枢纽港，依托西安铁路集装箱中心站和西安传化丝路公路港两大主体，构成枢纽的核心部分；“六片区”则是承接枢纽经济和流动经济的主要经营活动的区域，包括口岸服务区、综合保税区、产业转移承接区、商贸物流区、邮快件作业区、信息服务区等六个片区。这种布局旨在实现物流的高效运转，满足多样化的物流需求，促进区域经济的发展。

此外，为推动枢纽间协同共进，西安陆港型国家枢纽由西安国际港务区管委会下属的西安自贸港建设运营有限公司牵头，负责搭建公共平台、配置公共资源。同时，联合中铁联合国际集装箱有限公司（简称中铁联集）、陆港多联公司、中国邮政、招商局物流、传化、京东、圆通等七家专业平台公司，形成“1+7+N”企业联盟，共同推进枢纽的建设与运营。这种协同共进模式有助于提高整个枢纽的运营效率和服务水平。

西安陆港型国家枢纽的建设得到了陕西省政府的高度重视和大力支持。政府积极推动立体化物流枢纽网络的形成和完善，包括构建以西安为中心的“米”字形铁路网、公路网和航空运输网络等。这些举措为西安陆港型国家物流枢纽的建设和发展提供了有力的政策支持和保障。

（四）西安陆港型国家物流枢纽的交通支撑体系

1. 公路交通

西安国际港务区通过东、北、南三环与高速公路网相连，实现了东西南北各个方向的便捷交通。其中，京昆高速、京福高速等高速公路贯穿全境，进一步加强了西安国际港务区与周边城市群的联系。

2. 铁路交通

西安国际港务区依托西安铁路集装箱中心站，实现了与国内主要物流枢纽的快速连接。此外，中欧班列长安号的常态化运营，加强了与共建“一带一路”国家和地区的联系。高质量建设中欧班列（西安）集结中心，中欧班列“长安号”数字金融综合服务平台累计为企业提供贷款 52.5 亿元。西安国际港站在全国率先实现整列集结、抵港直装、港区一体化，成为全国首个中欧班列开行量达 2 万列的车站。

3. 航空交通

西安国际港务区距离西安咸阳国际机场仅 12 千米，通过高速公路可实现快速连接。西安咸阳国际机场已开通国内外航线 300 余条，并探索形成航空口岸机坪“直提直装”新模式，实施“保税航油”“三关合一”等创新举措，累计开通 4 条第五航权航线。2023 年，西安咸阳国际机场接待旅客 4137 万人次，货邮吞吐量恢复至 26.6 万吨，在营运的国际客运航线恢复至 33 条，全货运航线增加至 45 条，在全国率先实现中亚五国客运航线全覆盖，为物流运输提供了便利的航空交通条件。

4. 公共交通

西安国际港务区内部及周边区域拥有完善的公共交通体系，包括公交车、地铁等多种交通方式。其中，地铁 3 号线直达西安国际港务区，为区内居民和企业提供了便捷的出行条件。

5. 内河航运

渭河作为西安国际港务区的内河航运资源，具有通江达海的优势。目前，渭河航运开发已经启动，将建设 500 吨级航道和港口，为未来的水路运输提供支持。

综上所述，西安陆港型国家物流枢纽的交通支撑体系涵盖了公路、铁路、航空、公共交通和内河航运等多个方面，这些交通方式相互补充、协调发展，为物流运输提供了高效便捷的支撑条件，为区域经济的发展注入了强劲动力。

（五）西安陆港型国家物流枢纽的未来发展规划

1. 促进综合保税区高水平开放

加强区内区外联动，促进产业融合，重点发展与临港制造业产业链相关的保税制造、保税物流、保税服务等上下游配套业务。支持适合综保区的加工制造项目落地投产，鼓励区外企业进区开展委托加工，引导加工贸易向产业链两端延伸，优化区域产业结构。

2. 打造国际化自由贸易专业服务体系

积极主动提供贴身且精准的服务，全力推动重大外资项目、跨境贸易项目的成功落地。积极围绕临港企业提供涉外法律、产品国际化咨询及本地化翻译、“一带一路”政策文件咨询、人力资源外包等在内的国际化、一体化服务。

3. 推进硬件设施建设

解决土地指标不足的问题，加大土地报批和指标调剂申请工作力度，满足项目建设需求。同时，解决建设资金不足的问题，加大土地出让力度，促进项目落地，为区域发展提供更多资金和空间支持。

4. 提升软环境

在关注配套政策的同时，还需重视人才落户对软环境的需求。例如，建设并命名西安人民医院为三甲公立医院，将其落户至航天基地。此外，政府正大力推进重点引进项目，如阿里巴巴助力智慧城市建设、京东物流入驻航天城。

5. 推进交通基础设施建设

以包茂高速公路、包西铁路为轴线，向北辐射带动陕北延安、榆林等地发展；以福银高速公路、宝鸡至平凉、天水至平凉等高速公路和西安至银川铁路为轴线，向西北辐射带动陇东平凉、庆阳等地发展；以沪陕、西康、西汉等高速公路和宝成、西康、宁西铁路为依托，向南辐射带动陕南汉中、安康和甘肃陇南等地发展。

6. 高标准推动多式联运创新发展

西安港建设的“一带一路”内陆中转枢纽陆海空多式联运示范工程，以及陆海联运、多点协同的集装箱多式联运智能骨干网建设示范工程，已被命名为“国家多式联运示范工程”。同时，西安积极推动签订《中老铁路多式联运“一单制”协同开放发展合作协议》和发布《新亚欧陆海联运通道自贸试验区创新西安宣言》。在此基础上，开发空空中转、空铁联运等中转产品，并成功开通了全省首条TIR国际跨境公路货运线路（西安—哈萨克斯坦），致力于打造西安空港枢纽卡车航班中心和TIR跨境公路货运集散中心。

7. 推进关中—天水经济区城镇体系建设

西安正在构建由核心城市、次核心城市、三级城市、重点镇和一般镇五级组成的城镇体系。核心城市加快推进西（安）咸（阳）一体化建设，着力打造西安国际化大都市。通过优化城市空间布局和提升基础设施水平，西安将进一步强化其在关中—天水经济区的核心地位。

二、成都陆港型国家物流枢纽

（一）成都陆港型国家物流枢纽的发展历程

成都陆港型国家物流枢纽是在国家发展改革委、交通运输部联合印发《关于做好2019年国家物流枢纽建设工作的通知》的背景下成立的。该枢纽拥有亚洲最大的铁路集装箱中心站，以打造“蓉欧枢纽”为目标，以适欧适铁产业需求为导向，总体形成“四区三中心”功能格局。2019年，成都陆港型国家物流枢纽入选全国首批国家物流枢纽建设名单。

建立成都陆港型国家物流枢纽对成都新一轮西部大开发建设具有重大意义。通过深入实施“蓉欧+”发展战略，依托金青新大港区拓展国际国内两张网，做强枢纽、节点、腹地、服务四大支撑，可以进一步提升和巩固成都西部国际门户枢纽地位，充分释放成都对西部地区经济发展的带动效应。

1. 初始建设阶段（2019年之前）

在这一阶段，成都陆港型国家物流枢纽的基础建设逐步展开，包括铁路集装箱中心站、公路港、仓储设施等。同时，相关政策和规划也陆续出台，为枢纽的发展提供了有力的支撑。

2. 快速发展阶段（2019—2024年）

2019年成都陆港型国家物流枢纽入选全国首批国家物流枢纽建设名单以来，枢纽的发展进入了快车道。在这一阶段，枢纽的物流网络不断完善，国际班列、国际货运航线等不断增加，货物吞吐量、集装箱运输量等关键指标快速增长。同时，枢纽的服务功能也不断拓展，从单一的物流服务向供应链管理、国际贸易等多元化服务转变。

（二）成都陆港型国家物流枢纽的发展战略

成都陆港型国家物流枢纽依托自由贸易试验区、国家级经济开发区、综合保税区和金青新大港区、临港服务业功能区、国家首批陆港型物流枢纽

“五区一枢纽”叠加带来的历史机遇和显著优势，加快推进国际一流铁路港建设，全力实现从第二代港口到第三代港口的跨越发展。其在全国率先开展中欧班列运费分段结算估价管理改革，切实帮助企业降低税负成本，通过持续优化营商环境为招商引资工作奠定了坚实的基础。

1. 政策与制度创新

积极争取政府和有关部门的政策支持，推动制度创新，为服务创新创造良好的外部环境。例如，推动通关便利化、税收优惠等措施的落实；同时，也可以探索制度创新，如建立自由贸易试验区、跨境电商综合试验区等，为服务创新提供政策支持。

2. 合作与联盟策略

（1）与国际物流枢纽建立战略合作关系。通过与全球其他重要物流枢纽建立战略合作关系，实现物流资源和信息共享，共同提升国际物流通道的效率和可靠性。此外，还可以与国际知名物流公司、港口运营商等建立合作关系，共同打造高效、便捷的全球物流网络。

（2）深化与区域内城市的合作。加强与四川省内其他城市以及西部地区城市的合作，共同推动区域物流一体化进程。可以通过建立区域物流合作联盟，搭建统一的物流信息平台等举措，实现区域内物流资源的优化配置和协同发展。

（3）拓展与产业链上下游企业的合作。与制造业、电商、贸易等产业链上下游企业建立紧密的合作关系，了解他们的物流需求，为其提供定制化的物流解决方案。通过深化与产业链上下游企业的合作，推动物流与产业链实现深度融合，从而促进产业链整体竞争力的提升。

（4）推进与科研机构和高校的合作。与科研机构、高校等建立产学研合作关系，共同开展物流技术、管理等多方面的研究工作，以此推动物流领域的科技创新，强化物流专业人才培养。通过与科研机构和高校的紧密合作，可以为成都陆港型国家物流枢纽提供源源不断的创新动力和人才支持。

（5）加入或创建物流行业协会或联盟。积极参与或创建物流行业协会或联盟，与行业内其他企业和组织建立广泛的合作关系。通过参与行业协会或联盟的活动，可以了解行业发展趋势、分享经验和资源、共同应对市场挑战。

成都陆港型国家物流枢纽可以通过与更多物流服务提供商、货运代理等合作，扩大其物流网络覆盖范围，提供更多元化的物流服务。同时，它还可以加强与其他国家和地区物流枢纽的互联互通，提升国际物流通道的便利性和效率。

3. 推动多式联运发展

加强铁路、公路、水路、航空等多种运输方式的协同配合，推动多式联运发展，提高物流效率和服务质量。通过优化运输组合，降低物流成本，提升成都陆港型国家物流枢纽的市场竞争力。

4. 拓展国际贸易业务

加强与国际贸易、跨境电商等相关企业和机构的合作，拓展国际贸易业务。通过提供便捷、高效的物流服务，吸引更多国内外企业选择成都陆港型国家物流枢纽作为物流枢纽，促进国际贸易和地区经济的发展。

5. 推进数字化转型

利用先进的信息技术和大数据分析技术，推进数字化转型，提升物流服务的智能化和个性化水平。通过提供高质量的物流信息服务和数据支持，增强客户黏性，提高市场竞争力。

6. 加强政策支持和产业协同

争取政府部门的政策支持，促进产业协同，推动成都陆港型国家物流枢纽与周边地区产业的融合发展。通过加强与产业链上下游企业的合作，形成物流与产业相互促进、共同发展的良好局面。

7. 服务创新策略

（1）技术驱动创新。利用现代科技，如物联网、大数据、人工智能等，提升物流服务的智能化、自动化和高效化水平。

（2）服务模式创新。探索新的服务模式，满足客户日益多样化的需求，提供一站式物流服务。

（3）供应链协同。加强与供应链上下游企业的协同合作，实现信息共享、风险共担、利益共享。

（4）跨境电商服务。积极提供跨境电商物流服务，包括海外仓建设、国际配送、退货处理等。

（5）人才培养与引进。重视物流人才的培养和引进，为服务创新提供人才保障。

通过上述措施，成都陆港型国家物流枢纽正加快建设成为国际一流的陆港门户枢纽，为成都及西部其他地区的经济发展提供强大动力。

（三）成都陆港型国家物流枢纽的功能与布局

1. 功能定位

成都陆港型国家物流枢纽以打造“蓉欧枢纽”为目标，重点发展陆港型特色枢纽经济，服务适欧适铁产业。其功能主要包括以下几个方面。

（1）枢纽场站功能。依托亚洲最大的铁路集装箱中心站，构建高效的物流集散和转运体系。

（2）国际物流服务功能。通过中欧班列等国际班列，连接境外众多城市，拓展国际物流通道。

（3）多式联运功能。实现铁路、公路、航空等多种运输方式的协同配合，提升物流效率。

（4）分拨配送功能。构建区域分拨配送网络，优化物流配送流程。

（5）供应链集成服务。提供供应链管理服务，推动物流与产业的深度融合。

（6）商贸物流服务。发展国际贸易、跨境电商等，打造开放型区域贸易中心。

（7）综合服务功能。提供通关便利化、保税加工等综合服务，优化营商环境。

2. 布局结构

成都陆港型国家物流枢纽选址于成都国际铁路港，占地面积为 11.89 平方公里，位于成都市青白江区，地处成都国际铁路港的核心区域内。其布局结构为“一核两片双引擎”。一核：国际物流发展核，作为枢纽的核心功能区。两片：核心物流功能片区和延伸配套功能片区，分别承担不同的物流和产业功能。双引擎：铁路集装箱中心站（主引擎）和大弯货站（副引擎），共同推动枢纽的高效运行。

交通基础设施：成都国际铁路港的地理位置优越，交通发达，拥有便捷的铁路和公路集疏运网络。具体来说，该枢纽周边形成了“6+1”铁路和“6+5”公路集疏运网络，为货物的快速集散和转运提供了有力保障。此外，成都国际铁路港距离成都双流国际机场和成都天府国际机场较近，便于实现空铁联运，进一步增强了其作为西部国际门户枢纽的地位和影响力。通过铁路、公路等多种交通方式，该枢纽连接了国内外众多城市和地区，形成了覆盖全球的物流网络。

区域协同与战略意义：成都国际铁路港位于成德绵经济走廊的重要节点，是成都融入“一带一路”倡议和长江经济带发展战略的交会点，也是成都出川的重要门户。其地理优势和交通便利性相互促进，为成都国际铁路港立足成都、辐射多地的市场区位布局和广阔前景奠定了坚实基础。通过加强与区域内城市的协同合作，成都国际铁路港将进一步提升其在西部地区的物流枢纽地位，促进区域经济一体化发展。

（四）成都陆港型国家物流枢纽的交通支撑体系

1. 铁路网络

①成绵乐城际快铁扩大了成都国际铁路港“一小时”经济圈的覆盖范围，使沿线3000万人受益；②宝成铁路、达成铁路、成渝铁路3条国家干线铁路，北环铁路、成汶铁路、成昆铁路货运外绕线3条成都铁路枢纽线，构成了成都陆港型国家物流枢纽重要的铁路运输基础；③围绕亚洲最大的铁路集装箱中心站和青白江铁路一等站以及铁路专用货站和专用线，进一步提高成都国际铁路港的辐射能力，形成“N+1+N”的全面开放格局；④蓉欧快铁、中亚班列、南亚班列等国际铁路货运班列已经常态化运行，为货物提供了快速、稳定的运输通道。

“融一、串二、连三、成网成环、内通外联”的快速交通体系逐渐形成，优越的地理位置和完善的交通条件使成都国际铁路港拥有强大的货物集散能力。国际货物贸易日趋壮大，加工贸易、服务贸易逐步兴起，商贸物流稳中有进，依托铁路集装箱中心站形成的枢纽经济更加发达，基于成都、立足川渝辐射多地的市场格局更加广阔。

2. 公路网络

成都陆港型国家物流枢纽周边形成了完善的公路集疏运网络，通过高速公路、国省道等公路线路连接了成都市及周边地区。“五纵六横二环”的骨架路网布局，扩大了成都国际铁路港的“朋友圈”，不仅将成都国际铁路港与成都周边12个区（市）县互通，更让其与成绵高速、成南高速、成渝高速等10条高速公路实现互联互通。

3. 航空网络

成都陆港型国家物流枢纽充分利用紧邻成都双流国际机场和成都天府国际机场的优势，实现了空铁联运，使得货物能够通过航空运输快速到达全球各地，进一步提升了枢纽的国际物流能力。

4. 水路网络

虽然成都陆港型国家物流枢纽以铁路和公路运输为主，但其也与长江黄金水道相连，可通过水路运输实现与东部沿海地区的物流联动。

5. 多式联运与区域协同

成都陆港型国家物流枢纽设立了多式联运中心，统筹转运、口岸、保税、邮政快递等功能，实现货物“一站式”运输。通过与区域内城市合作，推动区域物流一体化发展。

例如，成都国际铁路港与周边城市建立区域协同发展战略合作关系，推动核心功能跨区域联动。

通过以上交通支撑体系，成都陆港型国家物流枢纽不仅提升了自身的货物集散能力，还进一步巩固了其在西部地区作为国际门户枢纽的地位，为成都及西部地区的经济发展提供了强大动力。

（五）成都陆港型国家物流枢纽的未来发展规划

1. 数字化与智能化趋势

随着物联网、大数据、人工智能等技术的快速发展，物流行业正逐步迈向数字化和智能化。成都陆港型国家物流枢纽需要紧跟这一趋势，加强信息化建设，提升物流服务的智能化水平。

绿色物流趋势：随着全球环保意识的增强，绿色物流成为行业发展的重要方向。成都陆港型国家物流枢纽需要积极推广绿色物流服务，通过节能减排、循环利用等方式降低物流活动对环境的影响。同时，还需要加强与政府、行业协会等的合作，共同推动绿色物流标准的制定和实施。

2. 跨境电商趋势

随着跨境电商的快速发展，物流行业正面临着新的机遇和挑战。成都陆港型国家物流枢纽需要积极顺应这一趋势，提供跨境电商物流服务。

3. 发展目标

（1）到 2025 年发展目标：①通过成都国际铁路港带动年进出口进出口总额突破 10000 亿元。②港区贸易企业数量达到 300 家，其中跨境电商企业数量达到 100 家，加工贸易企业数量达到 30 家。③引进并发展 10~20 家年度进出口总额在 10 亿元以上的贸易企业，15~25 家年度进出口总额在 1 亿元以上的跨境电商企业。④引进不少于 5 家的世界 500 强企业，新增贸易主体 1000

家以上。

（2）到 2030 年发展目标：①通过成都国际铁路港带动年进出口进出口总额突破 2000 亿元。②港区贸易企业数量达到 600 家，其中跨境电商企业数量达到 300 家，加工贸易企业数量达到 60 家。

4. 未来发展规划

（1）深入实施“蓉欧+”发展战略。依托金青新大港区拓展国际国内两张网，重点提升集疏运能力，强化通道建设的核心功能。

（2）加强国际合作。加强与区域全面经济伙伴关系协定（Regional Comprehensive Economic Partnership，简称 RCEP）成员国、共建“一带一路”国家和地区的经贸合作，新增 2 个海外仓，提升国际揽货集货能力。

（3）推广运用“枢纽+网络”运行模式。加强与德阳、泸州等市州的合作，在货源集结、价格协同、业务创新等方面形成合力，更好地满足外贸企业的业务需求。

（4）做强对外贸易平台。以通道促贸易、以贸易聚产业，通过打造服务“一带一路”供应链枢纽城市和供应链资源配置中心，吸引 A 级以上物流企业。

（5）推动创新发展。探索新的物流模式、技术和应用，提升枢纽的智能化、绿色化、高效化水平。加强与国际国内其他物流枢纽的合作与联动，构建更加紧密、高效的物流网络，进一步提升成都陆港型国家物流枢纽在全球供应链中的地位和影响力。

三、重庆陆港型国家物流枢纽

（一）重庆陆港型国家物流枢纽的发展历程

重庆作为中国的西南重镇和内陆开放高地，凭借其独特的地理位置和战略价值，在国家的经济发展中占据重要地位。近年来，随着“一带一路”倡议的深入推进和西部大开发战略的全面实施，重庆迎来了前所未有的发展机遇。

在此背景下，重庆陆港型国家物流枢纽应运而生，成为推动区域经济发展的重要力量。从国家战略层面看，“一带一路”倡议旨在加强中国与沿线国家的经贸合作，构建全面开放新格局，重庆作为西部重要城市，成为战略实施的关键节点。从区域发展角度看，西部地区虽自然资源丰富、市场潜力巨大，但受地理位置限制，对外开放程度较低。重庆国际陆港枢纽的建成，为西部地区提供了便捷出海通道，有力推动开放型经济发展。再者，随着全球贸易的发展，国际物流需求持续增长，重庆作为内陆重要物流枢纽，具备地理与交通优势，能满足这一需求。此外，该枢纽的成立还有助于促进区域内部协调发展，实现资源共享与优势互补。

目前，重庆陆港型国家物流枢纽已构建“东西南北”四向齐发的国际国内大通道，形成铁路、公路、水路一体化的多式联运体系。依据《国家物流枢纽布局和建设规划》，国家物流枢纽规划布局分为六种类型，重庆布局了港口型、陆港型、空港型、生产服务型、商贸服务型五种。2019 年 9 月，重庆港口型国家物流枢纽（果园港物流园）入选 2020 年国家物流枢纽建设名单。在国家战略中，重庆需在推进新时代西部大开发中发挥支撑作用，在共建“一带一路”中发挥带动作用，在长江经济带绿色发展中发挥示范作用，“加快建设出海出境大通道，构建内陆国际物流枢纽支撑”。

重庆国际陆港设有保税物流中心，能为客户提供保税仓储、保税加工、保税展示等服务，助力客户降本增效。例如，物流中心可保税存放各类贸易方式的进出口商品，涵盖国内出口货物、转口货物、国际中转货物、外商暂存货物及加工贸易进出口货物等。

总体而言，重庆国际陆港通过提供多元化的物流、贸易及增值服务，满足不同客户的需求，推动了物流行业快速发展。

（二）重庆陆港型国家物流枢纽的发展战略

重庆陆港型国家物流枢纽作为西部地区重要的物流节点，承担着区域经济发展和开放型经济建设的重要使命。

（1）多元化货物处理。除传统的货物装卸外，还可以考虑扩展业务至更多类型的货物，如液体化工品、冷链物流等，以满足不同客户的需求。

（2）开发新航线。拓展航线到更多内陆城市或国际港口，扩大港口的辐射范围，提升港口的市场影响力。

（3）提供综合物流服务。整合港口、仓储、运输等环节，提供一站式物流服务，提升客户体验，增强客户黏性。

（4）智能化升级。引入物联网、大数据分析等技术，提高港口操作效率，降低成本，提升服务质量。

（5）绿色环保。推广清洁能源、减少排放，推进绿色港口建设，提升企业社会责任形象。

（6）定制化服务。根据客户需求，提供定制化的服务方案，提高客户满意度和忠诚度。

（7）与物流公司合作。与物流公司建立战略合作关系，共同开拓市场，实现资源共享，提高市场竞争力。

（8）与相关产业联盟。与港口周边产业建立联盟，共同发展，形成产业链条，实现互利共赢。

（9）国际合作。与国际港口、航运公司等建立合作关系，拓展国际市场，提升国际影响力。

（10）推动枢纽经济。重庆陆港型国家物流枢纽通过建设国际物流城“升级版”，打造服务全球供应链的国际枢纽，推动电子信息、汽车、装备制造等产业国际化，带动企业深度参与全球产业链分工。

通过以上发展战略，重庆陆港型国家物流枢纽将进一步提升其在全球供应链中的地位和影响力，为重庆及西部地区的经济发展提供强大动力。

（三）重庆陆港型国家物流枢纽的功能与布局

重庆地处长江上游，毗邻四川、贵州、湖北等省份，是中国西南地区的交通枢纽。重庆陆港型国家物流枢纽位于中国西部地区的几何中心，具有承东启西、连南接北的区位优势。这一独特的地理位置使得重庆陆港型国家物流枢纽在连接内陆与沿海、西部与东部、中国与欧洲等方面具有不可替代的优势。重庆陆港型国家物流枢纽位于中梁山和缙云山、长江和嘉陵江之间的槽谷地带，由重庆国际物流枢纽园片区及江津珞璜物流园片区组成，总面积为15.95平方千米。其中，国际物流枢纽园片区的面积为10.81平方千米，江津珞璜物流园片区的面积为5.14平方千米。

重庆国际陆港实现了公路、铁路、航空等多种运输方式的多式联运，如公路、铁路、航空等，提供了便捷的货物运输服务。例如，重庆中欧班列的开行规模持续扩大，累计开行突破7000列。

重庆国际陆港拥有保税物流中心，可以为客户提供保税仓储、保税加工、保税展示等服务，帮助客户降低成本、提高效率。例如，在物流中心内可保税存放各种贸易方式的进出口商品，具体包括国内出口货物转口货物和国际中转货物、外商暂存货物、加工贸易进出口货物等。

物流中心内的企业可与境外自由开展进出口贸易和转口贸易；物流中心

利用海关赋予的特殊政策，可为进口保税货物提供分拣、分配、分销、分送等配送分拨服务，使得企业可以面向国内、国外两个市场进行采购、分拨、配送。

在流通性简单加工和增值服务中心内，企业可对货物进行分级分类、分拆分拣、分装、计量、组合包装、打膜、加刷唛码、刷贴标志、改换包装、拼装等辅助性简单作业。

总的来说，重庆国际陆港通过提供多元化的物流服务、贸易服务和增值服务，满足了不同客户的需求，推动了物流行业的快速发展。

（四）重庆陆港型国家物流枢纽的交通支撑体系

重庆市位于我国的西南部，恰好处于中西部区域的接合位置，拥有非常突出的区位优势，长期以来被视为西部区域的核心交通枢纽，是我国长江上游区段规模最大的内河主枢纽港，也是国内西部区域唯一涵盖多种运输形式（水路、铁路等）的综合交通枢纽型城市。此外，重庆境内有 3 条主航道（长江、嘉陵江、乌江）的近 30 条通航河流，总里程近 4200 千米，具有明显的地理优势。

重庆陆港型国家物流枢纽拥有完善的多式联运体系，铁路、公路、水路、航空等多种运输方式在此交会，为货物的高效集疏运提供了有力支撑。重庆作为全国铁路网的重要节点，拥有发达的铁路网络，通过中欧班列（重庆）等国际铁路货运线路，货物可以直达欧洲。

自古以来，重庆一直是巴渝要塞，整座城市依山傍水，在水深方面优于处在长江上游的泸州等多个港口。在重庆的主城区，已建立寸滩港和果园港等现代化水平较高的大型集装箱港口。寸滩港具有约 200 万吨的吞吐量，并且建有滚装式码头，积极推动了重庆在汽车领域的发展。果园港是国内所有内河港口中规模居于第一位的港口，其具有近 2.8 千米的岸线，设有 16 个 5000 吨级的泊位，能够进行铁路、水路、公路的充分对接。随着三峡水库的建成，涪陵港和万州港成为内河深水港，其中 5000 吨级的大型船舶能够常年通航。万州港已成为渝东北及陕南等区域的主要物资出海、中转中心，其中，成都、西安等地开通了集装箱专列直达万州港，提高了港口的辐射能力，扩大了辐射范围。

当前，重庆港已经形成公路、铁路、航空和水路中转、江海联运等全方位立体型的集疏运网络。特别是 2015 年建成的寸滩港集装箱专用码头，与重庆市内环高速公路有效衔接，与成渝、渝宜、渝遂、渝黔、渝邻等多条高速公路相连，紧靠渝怀铁路唐家沱货运站，与重庆空港相距仅 10 千米左右。此外，重庆港将“高桩直立式”码头的建造工艺应用到河港中，显著提高了集装箱的装卸效率，是长江中上游较为先进的集装箱专用码头。

（五）重庆陆港型国家物流枢纽的未来发展规划

重庆作为中国西部重要的经济中心，其陆港的发展扮演着至关重要的角色。重庆陆港的未来发展规划主要围绕以下几个方面。

1. 基础设施建设与升级

重庆陆港计划持续加强基础设施建设，包括扩大码头面积、增添现代化的货物处理设施、提升集装箱堆放和转运能力。重点在于打造高效、环保、智能化的物流基础设施，以满足不断增长的货物吞吐量需求。

2. 交通网络优化

重庆陆港将进一步加强与周边城市的交通联络，通过建设快速道路、铁路连接线路以及内河航运的联动，形成多元化的运输体系。这将有助于缩短货物运输时间，降低物流成本，提高整体运输效率。

3. 国际合作与区域联动

以“一带一路”倡议为契机，重庆陆港计划加强与国际陆港的合作，构建更多的国际物流通道。特别是加强与欧洲、中亚及东南亚等地区的联系，通过合作提升班列的运营质量和服务效率。

4. 技术创新与智能化

未来，重庆陆港将大力推进技术创新和数字化转型。应用物联网、大数据、人工智能等技术，实现港口作业自动化、智能化，提高货物吞吐的效率及精确程度，减少作业中的损耗和误差。

5. 绿色发展

在推动发展的同时，重庆陆港强调可持续发展战略，致力于实施更多环保政策和措施。这包括使用环保材料、减少二氧化碳排放、推广清洁能源使用等，力求实现经济效益和环境保护的双重提升。

6. 综合服务功能拓展

除传统的物流和运输服务外，重庆陆港还计划开发更多增值服务，如供应链管理、跨境电商服务、国际贸易支援等，以提供一站式的综合物流解决方案。

7. 区域经济发展的引擎

作为地区经济发展的引擎，重庆陆港将进一步促进周边地区产业升级，吸引更多的制造和商贸企业入驻，推动区域经济一体化发展。

8. 政策支持与营商环境优化

重庆陆港将继续利用国家的政策支持，优化营商环境，吸引更多的投资，与政府相关部门协作，为企业提供便捷的审批、金融服务等，打造国内外企业友好的发展环境。

综上所述，重庆陆港的未来发展规划旨在通过基础设施的不断完善和高新技术的应用，提升其在国际物流网络中的地位，同时带动地区经济的进一步发展，为重庆乃至整个西部地区的开放与发展贡献重要力量。

四、郑州陆港型国家物流枢纽

（一）郑州陆港型国家物流枢纽的发展历程

1. 早期探索与起步（2013—2014 年）

2013 年，郑州开行首列国际货运班列，为郑州陆港型国家物流枢纽的发展奠定了基础。

2014 年 5 月 10 日，习近平总书记在河南考察郑州市跨境贸易电子商务服务试点项目、郑州国际陆港时，勉励河南朝着“买全球卖全球”的目标迈进，建成连通境内外、辐射东中西的物流通道枢纽，为“丝绸之路”经济带建设多作贡献。这为郑州陆港的发展指明了方向。

2. 逐步发展阶段（2015—2021 年）

位于郑州经开区的以圃田为核心的国际陆港体系不断发展，成为国家铁路一类口岸，承担着中欧班列（郑州）开行任务，并逐渐成长为集多式联运、口岸专项物流、海关监管等于一体的综合货运枢纽，还发展成国家级多式联运示范工程。

中欧班列（郑州）开行数量和频次不断增加，从开行之初的“每月一班”逐步向常态化高频均衡对开发展，构建起了一定的国际物流网络。

3. 快速建设与提升阶段（2022 年至今）

2022 年 9 月 28 日，郑州国际铁路港项目举行开工奠基仪式，标志着河南在加快建设国际一流陆港、助推更高水平对外开放进程中迈出坚实步伐。

2022年，郑州获批陆港型国家物流枢纽，总占地面积为21675亩，由经开片区和郑州航空港片区两部分组成。

2023年以来，郑州国际陆港全面加快建设步伐。截至2023年11月底，占地2400亩（约为1.6008平方千米）的新能源汽车专用作业区部分仓储竣工投用，2024年6月专用铁路线通车。

2024年，郑州中欧班列集结调度指挥中心建成并投入使用，实现了班列实时运行情况的可视化监控和管理。同年，新丝路港投公司按照“港产城”融合发展的思路，构建“一平台、四中心、八功能”的综合服务平台，加快推进郑州集结中心及郑州陆港型国家物流枢纽重点基础设施建设。

2025年新年第一天，在郑州陆港型国家物流枢纽的航空港片区，实现每天1列东盟班列和2列以上商品车班列的常态化开行。1月10日，航空港片区东作业区的中欧班列（郑州）集结中心一期建设如火如荼，计划同年5月具备班列开行能力，建成后将具备5000列班列开行保障能力，且按照“关铁融合大监管区”理念，实现入区即监管，一站式办理、一条龙通关。

（二）郑州陆港型国家物流枢纽的发展战略

1. 市场扩张策略

（1）物流通道优化。加强与周边城市和港口的合作，优化物流通道布局，提高货物运输效率。

（2）国际贸易拓展。拓展与国际贸易相关的业务领域，吸引更多国际客户，加强与国际港口的合作交流。

2. 服务创新策略

（1）数字化物流管理。引入先进的数字技术，优化货物追踪、库存管理等业务流程，提高服务效率。

（2）绿色物流。实施环保政策举措，推动使用环保交通工具，减少碳排放，提升物流运营的可持续性。

3. 合作与联盟策略

（1）地方政府合作。与地方政府密切合作，共同推动基础设施建设工作，提供更优质的物流服务。

（2）物流公司合作。与国内外物流公司建立战略联盟关系，形成强大的物流网络体系，提供全球性的物流解决方案。

（三）郑州陆港型国家物流枢纽的功能与布局

1. 物流服务

（1）货物仓储服务。提供现代化的仓储设施，如仓库、货场等，为货物提供安全、便捷的存储服务。这些仓储设施配备了先进的物流管理系统，能够实现货物的快速、准确分拣与配送。

（2）货物装卸与搬运服务。提供专业的货物装卸与搬运服务，确保货物在运输过程中的安全、高效地转移。

（3）货物运输服务。通过铁路、公路、航空等多种运输方式，为国内外货物提供快速、安全的运输服务。同时，还提供多式联运服务，实现不同运输方式之间的无缝衔接。

2. 贸易服务

（1）进出口代理服务。为企业提供进出口代理服务，涵盖报关、报检、制单、结汇等全程服务，帮助企业简化进出口流程，降低贸易风险。

（2）货物采购与分销。为企业提供货物的采购与分销服务，协助企业在全球范围内寻找优质供应商，进行产品采购；同时，协助企业将产品销往国际市场，帮助其拓展销售渠道。

（3）贸易融资服务。为企业提供贸易融资服务，包含信用证、保理、福费廷等金融产品，帮助企业解决资金问题，提高贸易效率。

3. 增值服务

（1）货物配送服务。提供货物的配送服务，包含同城配送、区域配送和国际配送等，确保货物准时、安全地送达目的地。

（2）信息管理服务。利用先进的物流管理系统和信息技术，为客户提供实时的货物信息查询、运输追踪、数据分析等增值服务，帮助客户更好地管理供应链和库存。

（3）供应链金融服务。为客户提供供应链金融服务，如货物质押融资、订单融资、保理等，帮助企业优化现金流，降低融资成本。

（4）物流咨询与规划服务。为客户提供物流咨询和规划服务，包括物流方案设计、物流流程优化、物流成本控制等，助力客户提高物流运作效率，降低物流成本。

（5）跨境电商服务。为跨境电商企业提供一站式跨境电商服务，涵盖海外仓储、国际物流、报关报检等，助力企业拓展海外市场。

（四）郑州陆港型国家物流枢纽的交通支撑体系

郑州陆港型国家物流枢纽位于郑州市商登高速以南、豫州大道以东、安罗高速以西的战略地带。其规划面积达50平方千米，地理位置极为优越，是连接我国东西部地区的重要节点，也是内陆地区对外开放的重要门户。郑州陆港型国家物流枢纽的建设与发展，将进一步推动中部地区的经济发展和对外开放进程，提升我国在全球贸易中的地位和影响力。

第四章

国际陆港物流能力评价

对沿海港口而言，通过国际陆港的建设，可以进一步扩大内陆腹地，有效开发和拓展货源市场，从而提高港口的综合竞争力。对承运人而言，货代、船代和船公司通过在国际陆港设立分支机构，可以方便地收货、还箱、签发以当地为起运港或终点港的多式联运提单。此外，货代、船代和船公司等还可以将服务延伸到货主的“家门口”，为其提供更周到的服务，从而拓展更多的内陆客户。对货主而言，如果在内陆建立功能完善的国际陆港，企业就可以就近办理货物的各种进出口通关手续，既节约了时间和成本，又提高了效率。对运输系统而言，国际陆港促进了集装箱运输多式联运的实施，优化了运输网络，降低了整个运输过程的经济成本和社会成本。

然而，在实践推进过程中，迫切需要从理论层面评价国际陆港物流供应链的服务能力，明晰当前国际陆港在服务方面存在的短板。因此，本章通过对国际陆港物流能力相关理论的梳理，构建国际陆港物流能力的评价指标体系。以“一带一路”倡议为背景，对陕西国际陆港的物流能力展开评价，深入探寻其在物流能力维度的不足之处，并据此提出有针对性的提升策略。

这些对策不仅为西安向国际港口城市转化提供了理论指导，还在一定程度上助力西安发挥类似国际航运港口的功能，使其成为连接陕西与国际市场的关键纽带。通过开辟通往东部与海外市场的便捷通道，国际陆港将带动整个陕西的经济发展，为区域经济一体化和全球贸易的深化提供重要支撑。

一、“一带一路”与国际陆港物流的关系

（一）“一带一路”理论发展及其内涵

“一带一路”是“丝绸之路经济带”和“21 世纪海上丝绸之路”的简称。2013 年 9 月和 10 月，习近平总书记分别提出了建设“丝绸之路经济带”和

“21 世纪海上丝绸之路”的战略构想。“一带一路”不是一个实体性组织或机制，而是一种合作发展的理念与倡议。它依托中国与有关国家既有的双多边机制，借助既有的、行之有效的区域合作平台，旨在借用古代“丝绸之路”的历史符号，秉持和平发展的旗帜，主动拓展与沿线国家之间的经济合作关系，共同构建政治互信、经济融合、文化包容的利益共同体、命运共同体和责任共同体。

中国学者刘江永提出的“海陆和合”理论指出，“一带一路”倡议旨在谋求陆地与沿海国家之间形成彼此交织、互联互通、和平合作、共同发展的网状开放体系，而非“一带”与“一路”的两线分割。该理论的核心在于，既可使内陆国家通过出海口“走出去”与海洋国家沟通合作，也可使海洋国家“走进”欧亚大陆开展合作。从建构主义的角度来看，如果“海陆和合”理论能够成为亚洲各国共同认同的地缘价值观，那么各国在“一带一路”中的身份和利益将得以明确。这种共识将有助于共建“一带一路”国家彻底摆脱可能产生的地缘安全困境，不仅能够避免海洋大国与欧亚大陆国家之间的战略对抗，减少欧亚大陆边缘地带的争夺与冲突，还能充分发挥欧亚大陆边缘地带的地缘经济优势和桥梁作用，促进海陆合作。

中国学者苏长和提出的“共生理论”也为“一带一路”倡议提供了重要的理论基础。他指出，应以一种新的视野看待区域之间的关系，即边疆的非边疆化、中心的非中心化、起源的非起源化，以“互联互通”为核心，形成一种互为中心、互为边疆的观察视角。例如，中国作为“世界工厂中心”，中东作为“能源中心”，欧洲作为“文化科技中心”，每个中心都有其独特的优势可以在“一带一路”中发挥不可替代的作用。“一带一路”并不是让各国抹去各自的差异，而是为沿线国家提供一个机制或机会来发挥自身优势并与他国合作。如果“一带一路”沿线的国家和地区能达成这种共识，那么各国想要在世界体系的劳动分工中扮演何种角色将完全由自身选择，他国无法干涉。因此，“一带一路”倡议具有深厚而丰富的内涵。

第一，传承古今丝路。历史上，丝绸之路曾在联通东西方、促进经济文化交流方面发挥过巨大作用。今天，中国正在重建丝绸之路，旨在传承千百年来丝绸之路传递的开放包容、互学互建、互利共赢、和平合作的“丝路精神”。当今世界变幻莫测，特别是在世界经济复苏乏力的情况下，各国政府应该联合起来应对挑战。此时，弘扬丝绸之路精神显得尤为重要，它为全球合作提供了宝贵的思想基础。

第二，统筹海路两向。“一带一路”倡议从中国境内的两个方向出发延伸到另两个方向。其中，“一带”是从中国西北内陆出发向西延伸至中亚、俄罗斯并最终到达欧洲；“一路”是从中国东南部、西南部出发，以重点港口为节点，通过海上航线连接欧洲。“一带”与“一路”相辅相成，相互促进与补充，海路、陆路“双路”畅通，不可偏废。

第三，实现中外互利共赢。中国“一带一路”倡议合作的核心在于“沟通”和“联通设施”及“贸易流”政策的实施。融资支持和民心相通是加强双方经贸合作的关键。通过团结沿线各国，根据其资源禀赋的不同发挥各自的优势，取长补短、互利共赢。“一带一路”倡议的精髓在于营造一种不冲突、不对抗且各方都能受益的外交环境。

中国的“一带一路”倡议以战略构想的形式提出，反映了新时期中国在国际上积极主动作为、承担大国责任的决心。该倡议覆盖60多个国家，约40亿人口，连接欧洲、亚洲及整个非洲大陆，将发达的欧洲经济圈与快速发展的亚洲经济圈紧密联系起来。从2013年9月提出到亚洲基础设施投资银行和丝路基金启动，“一带一路”倡议已经从战略构想阶段进入全面实施阶段。

目前的战略规划大致分为三个阶段：第一阶段是基础设施建设，主要包括铁路、公路、能源管道、港口、口岸的修建和通信网络、电力水利等设施的建设。第二阶段是自由贸易区建立及相关产业双向转移。一方面，中国将一些发展较成熟但在国内被视为过剩的产能转移到沿线急需这些资源的国家；另一方面，吸引沿线国家将适合在中国发展的产业转移进来，促进双方互补，各取所需，各展其能。第三阶段是自贸区群的建设。通过一系列自贸试验区的建立，形成覆盖亚欧大陆和亚太地区的自贸区链条和产业集群。

（二）“一带一路”倡议对国际陆港的影响

“一带一路”倡议为国际陆港物流能力的提升带来了重大机遇与深远影响，主要体现在以下几方面。

1. 基础设施互联互通促进物流网络拓展

“一带一路”倡议推动了沿线国家和地区基础设施的互联互通，为国际陆港物流能力的提升奠定了坚实基础。公路、铁路、航空等交通基础设施的不断完善，促使国际陆港与全球供应链网络形成多式联运通道，显著提升了跨境物流的时效性与经济性。例如，中欧班列的开行数量和线路不断增加，加强了中国与欧洲及中亚地区的铁路运输联系，使得国际陆港能够更好地发挥货物集散与中转的作用，扩大了物流服务的范围和辐射半径。

2. 贸易合作增长带动物流需求提升

“一带一路”倡议促进了沿线国家和地区之间的贸易合作，贸易规模不断扩大。随着贸易往来日益频繁，对国际陆港的物流服务需求也相应增加，涵盖货物的装卸、仓储、运输、配送等各个环节。例如，中国与东盟国家之间的贸易增长迅速，广西的北部湾港等国际陆港作为重要的物流枢纽，承担着大量的进出口货物运输任务，物流能力得到了充分发挥和提升。

3. 多式联运发展提高物流运作效率

“一带一路”倡议鼓励多式联运的发展，国际陆港作为多式联运的重要节点，能够实现不同运输方式的无缝衔接和高效转换。通过整合铁路、公路、水路、航空等多种运输方式，国际陆港可以为客户提供一站式的物流解决方案，提高物流运作效率，降低物流成本。例如，重庆的团结村中心站作为中欧班列“渝新欧”的起点站，通过加强与周边港口和机场的合作，实现了铁水联运与空铁联运等多式联运模式的快速发展，提升了国际陆港的物流服务能力。

4. 政策支持与合作创造良好发展环境

“一带一路”倡议得到了沿线国家和地区政府的广泛支持，各国政府纷纷出台相关政策，加强对国际陆港建设和物流发展的扶持。同时，各国之间也在加强政策沟通与合作，共同推动国际陆港物流的便利化和自由化。例如，中国与哈萨克斯坦等国家签署了一系列关于物流合作的协议，通过简化通关手续、降低关税壁垒等措施，为国际陆港物流的发展创造了良好的政策环境。

5. 物流信息化建设提升服务水平

在“一带一路”倡议的推动下，国际陆港积极加强物流信息化建设，利用物联网、大数据、人工智能等先进技术，实现物流信息的实时共享和智能化管理。物流信息化建设不仅提高了物流运作的透明度和可控性，还能够为客户提供更加精准、高效的物流服务。例如，上海港通过建设智慧港口，实现了货物装卸、仓储、运输等环节的智能化管理，提高了港口的物流运输效率和服务水平。

二、国际陆港物流能力评价

（一）国际陆港物流的内涵

（1）地理位置。国际陆港通常设置于内陆经济中心城市铁路与公路交会处，本质上是一个便于货物装卸、暂存的车站。如此布局便于连接内陆地区和港口，使内陆地区能够通过陆路运输，实现货物向港口的输送或接收。

（2）国际陆港的功能定位。依据国际陆港的定义，其具备一系列的功能，如为进出口企业、国际物流企业提供一站式办公的国际物流单证作业、保税物流和公铁联运国际集装箱运输服务等。这些功能极大地方便了本地企业开展国际贸易，从而改善了本地区的外向型投资环境。

（3）在物流效率方面。国际陆港通过提供快速通关、集装箱运输、多式联运等高效的物流服务，降低了物流成本，并有力地促进了国际贸易的发展。

（4）信息管理。国际陆港物流不仅涉及货物的运输和储存，还涵盖物流信息的管理和服务。借助先进的信息技术，实现物流信息的实时更新和处理，提高了物流信息的准确性和透明度，便于企业和政府部门对物流活动进行监控和管理。

国际陆港物流通过陆路运输方式连接内陆地区和港口，具有地理位置优越、多功能定位、高效率的物流服务和先进的信息管理等特点。它在现代物流业中占据着重要的地位，在保障国家资源安全、促进地区经济发展、提高物流行业竞争力等方面都发挥着重要的作用。

（二）国际陆港物流的特点

（1）多式联运。国际陆港物流以铁路、公路和航空等多种运输方式为依托，实现多式联运，能够提供更高效、便捷的物流服务。

（2）跨国运输。国际陆港物流主要涉及跨国运输，涵盖进出口货物的运输、中转和仓储等。这就要求物流服务提供者具备国际运输和物流管理能力。

（3）物流效率高。国际陆港物流具有高效率和高效益的特点。通过优化物流流程、提高运输效率、降低物流成本等举措，实现快速、准确、安全的物流服务。

（4）信息化程度高。先进的物流技术能够提高物流服务的透明度和准确性，因此，国际陆港物流需要高水平的物流信息技术支持。

（5）一站式服务。国际陆港物流提供一站式服务，涵盖报关、报检、运输、仓储、配送等环节。这种服务模式能够减少中间环节，有效提升物流效率。

（6）国际化运营。国际陆港物流的运营和管理需遵循国际法规与惯例，积极与国际物流市场接轨。这要求相关人员具备国际物流和贸易方面的专业知识与经验。

（7）风险管理能力强。国际陆港物流涉及多种风险，诸如政治风险、经济风险、运输风险等。因此，具备强大的风险管理能力是国际陆港物流的重要特点。

综上所述，国际陆港物流具有多式联运、跨国运输、物流效率高、信息化程度高、一站式服务、国际化运营和风险管理能力强等特点。这些特点使得国际陆港物流在国际贸易和全球供应链中扮演着重要角色。

（三）国际陆港物流能力

1. 国际陆港物流能力的内涵

国际陆港物流能力的内涵涉及多个方面，作为衡量国际陆港在物流领域综合实力的关键指标，其对国际陆港的发展以及在全球物流体系中地位的提升起着决定性作用。

（1）运输组织能力。国际陆港物流要求具备强大的运输组织能力，能够有效地组织和调度各种运输方式，实现货物的快速、安全及准时运输。

（2）仓储管理能力。国际陆港物流需要具备高效的仓储管理能力，能够提供货物的存储、保管、分拣、包装等一系列服务，确保货物在仓储过程中的安全性和品质。

（3）信息处理能力。国际陆港物流需要具备强大的信息处理能力，能够实现物流信息的实时采集、处理和传输，提高物流服务的透明度和准确性。

（4）通关协调能力。国际陆港物流需要具备高效的通关协调能力，能够与海关等监管部门进行顺畅的沟通与合作，确保货物的快速通关。

（5）风险管理能力。国际陆港物流涉及的风险多种多样，因此需要具备强大的风险管理能力，涵盖风险识别、评估、控制和应对等能力。

（6）服务创新能力。国际陆港物流需要具备服务创新能力，能够根据市场需求和变化，不断推出新的物流服务模式和产品，优化客户体验，提升客户满意度。

（7）国际化运营能力。国际陆港物流需要具备国际化运营能力，能够与国际物流企业进行合作与交流，遵循国际法规和惯例，实现跨国界的物流服务功能。

（8）资源整合能力。国际陆港物流需要具备资源整合能力，能够整合各种物流资源和服务提供商，形成完整的物流服务链条，为客户提供一体化的物流解决方案。

综上所述，国际陆港物流能力的内涵包括运输组织能力、仓储管理能力、信息处理能力、通关协调能力、风险管理能力、服务创新能力、国际化运营能力和资源整合能力等。

2. 国际陆港物流能力的特征

（1）国际化特征。国际陆港物流涉及跨国运输和国际贸易，因此具有国际化特征。物流服务提供者需要具备国际物流和贸易方面的专业知识和经验，遵循国际法规和惯例，提供国际化的物流服务。

（2）网络化特征。国际陆港物流需要建立广泛的物流网络，包括运输、仓储、配送等多个环节。这一特征有助于提高物流服务的可靠性和效率，降低物流成本。

（3）信息化特征。国际陆港物流高度依赖信息技术，包括物流信息系统建设、信息交换和共享等。这一特征有助于提高物流服务的透明度和准确性，提升客户体验和满意度。

（4）一体化特征。国际陆港物流需要实现一体化运作，将不同环节的物流活动进行整合与优化，形成完整的物流服务链条。这一特征有助于提高物流效率，降低物流成本。

（5）定制化特征。国际陆港物流需要满足不同客户的需求，提供定制化的物流服务。这一特征有助于提升客户体验和满意度，提高物流企业的市场竞争能力。

（6）可持续特征。国际陆港物流需要关注环境保护和可持续发展，采取绿色包装、节能减排等措施，降低对环境的负面影响。这一特征有助于实现经济、环境和社会三大支柱的平衡发展。

综上所述，国际陆港物流能力具有国际化、网络化、信息化、一体化、定制化和可持续等特征。这些特征相互促进、相互影响，有助于提高国际陆港物流的效率和竞争力，推动全球供应链的优化和发展。

3. 国际陆港物流供应链服务能力的提升

国际陆港物流供应链服务能力涉及货物在国际物流流转过程中的各个环节，从货物的接收、存储、分拣、包装、运输直到最终交付，各环节紧密相连，旨在确保货物在国际物流供应链中高效、安全、准时地流通。

（1）提升运输能力。提升国际陆港的货物运输效率，涵盖货物装卸、存储、转运等关键环节的处理能力。

（2）加强服务网络建设。建立并完善国内外的服务网络，助力物流企业拓展海外市场，实现与国际物流网络的深度对接。

（3）提升信息化和标准化。加强国际物流体系的信息化建设，提高信息共享和流通效率；同时推进标准化建设，以减少国际交易中的障碍。

（4）加强国际合作。主动参与全球交通物流治理合作，与其他国家和地区的物流体系建立良好的合作关系。

（5）提升应对挑战的能力。面对新冠疫情等突发事件对全球物流供应链体系的冲击，增强应对突发情况的能力，确保供应链的稳定性和安全性，降低突发事件对物流运输的影响。

（6）提高产业链供应链韧性。提升产业链供应链的韧性和安全水平，以适应国际市场的变化，规避潜在风险。

（7）有效衔接国内国际双循环。在“双循环”新格局下，国际陆港物流供应链服务能力需与国内外市场需求相匹配，实现国内大循环与国际双循环的有效衔接。

（8）产业合作枢纽经济。打造服务于产业合作的枢纽经济，促进产业与物流的深度融合。

（9）硬实力与软实力匹配。在国际物流规模扩大的同时，要注重提升相应的管理和服务水平，实现硬实力与软实力的均衡发展。

综上所述，国际陆港物流供应链服务能力的提升是一个复杂的系统工程，需要从多个维度进行综合考虑和协调推进，以适应全球化贸易的发展需求，并有效应对各种挑战。

（四）国际陆港物流能力评价理论研究

国外关于陆港的研究始于 2001 年，Leveque（2001）率先对国际陆港的概念及国际陆港与海港的关系展开研究。2002 年得克萨斯州大学的 Rob Harrison 在为得克萨斯州运输部完成的专项报告中，深入阐述了陆港带来的社会效益、私人效益和公共机构效益。

目前，国际陆港的研究及对其物流能力的评价尚未形成完整的体系。国内学者对国际陆港展开了多方面的探索。苟辰楠、丁程（2015）提出，国际陆港打破了内陆地区发展外向型经济的瓶颈，助力内陆地区与国际接轨，带动了内陆地区经济的发展。翟志伟（2011）提出了我国陆港的全新发展模式，着重强调其独立性和规模性，并运用层次分析法（AHP）确立一级指标体系，结合模糊综合评价法（Fuzzy）进行综合分析，以此研究陆港竞争力。蒋晓丹等（2018）认为陆港服务对多式联运具有显著的正向影响。吕顺坚（2014）

在研究中表明，我国内陆港的发展模式主要分为三种：①沿海港为争取货源主动与内陆地区合建陆港；②内陆地区为发展本地经济自行建立陆港；③沿海港口和内陆地区为各自发展的需要而共建陆港。国际陆港的建设发展离不开宏观政策的调控，同时需要牢牢把握发展机遇，选择适宜的发展资源，发挥自身的优势。吕靖、常征（2013）认为腹地经济发展存在较大不平衡，内陆港与城市经济尚未实现整体有效协同。因此，需要一定的宏观政策进行调控，促进二者协调发展，充分发挥各自的作用。

陈菊红、黄鹏（2011）提出，国际陆港竞争力体现在基础设施建设水平、服务提供能力、品牌构建水平、产业集聚水平、辐射带动水平、地区经济发展水平和政府政策这7个指标上。殷红军等（2011）研究认为，陆港建设必须以外向型经济发展模式为引导，构建功能完善的综合交通体系和科学合理的产业体系。徐玲玲、李文君（2015）提出，港区应采取相关措施进一步拓展港口物流功能，推动港区与区域经济协同发展。范志忠、胡文龙（2017）提出，中国内陆腹地在国际陆港建设时面临着不同的内外部发展环境和条件，选择适合当地区位优势和资源条件的发展战略，是内陆腹地规划建设国际陆港的前提和基础。张兆民（2010）研究发现，集装箱多式联运、海港区域化和船舶大型化是影响陆港发展的三大内在动力，但这三者对不同陆港发展演变的影响机理和程度存在差异。宋睿琦（2011）建立了评价体系，分析了影响陆港竞争力的主要因素，采用TOPSIS法对5个陆港进行对比研究，并提出发展建议。罗永华（2015）提出，现代港口发展对港口服务功能的要求越来越高，城镇化和港口物流发展之间呈现出相互促进、协调联动的发展关系。

国外学者也在陆港研究领域取得了不少成果。Haralamides（2012）从政府角度阐述了陆港对出口增长及经济发展产生的核心作用，认为其能够减轻海港负担，提高供应链效能。Korovyakovsky、Panova（2011）认为多式联运中转与集装箱化是陆港建设的关键，并以以色列为例，通过专家评价与问卷的方式，对陆港多式联运交通与集装箱现状进行研究，再运用SWOT分析法，阐述以色列陆港建设的可行性。Henttu、Hilmola（2011）根据陆港的潜在环境影响确定芬兰陆港的理想数量，在考虑陆港系统发展中的环境及财政影响的基础上，提出陆港系统的假设性结构，利用宏观引力模型确定陆港的合理数量。

综上所述，建设内陆港口对于内地城市经济，尤其是外向型经济的发展具有重要意义，是影响内陆地区城市国际化发展的关键因素。目前，国内外对陆港建设的研究逐渐深入，陆港的不同发展模式日趋完善，国际陆港建设已成为社会发展过程中的重要环节。深入评价陆港与社会经济的协调性，把握影响两者协调发展的主要因素，有效利用国际陆港城市物流能力，对推进城市经济的进一步发展具有重大意义。

总的来说，国内外在国际陆港物流能力方面都取得了一定的研究成果和实践经验，但我国在该领域的研究和实践仍有较大的提升空间，需要进一步深入研究和探索。

（五）国际陆港物流能力评价方法

在对国际陆港物流能力进行评价时，需要运用科学合理的评价方法。这些方法有助于全面准确地了解国际陆港物流能力的实际状况，为后续的发展规划和决策提供有力依据。接下来，我们将从定性和定量两个角度，详细介绍国际陆港物流能力的评价方法。

1. 国际陆港物流能力定性评价方法

（1）专家打分法。邀请专家对国际陆港物流的各项能力指标进行打分，通过综合专家的意见，对国际陆港物流能力进行全面、客观的评价。这种方法能够充分考虑各方面的因素，使评价结果更具综合性。

（2）比较分析法。选取国内外先进的国际陆港物流企业或港口作为标杆，对比其在各方面的能力指标，找出优势与不足，从而明确发展水平和发展方向。

（3）SWOT 分析法。通过对国际陆港物流的内部优势、劣势和外部机会、威胁进行分析，明确其发展过程中面临的优势、劣势、机会和威胁，为制定相应的发展战略提供依据。这种方法有助于清晰了解国际陆港物流能力的实际状况和发展潜力。

（4）用户满意度调查。用户反馈是衡量物流能力的重要标准之一。通过调查国际陆港物流的用户满意度，了解用户对其服务的评价和需求，以此评估国际陆港物流能力的服务质量和客户体验。

（5）历史数据分析法。对国际陆港物流的历史数据进行分析，了解其业务量、运输效率、仓储管理等方面的变化趋势，从而评估其能力的动态变化情况，为预测未来发展趋势提供参考。

综上所述，国际陆港物流能力的定性评价方法丰富多样，在实际应用中，可以根据具体情况选择合适的方法进行评估。通过定性评价，能够更好地了解国际陆港物流能力的状况和发展趋势，为提升其能力及制定发展策略提供有价值的参考依据。

2. 国际陆港物流能力定量评价方法

（1）主成分分析法。运用降维技术，将多个相关指标转化为少数几个主成分，以此反映国际陆港物流能力的总体水平。

（2）层次分析法。将国际陆港物流能力分解为多个层次，对每个层次进行权重分析，确定各层次对国际陆港物流能力的贡献程度。

（3）模糊综合评价法。利用模糊数学理论，对国际陆港物流能力的多个因素进行综合评价，该方法能够考虑因素间的模糊性和不确定性，使评价结果更符合实际情况。

（4）灰色关联分析法。通过灰色关联度来衡量国际陆港物流能力各因素之间的关联程度，该方法能够考虑数据不完全和信息不完全的情况，为评价提供更全面的依据。

（5）数据包络分析法。通过比较国际陆港物流的投入和产出，评估其相对效率，从而反映其综合能力。

（6）神经网络评价法。利用神经网络的自学习和自适应能力，对国际陆港物流能力进行非线性评价和预测。

（7）TOPSIS 法。通过比较国际陆港物流能力各指标的最优解和最劣解，计算各指标的相对贴近度，从而评估其综合能力。

这些方法都可以用于定量评价国际陆港物流能力，但在实际应用中，应根据数据的可获得性和评价的具体需求，选择合适的方法。同时，要充分考虑方法的适用范围和局限性，确保评价结果的准确性和有效性。

（六）国际陆港物流能力评价的步骤

1. 确定评价指标

根据国际陆港物流的特点和实际需求，选择合适的评价指标，如运输效率、仓储管理能力、信息处理能力、通关协调能力等。

2. 收集数据

通过实地调查、问卷调查、数据共享等方式，收集国际陆港物流的相关数据，确保数据的准确性和完整性。

3. 建立评价模型

根据选定的评价指标，建立相应的评价模型，并确定各指标的权重和计算方法。

4. 计算评价结果

根据评价模型，对收集到的数据进行处理和分析，计算出国际陆港物流能力的评价结果。

5. 结果分析

对评价结果进行深入分析，找出国际陆港物流能力的优势与不足，并提出相应的改进措施和发展建议。

需要注意的是，定量评价方法虽然可以提供更准确、客观的评价结果，但也存在一定的局限性。因此，在实际应用中，应结合定性评价方法，全面客观地评估国际陆港物流能力。同时，评价指标的选择和评价模型的建立应根据实际情况进行调整和完善，以保证评价结果的准确性和有效性。

三、基于熵权-TOPSIS 法的国际陆港物流能力评价模型的构建

（一）熵权-TOPSIS 法

在确定了合理的测评指标后，如何科学地为指标赋予权重，对于准确评价区域物流能力至关重要。熵权法作为一种客观赋权法，依据信息熵测算信息量的变异程度。一般来说，在综合评价中，某个指标的信息熵越小，表明指标值的差异程度越大，提供的信息量越多，其权重也就越大；反之，某个指标的信息熵越大，表明指标值的差异程度越小，提供的信息量越少，其权重也就越小。这种方法避免了人为因素带来的偏差，相较于主观赋值法，精度较高，客观性更强，能够更好地解释结果。它可用于任何评价问题中确定指标权重，并且可以用于消除指标本身对评价结果的影响。TOPSIS 法又称逼近理想解排序法，是按评价对象最优解、最劣解的距离来排序的，若评价对象靠近最优解，评价对象的得分就高，反之则得分低。熵权-TOPSIS 评价模型基本步骤如下。

1. 构建原始数据矩阵

设有 n 个评价对象，m 个评价指标，构建出原始数据矩阵 $A=(a_{ij})_{m\times n}$

$$A=\begin{bmatrix} a_{11} & a_{12} & \cdots & a_{1m} \\ a_{21} & a_{22} & \cdots & a_{2m} \\ \vdots & \vdots & \ddots & \vdots \\ a_{n1} & a_{n2} & \cdots & a_{nm} \end{bmatrix}$$

2. 原始数据标准化处理

基于原始数据对陕西国际陆港物流供应链服务能力进行评价分析，需考

虑指标数据的可靠性、可比性。由于评价指标的量纲不同，数量级也有很大差别，导致评价结果出现误差，影响判断准确性。为消除量纲和数值大小带来的影响，保证评价指标具有可比性，需对陕西国际陆港物流基础评价指标的原始数据进行标准化处理。本章采用 max-min 标准化，将原始数据评价指标值转换为（0，1）区间的指标值。标准化具体公式为：

（1）极大型指标。

$$\tilde{x}_i=\frac{x_i-x_{\min}}{x_{\max}-x_{\min}} \tag{4-1}$$

（2）极小型指标。

$$\tilde{x}_i=\frac{x_{\max}-x_i}{x_{\max}-x_{\min}} \tag{4-2}$$

（3）矩阵标准化。

假设有 n 个评价对象、m 个评价指标，已经完成正向化的矩阵 X 为：

$$X=\begin{bmatrix} x_{11} & x_{12} & \cdots & x_{1m} \\ x_{21} & x_{22} & \cdots & x_{2m} \\ \vdots & \vdots & \ddots & \vdots \\ x_{n1} & x_{n2} & \cdots & x_{nm} \end{bmatrix} \tag{4-3}$$

对其标准化得到矩阵 Z，矩阵 Z 中每个元素的标准化公式为：

$$z_{ij}=\frac{x_{ij}}{\sqrt{\sum_{i=1}^{n}x_{ij}^2}} \tag{4-4}$$

即每个元素除以根号下其所在列所有元素的平方和。

3. 标准化矩阵平移

在计算熵值时，对数函数 ln$x$ 要求 x 大于 0。若令 ln0＝0，可继续计算，但遇到负数就无法处理。因此，当标准化矩阵结果中有负数时，需要将矩阵整体平移，加上一个正数，使矩阵中所有的数都大于等于 0。

4. 计算第 j 项指标下第 i 个方案的值占该指标的比重 p_{ij}

此时标准化矩阵 Z 为：

$$Z=\begin{bmatrix} z_{11} & z_{12} & \cdots & z_{1m} \\ z_{21} & z_{22} & \cdots & z_{2m} \\ \vdots & \vdots & \ddots & \vdots \\ z_{n1} & z_{n2} & \cdots & z_{nm} \end{bmatrix} \tag{4-5}$$

已有标准化矩 Z，其元素为 Z_{ij}，则：

$$P_{ij} = \frac{z_{ij}}{\sum_{i=1}^{n} z_{ij}},\ (j = 1,\ 2,\ \cdots,\ m) \tag{4-6}$$

5. 计算第 j 项指标熵值 E_j

当 $P_{ij}=0$ 时，规定 $P_{ij}\ln P_{ij}=0$，这是为了避免对数函数中真数为 0 的无意义情况。

$$E_j = -\frac{1}{\ln n}\sum_{i=1}^{n} P_{ij}\ln P_{ij},\ (j = 1,\ 2,\ \cdots,\ m) \tag{4-7}$$

熵值可以衡量指标的信息无序程度，熵值越小，说明该指标提供的信息越多。

6. 计算第 j 项指标的差异系数 G_j

$$G_j = 1 - E_j \tag{4-8}$$

该系数反映了指标的差异程度，与熵值呈相反关系，熵值越小，差异系数越大。

7. 计算第 j 项指标的权重 W_j

$$W_j = \frac{G_j}{\sum_{j=1}^{m} G_j} \tag{4-9}$$

权重反映了该指标在综合评价中的相对重要性，所有权重之和为 1。

8. 确定正理想解和负理想解

正理想解由每列元素的最大值组成，负理想解由每列元素的最小值组成。此时的标准化矩阵 Z 为：

$$Z = \begin{bmatrix} z_{11} & z_{12} & \cdots & z_{1m} \\ z_{21} & z_{22} & \cdots & z_{2m} \\ \vdots & \vdots & \ddots & \vdots \\ z_{n1} & z_{n2} & \cdots & z_{nm} \end{bmatrix} \tag{4-10}$$

正理想解：

$$\begin{aligned} Z^+ &= (Z_1^+,\ Z_2^+,\ \cdots,\ Z_m^+) \\ &= (\max\{z_{11},\ z_{21},\ \cdots,\ z_{n1}\},\ \max\{z_{12},\ z_{22},\ \cdots,\ z_{n2}\},\ \cdots, \\ &\quad \max\{z_{1m},\ z_{2m},\ \cdots,\ z_{nm}\}) \end{aligned}$$

负理想解：

$$Z^- = (Z_1^-,\ Z_2^-,\ \cdots,\ Z_m^-)$$

$$= (\min\{z_{11}, z_{21}, \cdots, z_{n1}\}, \min\{z_{12}, z_{22}, \cdots, z_{n2}\}, \cdots, \min\{z_{1m}, z_{2m}, \cdots, z_{nm}\})$$

9. 权重的使用

（1）构建加权矩阵，标准化矩阵 Z 每列与对应的权重相乘。

$$Z=\begin{bmatrix} \omega_1\times z_{11} & \omega_2\times z_{12} & \cdots & \omega_m\times z_{1m} \\ \omega_1\times z_{21} & \omega_2\times z_{22} & \cdots & \omega_m\times z_{2m} \\ \vdots & \vdots & \ddots & \vdots \\ \omega_1\times z_{n1} & \omega_2\times z_{n2} & \cdots & \omega_m\times z_{nm} \end{bmatrix} \tag{4-11}$$

（2）使用欧氏距离计算评价对象与正理想解和负理想解的距离，并加入权重。

$$D_i^+ = \sqrt{\sum_{j=1}^{m} \omega_j (Z_j^+ - z_{ij})^2} \tag{4-12}$$

$$D_i^- = \sqrt{\sum_{j=1}^{m} \omega_j (Z_j^- - z_{ij})^2} \tag{4-13}$$

在相关研究中，采用第一种权重计算方法的论文数量最多，其次是第二种方法。同时运用两种方法的论文数量最少。

10. 使用负理想解距离计算评价对象与最优方案相对接近程度的两种方式

（1）未归一化的相对接近程度。

$$S_i = \frac{D_i^-}{D_i^+ + D_i^-} \tag{4-14}$$

其中 D_i^- 表示第 i 个评价对象到负理想解的距离，D_i^+ 表示第 i 个评价对象到正理想解的距离。该公式通过计算负理想解距离在正、负理想解距离之和中所占的比例，来衡量评价对象与最优方案的相对接近程度。当 D_i^- 越小，即评价对象越接近负理想解时，S_i 值越小；反之，D_i^- 越大，S_i 值越大。

（2）归一化的相对接近程度。

$$S_i = \frac{S_i}{\sum_{i=1}^{n} S_i} \tag{4-15}$$

在未归一化相对接近程度 S_i 的基础上，将每个 S_i 除以所有评价对象的 S_i 之和 $\sum_{i=1}^{n} S_i$。这样做的目的是将所有评价对象的相对接近程度进行归一化处理，使得最终得分 S_i 在 0 到 1 之间，便于不同评价对象之间进行比较，且得分越高表示该评价对象与最优方案的相对接近程度越高。

（二）国际陆港物流能力评价指标体系的构建原则

1. 科学性原则

科学性原则是构建国际陆港竞争力评价指标体系的首要原则，要使构建的国际陆港竞争力评价指标体系与客观事实相符合，在后续实证分析中具备可靠性，因此要选取真实可靠的数据，最好是官方发布的数据。此外，在构建国际陆港竞争力评价指标体系时，必须从实际出发，在具有一定理论基础的前提下与研究的实际状况相符合，并且应采用科学合理的方法，选取有研究价值且符合陆港实际的指标，从而客观地进行评价。

2. 系统性原则

国际陆港是一个复杂系统，要对国际陆港竞争力进行正确评价，仅用单个指标往往会使评价结果具有局限性，不能反映国际陆港竞争力的真实情况。因此，构建国际陆港物流竞争力评价指标体系时，要重点选择能够反映陆港物流竞争力的指标，使构建好的评价指标体系能够在反映陆港竞争力时将定量和定性相结合，突出其全面性和整体性。

3. 可得性原则

指标数据的可得性原则也是在构建国际陆港竞争力评价指标体系时要重视的一大原则。选取指标时，除遵循科学性、系统性原则外，还应确保数据易于获取。相关指标数据可以通过《统计年鉴》、年报或网站等方式获得。此外，选取的指标要方便有关专家评分，所以要选取能够量化的指标。

4. 可比性原则

在现实研究中，评价对象经常有多个，本章的研究对象亦是如此。所以，选取的国际陆港竞争力评价指标应具备可比较性，使指标能够对各个陆港的物流竞争力进行合理表达，方便比较。

5. 可操作性原则

在满足国际陆港竞争力评价需求的基础上，根据陆港实际情况，所建立的指标体系要简洁易懂、要将理论与实践相结合，尽量不纳入概念易混淆、不重要、难以界定、数据获取困难的指标。国际陆港是专业性的物流产业平台，对其竞争力的评价也应该聚焦多种因素，其评价指标应来自多个领域，且具有可操作性。

（三）陕西国际陆港物流能力评价指标选取原则

测评指标体系设计的正确与否直接关系到测评结果的合理性。因此，对于评价指标的选取应当遵循一系列标准，以准确、可靠、客观地反映区域物流综合实力。

1. 科学性原则

科学性原则包含两个关键层面。一方面，确定区域物流能力测评指标体系应以科学思想为指引，确保选定的指标具备物流学、区域经济学、产业经济学等学科的理论支撑。另一方面，所选指标需符合地区实际情况和行业现状，具备充分的实践基础。理论与实践的有机结合，能够客观、真实地反映评价对象的基本规律。此外，建立的指标体系应简洁明了，在最大限度反映客观事实的同时，保障测评结果的准确性和可靠性。

2. 全面性原则

物流的发展最终是为促进经济更好地发展，而经济的发展则是依靠物流发展基础、基础设施建设、科学技术应用、人才素质和管理等多方面的协同作用。因此，评价指标的选择要把这些因素尽可能全面地考虑进去，避免出现文献中粗糙片面的指标体系。应结合被研究主体的物流发展特点，从整体的视角出发系统地筛选对区域物流能力有影响的相关因素，以综合体现目标区域物流的发展水平。

3. 相对独立性原则

区域物流能力受众多因素影响，在设置测评指标时，应避免同一层级量化指标之间存在互联和因果关系。如果存在重复性指标，评价将会失去意义，更不能全面科学合理地反映区域物流能力的真实状况，因此，指标体系的结构层次要分明，指标的内涵要明确清晰，保证各个指标具有自己独立的特性。

4. 实用性原则

现代物流业属于新兴产业，由于受到区域范围和统计口径的影响，我国各地区现有的物流业统计数据较少且存在差异，这给物流指标的选取带来较大困难。因此，在区域物流能力测评指标的选取过程中，必须遵循实用性原则。实用性原则主要表现在实证的可行性与数据的可操作性上，即指标应简洁明了且能够代表客观规律，指标数据易于收集且来源可靠，对于统计上无法量化或行为化的指标应予以剔除。同时，在满足评价需求的基础上，合理控制指标数量有利于提高指标体系整体的实践性和可操作性。

5. 高度代表性原则

在“二八原理”——帕累托法则的指导下，区域物流能力测评指标的选择应具有高度代表性。在选取过程中，应抓住能够代表区域物流相关资源优劣和资源运用能力大小的20%关键指标，通过有效分析这些指标，准确反映区域整体物流能力。这样既不会给数据的收集带来麻烦，又能够使最终的指标体系层次分明，清晰简洁且实用。

（四）陕西国际陆港物流能力评价指标

在知网中搜索主题词“陆港评价”得到与之相关的174条结果，分别包括硕博论文137篇、学术论文37篇，其中涉及陆港指标建立的有47篇。为了构建更合理的评价体系，将文献中表达含义相近的指标进行规范化处理，结合相关文献及陕西省国际陆港的具体情况，本课题选择三个一级指标：陆港物流配套设施、陆港物流需求环境、陆港物流营运环境，每个一级指标下设四个二级指标，见表4.1。

表4.1　陕西国际陆港物流能力评价指标

类别	指标名称
陆港物流配套设施	公路里程
	公路营运车辆
	物流行业固定资产增长率
	邮电业务总量
陆港物流需求环境	各市区规模以上企业数
	批发商品销售总额
	社会消费品零售总额
	进出口总额
陆港物流营运环境	货运周转量
	货运量
	各市区生产总值
	各市区人口数

四、基于熵权-TOPSIS法的陕西国际陆港物流能力评价

（一）评价指标原始数据

本次选取指标为陆港物流能力代表性指标，能够较好地反映该区域国际陆港物流发展状况。经查阅2023年《陕西统计年鉴》及《国民经济与社会发展统计公报》，确定各项指标具体数据（见表4.2）。

表 4.2　陕西国际陆港物流能力评价指标原始数据

一级指标	陆港物流配套设施				陆港物流需求环境				陆港物流营运环境			
二级指标	公路里程（公里）	公路营运车辆（辆）	物流行业固定资产投资增长率（%）	邮电业务总量（万元）	各市区规模以上工业企业数（家）	批发商品销售总额（亿元）	社会消费品零售总额（亿元）	进出口总额（万元）	货运周转量（万吨公里）	货运量（万吨）	各市区生产总值（亿元）	各市区人口数（万人）
西安	13474	72575	18.4	1767763	1734	12578.26	4642.11	43795205	3805911	26166	11486.51	1300
铜川	4012	15413	0.2	70407	223	227.48	162.61	131367	1051553	8489	505.55	71
宝鸡	18411	17513	23.8	291618	971	1104.88	982.98	1143714	1389143	11504	2743.1	326
咸阳	16719	22433	60.9	405429	859	427.51	1253.35	1748810	2063089	12044	2817.55	417
渭南	20311	40606	20.5	390280	621	1098.93	7309.03	226801	2676791	18674	2201.13	462
延安	18478	10961	-5.5	247078	339	444.27	445.63	173782	564270	4165	2231.92	227
汉中	21859	9898	55.4	266595	750	282.76	643.88	358309	591121	4300	1905.45	318
榆林	30214	71151	-10.6	406728	997	4204.38	734.55	332386	5643884	28291	6543.65	362
安康	25778	4265	-13.8	226426	746	170.91	541.11	159423	507188	4262	1268.65	247
商洛	15963	1459	86	153107	338	108.58	206.04	198702	370926	2999	902.56	202

（二）对原始数据进行归一化处理

（1）根据式 4-1 构建原始的评价矩阵（见表 4.3）。

表 4.3 陕西国际陆港物流能力评价指标矩阵

4012	15413	0.2	70407	223	227.48	162.61	131367	1051553	8489	505.55	71
18411	17513	23.8	291618	971	1104.88	982.98	1143714	1389143	11504	2743.1	326
16719	22433	60.9	405429	859	427.51	1253.35	1748810	2063089	12044	2817.55	417
20311	40606	20.5	390280	621	1098.93	7309.03	226801	2676791	18674	2201.13	462
18478	10961	-5.5	247078	339	444.27	445.63	173782	564270	4165	2231.92	227
21859	9898	55.4	266595	750	282.76	643.88	358309	591121	4300	1905.45	318
30214	71151	10.6	406728	997	4204.38	734.55	332386	5643884	28291	6543.65	362
25778	4265	13.8	226426	746	170.91	541.11	159423	507188	4262	1268.65	247
15963	1459	86	153107	338	108.58	206.04	198702	370926	2999	902.56	202
4012	15413	0.2	70407	223	227.48	162.61	131367	1051553	8489	505.55	71

（2）对原始矩阵进行归一化处理（见表 4.4）。

表 4.4 陕西国际陆港物流能力评价指标归一化数据

	公路里程（公里）	公路营运车辆（辆）	物流行业固定资产投资增长率（%）	邮电业务总量（万元）	各市区规模以上企业数（家）	批发商品销售总额（亿元）	社会消费品零售总额（亿元）	进出口总额（万元）	货运周转量（万吨公里）	货运量（万吨）	各市区生产总值（亿元）	各市区人口数（万人）
西安	0.361117472	1	0.322645291	1	1	1	0.626817344	1	0.651434167	0.915981338	1	1
铜川	0	0.196214635	0.140280561	0	0	0.009535128	0	0	0.129078783	0.217064684	0	0
宝鸡	0.549538203	0.225743855	0.376753507	0.130326814	0.4950364	0.0798978	0.11479454	0.023185021	0.193101671	0.336272339	0.203766337	0.207485761
咸阳	0.48496298	0.294926599	0.748496994	0.197378747	0.420913302	0.025576438	0.152627469	0.037043079	0.320913423	0.357622964	0.210546255	0.281529699
渭南	0.622051752	0.550466843	0.343687375	0.188453689	0.263401721	0.079420643	1	0.002185653	0.437300088	0.619761189	0.154410908	0.318144833
延安	0.55209526	0.133612689	0.083166333	0.104086002	0.076770351	0.026920498	0.039603046	0.000971399	0.036667085	0.046101534	0.157214852	0.126932465
汉中	0.681131211	0.118665279	0.693386774	0.115584474	0.348775645	0.013968281	0.067344209	0.005197482	0.041759293	0.05143919	0.1274843	0.200976404
榆林	1	0.979976377	0.032064128	0.198144055	0.512243547	0.328460714	0.08003168	0.004603787	1	1	0.549869957	0.236777868
安康	0.830699947	0.039456662	0	0.091918843	0.346128392	0.004998524	0.052963582	0.000642545	0.025841662	0.049936739	0.069493013	0.143205858
商洛	0.456110221	0	1	0.048722837	0.076108537	0	0.006077169	0.001542123	0	0	0.036154398	0.106590724

（3）利用熵权法计算各指标的比重（见表4.5）。

表4.5 陕西国际陆港物流能力评价指标权重

指标	熵值	差异系数	权重	排序
公路里程（公里）	0.935058473	0.064941527	0.019024075	12
公路营运车辆（辆）	0.79597415	0.20402585	0.059767658	8
物流行业固定资产投资增长率（%）	0.824088931	0.175911069	0.05153167	9
邮电业务总量（万元）	0.750814141	0.249185859	0.072996904	5
各市区规模以上企业数（家）	0.859864426	0.140135574	0.041051539	11
批发商品销售总额（亿元）	0.497409755	0.502590245	0.147229589	2
社会消费品零售总额（亿元）	0.640213086	0.359786914	0.105396553	3
进出口总额（万元）	0.151220642	0.848779358	0.248642781	1
货运周转量（万吨公里）	0.749149234	0.250850766	0.073484624	4
货运量（万吨）	0.783591433	0.216408567	0.063395071	7
各市区生产总值（亿元）	0.767897484	0.232102516	0.067992482	6
各市区人口数（万人）	0.831068532	0.168931468	0.049487054	10

（4）根据公式得到加权矩阵（见表4.6）。

表4.6　陕西国际陆港物流能力评价指标加权矩阵

0. 006869926	0. 059767658	0. 01662645	0. 072996904	0. 041051539	0. 147229589	0. 066064388	0. 248642781	0. 047870395	0. 058068702	0. 067992482	0. 049487054
0	0. 011727289	0. 007228892	0	0	0. 001403853	0	0	0. 009485306	0. 013760831	0	0
0. 010454456	0. 013492182	0. 019414737	0. 009513454	0. 020322006	0. 01176332	0. 012098949	0. 005764788	0. 014190004	0. 021318009	0. 013854579	0. 010267859
0. 009225972	0. 017627072	0. 0385713	0. 014408037	0. 017279139	0. 003765608	0. 016086409	0. 009210494	0. 023582202	0. 022671533	0. 014315562	0. 013932075
0. 011833959	0. 032900114	0. 017710784	0. 013756536	0. 010813046	0. 011693069	0. 105396553	0. 000543447	0. 032134833	0. 039289805	0. 010498781	0. 015744051
0. 010503101	0. 007985718	0. 0042857	0. 007597956	0. 003151541	0. 003963494	0. 004174025	0. 000241531	0. 002694467	0. 00292261	0. 010689428	0. 006281514
0. 012957891	0. 007092346	0. 035731378	0. 008437309	0. 014317777	0. 002056544	0. 007097847	0. 001292316	0. 003068666	0. 003260991	0. 008667974	0. 00994573
0. 019024075	0. 058570893	0. 001652318	0. 014463902	0. 021028386	0. 048359136	0. 008435063	0. 001144698	0. 073484624	0. 063395071	0. 037387023	0. 011717439
0. 015803298	0. 002358232	0	0. 006709791	0. 014209103	0. 000735931	0. 005582179	0. 000159764	0. 001898965	0. 003165743	0. 004725002	0. 007086836
0. 008677075	0	0. 05153167	0. 003556616	0. 003124373	0	0. 000640513	0. 000383438	0	0	0. 002458227	0. 005274861

(5)基于熵权-TOPSIS 法得到陕西国际陆港物流服务能力评价结果（见表4.7）。

表4.7 陕西国际陆港物流能力评价结果

评价对象	正理想解距离 D^+	负理想解距离 D^-	相对接近度 C	排序
西安	0.059979795	0.333930183	0.847732226	1
铜川	0.345650884	0.021704573	0.059083301	10
宝鸡	0.32172485	0.049426121	0.133169855	5
咸阳	0.31657171	0.064935968	0.170208810	4
渭南	0.304958384	0.126578784	0.293320700	3
延安	0.342041619	0.021513447	0.059175208	9
汉中	0.336929222	0.044961179	0.117733199	7
榆林	0.298516091	0.133460377	0.308952887	2
安康	0.34466791	0.024902412	0.067382066	8
商洛	0.346252971	0.052798107	0.132309146	6

从评价结果看，西安的相对接近度最高，排在第1位，说明西安的国际陆港物流能力在这10个评价对象中最强；铜川的相对接近度最低，排序第10，说明其国际陆港物流服务能力相对较弱。

五、陕西国际陆港物流能力提升对策

从评价结果可知，西安国际陆港物流近年来取得了显著的发展成果，呈现出快速发展的良好态势。然而，其发展过程中仍暴露出诸多短板与不足。在对省内其他城市的辐射带动方面，西安国际陆港的影响力尚未充分发挥，未能有效推动区域内物流产业的协同共进，尚未形成良好的联动发展格局。与“一带一路”沿线的城市国际物流水平相比，西安国际陆港还存在着较大的差距，具体表现为产业规模相对较小，难以形成规模效应；服务质量参差不齐，无法满足日益增长的多元化、高品质物流服务需求。尽管西安拥有得天独厚的区位优势以及丰富的物流科创资源，但这些优势尚未充分转化为物流产业的集聚优势。在物流基础设施建设、信息化支撑能力、物流企业服务水平、区域竞争力以及产业贸易规模等多个关键领域仍存在明显的短板。

展望未来，西安国际陆港应紧紧抓住“一带一路”建设、中国（陕西）

自由贸易试验区建设、国家中心城市建设、大西安建设以及临空经济区建设等一系列重大战略机遇，充分挖掘和发挥自身在地理区位、科技创新资源、产业发展基础、投资环境等方面的突出优势。通过多方协同发力，从多个维度推动西安国际陆港物流的高质量发展。在物流企业自身层面，应鼓励企业加大技术创新和管理创新投入，提升物流运作效率和服务品质，培育一批具有国际竞争力的现代化物流企业。政府部门则要发挥好政策引导作用，制定出台一系列支持物流产业发展的政策措施，优化物流发展环境，加强对物流基础设施建设的统筹规划和布局。金融机构应积极响应，加大对物流企业的金融支持力度，提供多元化、个性化的金融服务，切实解决物流企业发展过程中的资金问题。同时，充分发挥物流园区的示范引领作用，打造一批具有标杆意义的现代化、智能化物流园区，吸引更多优质物流企业和相关产业入驻集聚。

未来，西安国际陆港应将构建商贸物流中心、产业合作中心、班列集结中心以及国际物流枢纽作为发展目标，大力推进现代化物流枢纽和中心的基础设施建设。充分利用自身地处地理几何中心和关中平原的地形优势，通过建设现代化、高效率的物流枢纽，实现更为便捷高效的通关服务，提供更加便利的配套条件支持，以此吸引更多的货源、产业项目、专业人才以及运营主体汇聚，朝着全面提升陕西国际陆港物流服务能力，带动整个陕西物流产业高质量发展的方向稳步迈进。

（一）打造“一带一路”商贸物流中心

在“一带一路”倡议的大背景下，西安凭借其独特的区位优势和资源禀赋，肩负着打造“一带一路”商贸物流中心的重要使命。为了实现这一宏伟目标，西安需要在完善交通物流网络、发展多式联运与港口经济以及打造特色贸易集散中心等关键领域协同发力。

1. 完善交通物流网络

加快对航空机场、高速公路、国省道以及农村公路等物流通道的升级改造，使这些交通基础设施能够与“米”字形铁路线网实现紧密融合，并与“长安号”中欧班列高效对接。通过构建这样一个互联互通的综合交通网络，营造有利于国内转运物资集结以及国际物流中转的良好环境，助力中西部地区实现高效物流仓储中转与分拨。

在运输模式创新领域，积极推动现代化中转设施的建设，探索以半挂车为标准载荷单元的铁路驮背运输模式，从而提升铁路运输的灵活性与适应性。同时，大力推广以“卡车航班”为代表的多种陆空联运方式，在市域外合理布局航空货运代理机构及办理站点，进一步完善航空揽货功能，拓展航空物流的辐射范围。

围绕西安陆港和空港，加快公路港的配套建设工作，并充分依托公路运输“门到门”的独特优势，构建以铁路集装箱中心站及西咸空港物流园等枢纽设施为核心的区域高效配送与转运物流网络。这一网络旨在实现“门到门”的无缝运输，切实解决物流行业长期存在的“前后一公里”衔接不畅问题。此外，加速推进机场三期扩容、新筑铁路综合物流园、传化公路港等重大项目建设，重点推动东向海铁联运的发展，充分发挥“长安号”中欧班列的纽带作用，实现海铁联运与中欧货运班列的无缝对接，提升西安在国际物流运输体系中的地位。

2. 发展多式联运与港口经济

在完善交通物流网络的基础上，大力发展港口经济，加快推进铁路、航空融入公路货运站、物流园区及产业园区的工程建设，全面提高“长安号”中欧班列的配套设施设备水准，确保国际物流业务中的货物装卸、集散、倒载等环节能够科学、高效、合理地进行。

加快建设西安多式联运公共信息服务平台，在全市范围内构建起一个中转联运设施高效衔接、信息资源整合共享、运营服务标准规范的多式联运组织体系。该体系将全面助力海铁联运与“长安号”中欧班列的深度融合，增强多式联运的协同效应，提升整体效率。

持续完善场站作业及相关配套设施，特别是在口岸功能方面，要着重提高物流业务的信息化、自动化与机械化水平。通过搭建政府监管的统一信息平台，创新国际货物运输的监管模式，实现一站式通关业务办理，提高物流枢纽电子单证业务能力，提升物流服务的便利化程度与运作效率，从而保障“长安号”中欧班列的运行、管理及服务。

推动“长安号”中欧班列与功能性口岸的联动发展，不断挖掘新的货源品类，优化“长安号”中欧班列的货源结构。持续扩大俄罗斯木材，哈萨克斯坦小麦、面粉、矿石，乌兹别克斯坦绿豆、汽车整车及零配件等大宗货源的进口规模，增加回程班列的开行频次，提高班列的运营效率与经济效益。同时，推动延长石油西橡公司、冠杰、陕汽等本地企业积极开拓海外市场，并出台针对本地货源的优惠政策，引导本地企业充分利用“长安号”中欧班列开展进出口业务，提升本地货源在班列运输中的占比。全力支持“长安号”中欧班列的大宗货源进口业务与跨境电商业务，全面施行“舱单归并”政策，创新通关监管模式，持续降低通关成本，缩短通关时间，提高贸易便利化水平。

3. 打造特色贸易集散中心

着力打造西安港“一带一路”农副产品国际贸易集散中心，重点做大做强来自哈萨克斯坦、乌兹别克斯坦、俄罗斯等国家的农副产品进口业务。积极与中粮集团等行业龙头企业合作举办“一带一路”国际粮油贸易峰会，争取将其纳入国家“一带一路”高峰论坛成果，进一步彰显陕西省在融入国家“一带一路”建设中的引领示范作用。

积极支持西安国际港务区承接东南沿海外向型产业转移，充分发挥西安的科技、人才等优势，将西安港打造成为西部最大的科技型加工制造业基地。持续发力打造十大商品交易中心，借鉴绿地上海全球商品贸易港的成功经验，打造西安港“一带一路”进出口商品贸易中心，丰富贸易品类，提升贸易规模与影响力。

大力发展“长安号+跨境电商”模式，支持西安国际港务区深化与京东、蜜芽、网易、佳帮手等知名电商企业的合作。通过出台优惠政策，助力西安国际港务区内的龙头电商和本土电商做大做强，实现“买全球、卖全球、享全球”的目标，推动西安港成为“一带一路”沿线重要的跨境电商贸易枢纽。

（二）打造“一带一路”产业合作示范中心

在“一带一路”倡议持续推进的大背景下，打造“一带一路”产业合作示范中心，对西安实现经济高质量发展、深度融入全球产业链供应链具有重要意义。以“长安号”中欧班列为核心，通过引进和培育优质供应链管理企业，整合多方资源，促进产业协同发展，是打造产业合作示范中心的关键路径。

1. 引进和培育优质供应链管理企业，构建产业合作中心

以引进和培育优质供应链管理企业为基础，紧密围绕“长安号”中欧班列的开行线路、货运量、货物品类等关键环节，吸引众多产业向西安国际港务区集聚，全力打造以“长安号”中欧班列为核心的多产业合作中心。在这一过程中，重点扶持供应链管理企业，将其纳入政府鼓励发展的产业类别，

给予政策和财政方面的大力支持。

结合“三大万亿级、八大千亿级”产业的发展需求，为“一带一路”沿线地区提供优质、高效的供应链管理服务。通过政府投资引导、企业自主投资、产业深度融合、项目共建共享以及战略协同合作等方式，搭建起沟通的桥梁，引导商贸物流业深度融入“长安号”中欧班列的业务范畴。借助优质物流企业的资源整合能力，实现货源企业的集聚以及优质货源的汇聚，从而构建更加完整、高效的国际物流货物运输供应链。

着重打造以提升“长安号”中欧班列竞争力为核心，围绕“一带一路”产业合作中心主题的向西国际物流供应链管理平台。该平台将集制造、组装、分销、物流、金融、货运代理、大数据等多种功能于一体，打通政府监管、海关监管、货源企业、物流企业之间的信息壁垒，实现信息互联、共享。通过这一平台，加速培育市场中能够承担整体国际物流业务总承包的优质货源企业和国际物流企业，全面提升监管机构、货源企业和物流企业的市场服务能力，打造集储运、商检、报关、金融、保险等功能于一体的“物流+资金流+信息流”国际物流业务，依据市场需求，提供个性化、定制化、一站式的国际物流业务整体解决方案。

2. 推动企业转型升级，促进产业协同发展

大力支持本地传统物流企业加速转型升级，鼓励供应链核心企业构建一体化综合物流业务服务平台。积极扶持优质货源企业依托“长安号”中欧班列的业务和线路，深度融入“一带一路”和向西的国际物流业务。推动物流与制造业、金融业、互联网产业的跨界融合，打破行业之间的界限，促进物流业与相关产业的协同联动发展。

支持供应链管理企业在“长安号”中欧班列的业务范围内设立区域分拨中心，对于能够围绕“长安号”中欧班列开展物流业与相关产业互动融合发展的供应链企业，给予相应的资金补助和政策引导。通过这些举措，激发供应链企业的创新活力，推动产业协同发展模式的不断创新。

3. 重构产业链，提升供应链竞争力

引导核心制造业供应链上下游配套企业围绕“长安号”中欧班列的运行进行集聚，以供应链的模式对货源企业的产业链进行重构，重点提升供应链全链企业的竞争力。大力发展供应链产业，进一步推动国际物流企业与相关产业的协同联动，对“长安号”中欧班列国际物流业务的供应链进行业务流

程再造。积极扶持制造业、金融业、互联网企业、第三方物流企业融入“长安号”中欧班列供应链业务，实现集制造、组装、分销、物流、金融、货运代理、大数据于一体的高效运作方式，以此提升“长安号”中欧班列的市场竞争力。

加快发展具有供应链设计、供应链物流、供应链金融、产品信息溯源和管理能力的第三方物流企业，通过这些企业的专业化服务，进一步提升“长安号”中欧班列的竞争力，为打造“一带一路”产业合作示范中心提供有力支撑。

（三）对中欧班列（西安）集结中心的分析

1. 中欧班列（西安）集结中心存在的问题

（1）线路布局不完善。西安集结中心的干支线路仍需进一步拓展。目前虽已稳定开行西安至欧洲、中亚、西亚等 17 条干线，但在东南亚及其他区域，还存在一些薄弱环节，尚未形成一条稳定的南方路线。此外，铁铁联运、公铁联运、铁水联运和空铁联运的陆海空贸易物流系统也尚未构建完成。同时，通关运行成本偏高，收费行为缺乏规范，管理制度不够完善，这些问题都亟待加快调整优化。

（2）货源种类不足。陕西省货源在“长安号”中欧班列运输中的占比偏低，融合带动效应有待提升。当前，“长安号”75%的货物都来自外省，与本土产业的融合程度仍然处于较低水平。尽管中欧班列的货运范围不断扩大，运输的商品种类也日益增多，从最初的钻井设备，拓展到如今的纺织品、机械、橡胶、电子、生活用品、车辆及其零部件等，但“长安号”的运输仍以货运为主。其出口商品主要集中在机器设备、工业生产原材料、五金工具、家用电器、家具、车辆及其零部件等领域；而进口商品则主要是车辆及其零部件，以及小麦、棉花、木材等农作物，还有机电设备、机械设备、生活用品等。

（3）运输时效低。一方面，边境出境口岸压力较大。在阿拉山口、二连浩特等口岸，由于基础设施不完善以及对方换装能力不足等，时常导致一些班列滞留口岸，需要排队等待出境。另一方面，大多数中欧班列必经的波兰马拉舍维奇，由于边境口岸的设施设备以及人力资源配置无法满足班列高速增长的需求，马拉舍维奇转运中心的瓶颈现象十分突出，进而造成境外堵车，班列准点率降低，中欧班列还出现了严重的“缺箱”问题。此外，中欧班列的主要目的地杜伊斯堡、汉堡等作为欧洲主要的贸易中心和物流枢纽，其货运场站已接近容量上限。尤其是在旺季，中欧班列滞留口岸的时间更长，这不仅导致中欧班列运输时效降低，还使得运力成本增加，极大地影响了客户的运输体验，降低了客户黏性。

（4）补贴结构不完善。当前，全球范围内大宗商品和货物需求迅速反弹，空运、海运受阻，中欧班列在订单暴涨近三倍、运价翻番且供不应求的情况下，面临着新的经营压力。一直以来，“长安号”中欧班列凭借高额运费补贴，市场份额在全国位居第一，但它对外地货源的依赖程度较高。随着财政部要求逐年降低中欧班列补贴，各地中欧班列的市场化自由竞争将逐步展开，外地货源势必会向那些“效率高、成本低、服务优”的线路通道倾斜。一旦运费补贴取消，加之陕西自身的“适欧适铁”产业集群培育尚不成熟，“长安号”中欧班列的货源可能会分流。同时，随着未来航运市场趋于缓和，大量货物将逐步回归海运，铁运的价格优势将不再明显，“长安号”中欧班列的货物运输量或许会面临大幅回落。

2. 中欧班列（西安）集结中心存在问题的原因分析

（1）缺乏相应政策支持。物流枢纽建设的关键时期，政策支持的力度与精准度至关重要。尽管强化物流枢纽建设、延伸物流新通道以及加深与国际供应链合作的需求明确，但目前缺乏具体、细化且具有针对性的政策措施。加快推进综合交通枢纽和城市圈规划建设、扩大对中亚南亚西亚国家开放渠道以及积极推进与周边国家和地区经济走廊建设等工作，都需要政府各部门充分发挥宏观调控和有效配置市场资源的作用，构建健全的国际贸易物流大通道，以促进市场主体的便利化。然而，当前相关政策在落实过程中存在滞后性，导致物流枢纽建设的推进速度缓慢，无法满足中欧班列集结中心发展的需求。西安作为拥有全国十佳机场的城市，拥有较大的国际航空货运量，但由于缺乏有效的政策引导，未能充分发挥其在国际物流中的优势，难以形成协同发展的良好局面。

（2）陕西企业主体不足。从本地企业的角度来看，“长安号”中欧班列与西安当地企业的融合程度较低，当地货源在运输中的比重较小，全省货源占比仅为30%。造成这一现象的原因主要有两方面：一是“长安号”中欧班列规模化运行时间较短，货物集结的优势尚未完全形成，缺乏有实力的市场主体参与其中。本地优势产业和“大客户”企业数量不足，导致货源相对匮乏。二是与山东、浙江、广东、江苏等货源集中省份的合作力度不够。未能充分利用这些省份的货源优势，实现资源的有效整合和共享，进一步加剧了本省货源占比较低的问题，使得融合带动效应不显著，“长安号”中欧班列过度依赖外省货源，与本土产业的融合程度长期处于较低水平。

（3）信息传递不通畅，流程不完善。西安集结中心的多式联运物流数据和电子口岸单一窗口平台仍处于初级建设阶段，数据交换机制和数据交换平台均不成熟。这导致客户、企业、海关、货代公司、运输企业等主要参与者之间的信息与数据交换呈现孤岛式状态，信息无法实现高效、实时的共享。监管部门之间数据回传缓慢，直接影响了企业查验预约、堆场预约、运输调度等工作的及时安排，使得公铁联运和铁铁联运等待时间延长，场地使用效率低下，企业运营成本大幅增加。更为关键的是，由于信息传递的不畅和流程的不完善，无法实现单一窗口对企业提供一站式服务的承诺，严重制约了集结中心整体服务质量的提升，降低了客户的满意度和忠诚度。

（4）竞价抢货导致补贴成本。在市场竞争中，为了吸引更多的货源，商家普遍采取低价策略与海运竞争货源。而各地政府希望借助中欧班列拉动区域经济贸易，纷纷出台财政补贴政策，这使得外贸企业逐渐对补贴产生依赖，形成了一种不合理的市场现象。国内多数开行城市对中欧班列提供10%至40%不等的补助，个别城市甚至给予了高额补贴。这种补贴行为导致物流出现倒流现象，商户为了获得低价运费，不惜将物品先运到更远的地方，造成了物流资源的严重浪费。同时，地方政府财政补贴引发了过度竞争，进一步加剧了货物的积压，影响了当地外贸的正常运营。地方政府财政补贴使得各地区以价格竞争的方式争夺货源，导致中欧班列的运输成本普遍超过运输价格，扭曲了市场秩序，不利于各区域之间的合作与协同发展。在此基础上，各地依靠补助竞相开行班列线路，造成了班线的重复建设，进一步加剧了交通资源的浪费。

3. 中欧班列（西安）集结中心的发展对策

（1）拓展“+西欧”合作城市范围。深入实施“+西欧”开行计划，为“+西欧”城市提供全方位的国际贸易通关、国际班列集散换装等服务保障，积极推动形成“干支结合、枢纽集散”的高效集疏运体系。对国内外中欧班列集结分拨线路布局进行优化，构建集约高效的“长安号+国内城市/沿海港口/境外城市”的国际物流通道格局。加强中欧班列（西安）集结中心与宝鸡、榆林、汉中、安康等市产业园区的协同联动，通过强化平台对接和信息共享，采用“飞地物流”等创新模式，共同推进中欧班列（西安）集结中心的建设。

加速完善“米”字形高铁骨架网，提升关中平原城市群的互联互通水平；大力加强铁路货运场站建设，新建和改扩建一批具备集装箱办理能力的铁路货运基地；持续优化铁路运输组织，加强班列班次与港口航线网络等的对接，提高联运组织的一体化运行水平；降低通关运行成本，全面清理不合理的收费环节，深入推进“一单制”，进一步推动通关便利化；积极引导物流企业集聚发展，搭建空海铁联运平台，大力发展多式联运业务。通过加大与物流枢纽城市、发达港口城市之间的合作力度，跨区域布局织密货源网络，将西安打造成为面向中亚、欧洲的物流集散和货运分拨枢纽。“长安号”中欧班列如同以西安为轴心向东西两向发出的射线，实现国内城市与亚欧主要枢纽城市间的商贸串联。深入挖掘国内国际两个市场需求，加快推进东行海铁联运大通道建设，不断增强中欧班列集结中心（西安）的枢纽功能。

（2）加快陕西主体产业发展。成立中欧班列联盟，大力发展产业链支柱产业，对全省货源进行整合，加强与沿线其他国家的相关合作，与国内沿线城市建立联盟，吸引更多的货源通过“长安号”中欧班列输送。鼓励企业通过产能合作、贸易往来等方式增加“长安号”中欧班列沿线各国的货源。同时，与全国其他中欧班列建立战略联盟伙伴关系，共同开行常态化定点运行班列等，推动支柱产业的发展，实现对省内货源的有效整合。鼓励航运和铁路企业加快跨境运输方式混合所有制改革步伐，积极发展多式联运业务；加强口岸管理和服务能力建设，完善通关便利化措施，提升港口服务水平。鼓励大型运输企业介入通道建设运营以及沿通道重要枢纽建设区域总部等，深入参与资源整合，探讨集装箱共享管理机制。加强对内陆口岸资源的开发，在加强招商引资的同时，以物流枢纽功能引领贸易导入和产业集聚，引导行业龙头逐步将贸易向西安转移，打造汽车建设、快消品及其他中西部地区贸易集散基地和商品分拨中心。

（3）加快服务平台建设。加快公铁联运快线、海关查验等设施的提升改造，全面提升西安港港口功能和基础设施建设水平。一是建立公共信息平台，整合有关部门的服务，实现信息共享，打造数字化的“长安号”中欧班列；二是构建全程监控系统，加强智能监控监管，确保“长安号”中欧班列货物的安全，让顾客能够实时了解其商品所在位置；三是建立货物追溯系统，方便客户追溯供应链信息。要加强政府引导、企业主体责任和社会监督，进一步完善法律法规体系和标准，加快信息化进程。

在优化铁路运输组织的基础上，加强班列班次与港口航线网络之间的连接，提高联运组织的综合运营水平，确保国际班列平稳运行；加快构建多式联运服务网络和口岸集疏运体系。充分利用“互联网+”、大数据等技术，推进线上无纸化申报、数字化调度、港口智能化运营系统建设，全面提升装卸自动化、理货智能化、单证电子化比率和重点作业效率等。依托中欧班列（西安）集结中心的规模优势和西安国际陆港的通道枢纽优势，积极承接东部产业转移，围绕临港产业持续招大引强，打造区域总部中心、贸易及丝路电商中心、制造中心。自“长安号”开行境内外全程时刻表中欧班列以来，有效控制了各个环节的运行时间，杜绝了口岸站在办理列车换装过程中出现的无效滞留现象，使运输时效得到有效提升，如今西安至德国全程时间仅需9.8天。

（4）强化风险监管。在境外方面，加强对“长安号”中欧班列境外运行货物踪迹的监管，确保海外运输的安全性；加强对海外仓、海外站场建设运营的监管，防止资产流失；重点关注集装箱回程问题，制定切实可行的措施引导班列公司及时将空集装箱带回。

在境内方面，国家应出台全国中欧班列集结中心统一补助标准，加强对补贴使用合规性的监管，预防货运代理公司哄抬运价等现象发生，并为西安集结中心争取启运港退税优惠政策。同时优化市场导向补贴结构和通道资源配置，巩固中欧班列（西安）集结中心的通道地位。针对中欧班列补贴退坡的情况，建议陕西省以“建立自身市场竞争力”为导向，进一步优化调整补贴结构，增设产业引导基金，逐步弱化运费补贴，优化配置“长安号”中欧班列运输资源。提高组织领导与对外协调的水平，充分发挥西安铁路局在西部地区国际铁路大通道中的枢纽地位。加强与各部门的联系、各地政府的沟通与协调，增强整体竞争优势。在国家层面建立相关政策体系，制定并优化扶持政策，通过统筹协调，为“长安号”中欧班列打造良好的运营环境、创造发展机遇，从而确立完备的政策支持框架和相应配套机制。同时，加大资金支持力度，提高土地要素的投入。除政府增加对“长安号”中欧班列基础设施的投入外，在经营上要逐步市场化，发挥好各种投融资基金的作用，可采取股权投资、债务融资等方式为“长安号”中欧班列的发展提供支持。

（四）建设贸易型国际物流枢纽

2019 年 9 月，国家发展改革委、交通运输部联合印发《关于做好 2019 年国家物流枢纽建设工作的通知》，共有 23 个物流枢纽入选 2019 年国家物流枢纽建设名单，西安陆港型国家物流枢纽榜上有名。这一荣誉不仅是对西安物流发展基础的肯定，更为西安构建贸易型国际物流枢纽提供了重大机遇。

以西安国际港务区为依托，以周边较为优质的物流设施为基础，借助“长安号”中欧班列这一关键的联系纽带和媒介，全力推动贸易型国际物流枢纽的建立。要加强与周边优质物流枢纽的对接和协同合作，尤其是在标准化层面和信息平台共享方面，积极推进建设连接西安以东地区的中欧班列开行城市物流枢纽和物流业务。将目前独立运行的众多中欧班列汇集在西安，交由“长安号”进行中转，逐步形成一张覆盖广泛的中欧班列国际物流网络，构建起高效、信息化、科学化的“亚欧通道+国际陆港物流枢纽+中欧班列货运网络”的供应链物流体系。通过持续提升“长安号”中欧班列的竞争力，为贸易型国际物流枢纽扎根西安奠定坚实的基础，促进西安以东区域中欧班列和国际物流业务的协同发展，助力更为规范的中、东欧地区物流市场建设，进而为内陆型开放新高地的打造筑牢根基。

中欧班列的开行和发展，本身就具备吸引货源企业集聚、优质产业集聚以及高端人才会聚的强大优势。西安的国际陆港设施条件在全国处于领先地位，整体建设和投入使用的时间较早，积累了丰富的经验，其发展与“长安号”中欧班列的运行紧密相连、相辅相成。然而，单纯依靠政府的财政补贴来拉低运价、吸引货源企业和优质产业集聚并非长久之计。国家已经明确至 2022 年要全面取消政府的各种财政补贴，未来将完全依靠市场竞争力来吸引货源、促进产业集聚。因此，在这几年的政策允许期限内，“长安号”中欧班列需加强自身竞争力、加快发展速度，同时，西安国际陆港也需加快发展，为构建贸易型国际物流枢纽提供根本支撑。

西安需要深入理解和把握国家贸易型物流枢纽建设的政策导向要求，紧密贴合陕西省枢纽经济、门户经济、流动经济（三个经济）发展需求，尤其是枢纽经济的发展需求，加快开放步伐。充分依托本地优质的国际物流资源、良好的地理区位条件、欧亚论坛永久会址、军工产业密集、多式联运条件优良等有利因素，在政策上大力鼓励贸易型企业发展并落户于国际陆港区内，吸引贸易型人才会聚港区。通过这些举措，形成以贸易为龙头，以国际物流大通道建设为外在表现，以国内货物快速集散能力为核心的贸易型国际物流枢纽，在国际物流领域占据重要地位，为西安乃至陕西的经济发展注入新的活力。

（五）国际货运班列运营建议

“长安号”中欧班列在与周边地区班列的同质化竞争中，普遍存在依赖补贴红利获取货源的问题。随着相关补贴政策逐步取消，这一问题将越发凸显。因此，“长安号”中欧班列需尽早在运营层面发力，完善和优化现有线路，从“一带一路”建设的整体格局出发，构建更高效的运输网络，提高通关效率，加强与周边地区的合作，借助在建和已建成的各类现代化枢纽和产业合作中心，吸引更多优质货源企业和相关产业集聚。

1. 优化网络线路

通过整合公路、铁路、海运、空运等多种运输方式，构建多式联运网络体系。一方面，向西利用国际铁路联运，打通国际物流通道。以“长安号”中欧班列现有的6条主要班列干线为基础，与境外铁路运营商合作开通覆盖全欧的分拨支线，形成辐射全欧的运输网络。另一方面，向东借助五定班列，打通国内物流通道。以青岛、西安的海关、检验检疫部门及港口推动“一带一路”物流供应链一体化备忘录以及与青岛港集团战略合作协议的签署为契机，联合青岛港集团、西安铁路局开通西安至青岛五定班列，实现与国际海运航线的无缝衔接，提高西安港的集散分拨能力。此外，依托公路物流企业，构建区域分拨配送网络。传化物流、安博物流、申通、圆通等国内知名物流企业已正式签约入驻，可充分利用这些企业健全的物流配送网络、先进的物流信息化技术以及成功的平台运营模式等，构建西安港区域分拨配送网络，提升国际、国内运输通道“最后一公里”的服务体验。

2. 提升通关效率

优化“长安号”中欧班列发运流程，改良集装箱进站称重、测偏设备，减少西安铁路集装箱中心站内转圈、进口货物到站落地等环节，确保流程各环节无缝衔接，缩短货物在西安铁路集装箱中心站内的停留时间，提升作业效率。加快建设集成在线订舱、业务办理、单据流转、在线结费、信息查询等综合性功能的西安港信息系统，实现与西安铁路集装箱中心站、西安海关数据的有效联通，优化班列发运流程，提升班列发运的信息化、智能化水平。加快西安铁路集装箱中心站第二线路建设，争取新筑铁路综合物流基地项目尽早投入运营。抓住西安被列为国家物流枢纽城市的机遇，给予西安国际港务区2000亩规划和用地指标，用于整合现有零散集装箱堆场资源，启动建设国内领先的西安港国际集装箱堆场项目，开展集拼、中转等业务，并与哈铁、俄铁等合作设立集装箱还箱点。积极向中国铁路总公司、中铁集装箱总公司争取班列开行计划，满足“长安号”中欧班列的开行需求。加强货源组织及发运组织等工作，提升班列开行计划兑现率。规范口岸管理，优化操作流程，加大涉企收费清理力度，对西安铁路集装箱中心站内短道搬移费、西安综合保税区内作业费等给予减免，切实降低口岸操作费用，营造“长安号”中欧班列成本最低、效率最高的口岸环境。从整体格局来看，“长安号”中欧班列在铁路运输与公路运输的衔接、供应链上下游企业信息化、物流业务智能化机械化、票证电子化等方面，存在信息化、智能化、共享共建程度不足的问题，导致班列线路开行时间较长，货源集聚不充分。在国家物流枢纽节点城市建设和国际陆港发展的大趋势下，应更加主动、有目的地加强和完善“长安号”中欧班列途经各级物流枢纽节点的基础设施建设，推进途经节点城市、地区的信息平台接入和数据共享，加快票证电子化进程。在铁路与公路运输衔接、供应链上下游企业信息化、物流业务智能化机械化、票证电子化等方面实现突破创新，探索全新的国际物流业务模式，尝试推出全新的回程、过境等国际物流业务优惠政策，以构建国际物流枢纽节点城市为目标，从更宏观的“一带一路”物流视角出发，提升运输效率、重载率以及回程货源的集聚能力。

3. 加强区域协作

加强与重庆、成都、合肥、义乌、苏州、郑州等地中欧班列运营的合作，在政策引导、财政补贴、人才交流、业务整合等方面开展合作与互动，与这些城市共商、共建、共享中欧班列运行的相关信息、基础设施、货源企业、信息平台、政策利好等。结合国际物流枢纽建设的趋势，大力推进区域之间在国际多式运输、金融保险、供应链业务、财政补贴等方面的资源整合，与西安以东的多个地区在各个层级开展创新合作，合力推动“长安号”中欧班列与向西经由的国家和地区的报关、货运、商检、金融等部门的合作对话，争取实现电子化票据一票到底，在监管部门信息平台权限约束条件下实现相关信息共享，提升单票货物的通关效率，进而提升中欧班列与中东欧地区的对接效率。以国家物联网信息管理与服务平台为基础，主动顺应国家 Ecode

体系标准的接入规范，以 NIOT 数据为核心信息的标准尺度，构建以“长安号”中欧班列为关键节点的国内中欧班列国际物流信息标准化体系，将“长安号”中欧班列的金融业务、保险业务、物流业务、报关业务、集散业务、转运业务等纳入国家物联网信息管理与服务平台。通过应用现有的互联网产业先进技术以及国家编码中心自有核心技术，实现“长安号”中欧班列专属货物的标准化、信息化、追溯化、便利化。依据国家相关部门政策导向，引领国际物流供应链成员企业规范接入国家物联网信息管理与服务平台，采用统一的编码标准，共享同一云端数据，打破信息壁垒，实现信息的畅通和共享，并以此为基础，进一步推动“长安号”中欧班列上下游和国际国内区域中的商检、报关、多式联运、电子化票证、货源企业信息、货源资讯等的开放共享，构筑提升“长安号”中欧班列竞争力的信息通道。

（六）政策建议

根据战略层面的发展要求，若要建成现代化国际物流枢纽和产业、班列、商贸的集聚中心项目，首要任务是完善基础设施建设，提升现代化和规模化水平。通过一系列优质硬件环境的建设和配套完善，达成枢纽和中心的战略目标，并借助枢纽和中心的影响力，吸引优质货源，逐步降低对政策补贴的依赖，凭借业务能力的提升吸引更专业、更具实力的市场主体，会聚专业人才。

1. 基础设施建设

以目前“长安号”中欧班列所依托的国家“米”字形铁路网线和高速公路网线建设为基础，加大对交通基础设施的投入和优化力度。持续完善铁路场站、港口码头、航空货运设施等关键物流节点的建设，提升货物的装卸、存储和转运能力。同时，注重配套设施的建设，如仓库、堆场、冷链设施等，以满足不同货物的存储和运输需求。

加强信息化基础设施建设，构建覆盖全市的物流信息网络，实现物流信息的实时采集、传输和共享，提高物流运作的智能化和信息化水平。通过完善的基础设施建设，为“长安号”中欧班列的发展提供坚实的硬件支撑，增强枢纽和中心的集聚效应和辐射能力。

2. 市场主体培育

引进国内外多式联运经营人，重点吸引拥有国际国内物流网络资源的企业入驻，吸收其先进经验，带动“长安号”中欧班列多式联运的发展。积极培育多式联运经营人，鼓励具备跨多种运输方式且能承担全程责任的货运企业开展多式联运经营活动。鼓励现有物流行业不同类型的经营人，整合各分段运输资源，形成以资本为纽带的利益捆绑，通过不同运输方式的协助，构建多式联运完整服务体系，提供“门到门”的运输服务。成立中小多式联运企业联盟，推进多式联运经营集约化、管理组织化发展。

加大对本土龙头企业的培育力度，并进行资源整合，鼓励本土骨干物流企业、高成长性物流企业通过参股控股、合资合作等兼并重组方式进一步做大做强，打造国内外知名品牌，发挥龙头企业品牌示范效应，促进物流产业结构优化和转型升级。重点培育一批具备较大业务规模、较强竞争力的综合供应链物流服务企业，大力发展集原材料集中采购、供应链金融、综合物流服务等于一体的现代物流服务业态，为制造企业提供专业的一体化供应链服务，提升西安物流产业的整体服务水平。

3. 人才培养

在人才培养方面，采用多种形式培养“长安号”中欧班列急需的各类人才。通过统招学历培养、百万扩招继续教育培养、职业技能培训、企业内训等多种途径，培养“长安号”中欧班列急需的智库高级国际物流管理人才，业务急需的国际物流技能型人才、服务型人才等。为提升“长安号”中欧班列的竞争力，积极吸引熟悉国际物流通行规则、具有全球物流运作能力、具备现代物流管理经验的高层次人才。

围绕现代国际物流业转型发展急需的冷链、快递、电商、多式联运、信息标准等物流领域，以及物流金融、跨境电商、供应链物流、第四方物流等新业态、新模式，推进产教融合、校企联合培养模式，开展各层级的职业技能培训，加快培养掌握国际物流理论知识、懂得信息标准化业务、能够完成中欧班列业务流程且具有创新思维和创新能力的高素质应用型国际物流专业人才。

推动“政产学研用”深度结合，组建由地方政府、高等院校、科研院所、咨询机构、物流企业共同参与的“长安号”中欧班列智库。完善国际物流视角下的国际物流学科体系建设，尤其是加强与相关专业的交叉融合，推进与相关产业、企业的产教融合。着力培养国际物流专业管理、技术、战略、规划等领域的人才，探索在“六卓越一拔尖”、新文科背景下培养国际物流人才的创新模式。

综上所述，在“一带一路”建设的大背景下，西安提升国际陆港物流能力应重点从以下几个方面着手。

(1) 增强物流企业自主发展潜能。培育大型物流集团，推动新老中小型物流公司加快向现代物流企业转型；不断完善现代物流信息系统，加速行业物流公共信息平台建设，提升企业的物流信息化水平，实现公共信息网络与企业物流网络的有效结合；充分发挥西安高校资源优势，引进和培养物流专业人才，推动物流标准化和国际化进程。

(2) 完善政策引导与支持机制。完善物流相关法律法规，制定改善土地、税收、收费、融资、运输管理、企业兼并重组、园区建设等方面的扶持政策，以支持大西安物流产业的发展；做好物流产业重点项目的实施工作，通过大项目带动大产业；加强物流行业监管和规范，不断提高物流统计的基础工作水平，实施好社会物流统计和报告体系。

(3) 强化金融支持力度。做好重点物流项目的金融支持工作，并加强管理，确保重点项目能够实现预期的经济社会目标；鼓励大型物流企业直接融资，以加快物流企业的经营与发展；积极发展物流金融业务，加深物流企业、融资企业、银行之间的联系，为物流产业发展提供有力的金融保障。

(4) 发挥国际港务区的辐射带动作用。以国际港务区为载体，建设大型物流基地，以此带动全市物流产业的快速发展，推动西安更好地融入“一带一路”建设。

第五章

国际陆港物流通道——中欧班列

中欧班列作为国际陆路运输的新型组织方式，为亚欧国际贸易提供了除海运、空运之外的跨境物流新选择。根据《中欧班列发展报告（2021）》数据，中欧班列运输费用约为空运的五分之一，运输时间约为海运的四分之一。综合考虑高附加值货物在途时间成本，中欧班列与传统的海铁联运相比，可以节约8%~20%的综合物流成本。此外，中欧班列具有受自然环境影响小、稳定性高的特点，在满足高附加值、强时效性等特定物流需求方面具有显著优势。

2024年1月9日，国铁集团发布的数据显示，2023年，中欧班列全年开行超1.75万列，发送190.1万标箱，同比分别增长6%和18%。从开行列数来看，中欧班列已经走过最初几年不足100列的摸索期，经历了2014—2021年的"狂飙式"高速增长期，自2022年起步入平稳发展阶段。2023年，中欧班列去程开行9343列，回程开行8180列，去回程比为1.142∶1，整体保持了去回程的基本平衡。其中，回程开行量占比达到46.7%，较2022年提升0.2个百分点；回程货运量占比达到46.8%，较2022年提升0.6个百分点。中欧班列从早期的"有去无回"发展到如今的"双向奔赴"，双向运输成效显著。

然而，中欧班列在快速发展的同时，也面临着前所未有的挑战。例如，班列开行布局不合理、线路重复、运行成本高、城市货源竞争激烈等核心问题，都在很大程度上影响着中欧班列的健康可持续发展。这些问题急需通过优化运营模式、加强区域协调以及提升资源整合能力来解决，以确保中欧班列在未来能够继续保持其竞争优势并实现长远发展。

一、中欧班列相关研究现状综述

2013年9月和10月，习近平总书记分别提出共建"丝绸之路经济带"和

“21世纪海上丝绸之路”的倡议。随着“一带一路”倡议的推进，中欧班列成为联通亚欧大陆政治、经济和文化交流的重要载体，承担着重要的历史使命与责任。以下是中欧班列相关研究文献的综述。

中欧班列的概念提出10多年来，在“一带一路”倡议的推动下不断发展完善。目前，中欧班列的研究主要集中在发展对策、货源组织及线网优化三方面。王艳波（2017）在介绍了中欧班列发展现状、发展形势和开行特征的基础上，探究了基础设施、贸易需求、运输成本和运输时限等影响中欧班列发展的因素，并提出了完善国际贸易通道建设、物流枢纽基础设施建设、物流资源的整合、推进运输服务的创新、完善价格机制、信息服务平台构建和便利化通关等7项发展规划。王姣娥等（2018）从国家供应链战略角度阐述了对中欧班列的认识，并探讨了其盈利模式，分析了战略意义及运营问题，如有限的市场潜力对成本和竞争力的影响，并提出“中心辐射式”组织模式可以产生规模经济、降低成本，还建议建立关键枢纽，以轴辐式运输组织形式对中欧班列进行管理。

韩林芝、何伦志（2018）针对中欧班列面临的国际竞争干预、综合运输成本偏高和供需对接不充分等问题，叙述了以政策引导、降低物流运输成本及创新服务功能等为着力点，提出推进以丝绸之路经济带核心区建设为抓手的战略思路及实现路径，构建丝绸之路经济带铁路网中转枢纽中心及进出口贸易中心，培育国际经济合作与竞争新优势，加强政策、信息、资金、技术的互联互通，实现交通、资源、技术、产业等领域互补，推动政策沟通、设施联通、贸易畅通、资金融通和民心相通，发展更高层次的开放型经济，构建中国与世界各国的“人类命运共同体”。董千里（2017）从集成视角剖析了中欧班列的运营现状和问题，探讨了集成化运作的基本要求，并提出境内国际中转枢纽港战略理论构想，进行了模型求解验证。秦志鹏（2018）通过“一带一路”中欧班列现有网络布局以及欧洲大陆的网络布局、设施设备和政治经济的分析，规划了四条不同的通道方案。

文瑞（2019）指出，中欧班列未来的高质量发展急需从拓展货物资源、融入城市产业链、整合线路、构建沟通协调统一平台、塑造品牌形象等诸多方面进行破解和应对。冯芬玲（2020）根据货物价值特性和数理化理论进行货物细分，建立了中欧班列与其他运输方式的竞争Logit模型，并以重庆—杜伊斯堡（长）、乌鲁木齐—阿拉木图（短）两条线路进行实例分析，研究各细分市场不同情形中欧班列竞争力，得出结论并提出发展策略。耿进昂（2020）分析了中欧班列在服务世界、抗击新冠疫情、促进亚欧互联互通、拉动沿线地缘经济发展等方面的作用，提出了促进地缘经济发展的优化策略，包括发挥品牌带动作用、灵活运用政府市场补贴、构建重要物流节点、加快信息化建设等，推动中欧班列高质量发展。

二、中欧班列概述

中欧班列是由中国国家铁路集团有限公司（原中国铁路总公司）组织，按照固定车次、线路、班期和全程运行时刻开行，运行于中国与欧洲及共建“一带一路”国家间的集装箱等铁路国际联运列车，是深化我国与沿线国家经贸合作的重要载体和推进“一带一路”建设的重要抓手。

目前中欧班列铺设有西、中、东三大通道：西部通道从我国中西部地区经阿拉山口（霍尔果斯）出境，中部通道从我国华北地区经二连浩特出境，东部通道从我国东南部沿海地区经满洲里（绥芬河）出境。

为全面释放新丝绸之路经济带物流通道的潜能，中国铁路总公司本着贴近市场的原则，加强中欧班列的运行组织，打造“快捷准时、安全稳定、绿色环保”的铁路国际联运货物运输品牌。按照“六统一”原则，即统一品牌标志、统一运输组织、统一全程价格、统一服务标准、统一经营团队、统一协调平台，强化机制和装备保障，努力提升中欧班列运行品质，确保按图正点运行。同时，优化并完善中欧班列客户服务中心工作流程和制度办法，为客户提供良好的信息查询、信息定制及推送、投诉建议受理等服务；优化并完善中欧班列单证中心工作流程和质量标准，努力为客户提供优质的国际联运单证预审、制单和打单等相关服务；全面敞开为各地政府和企业服务，逐步拓展中欧班列市场。

（一）2023年中欧班列各月开行数据

2023年1—12月，中欧班列平均每月开行1460列。从月度来看，11月是中欧班列最忙碌的一个月，开行数量达到1561列；从季度来看，二季度是中欧班列的高峰期，开行数量达到4472列。具体见图5.1。

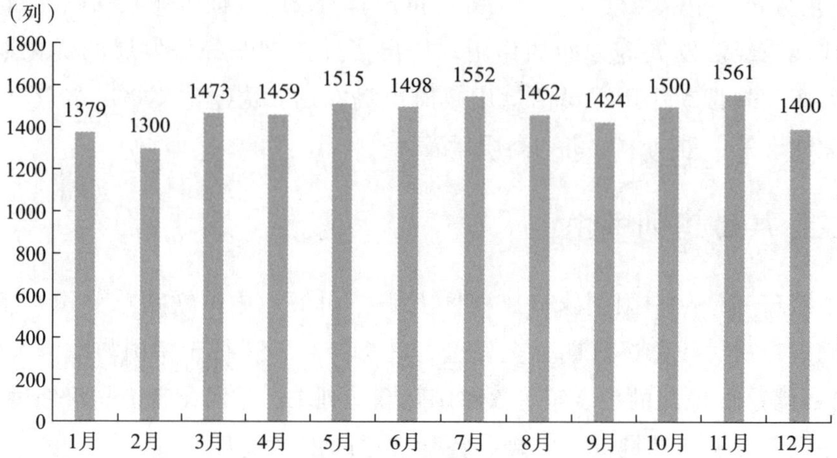

图 5.1　2023 年中欧班列各月开行列数

数据来源：国铁集团，中新网、新华社及地方媒体公开报道。

（二）2021—2023 年五大进出境口岸数据

2021—2023 年中欧班列西、中、东各通道进出境列数及所占百分比见图 5.2 和图 5.3。

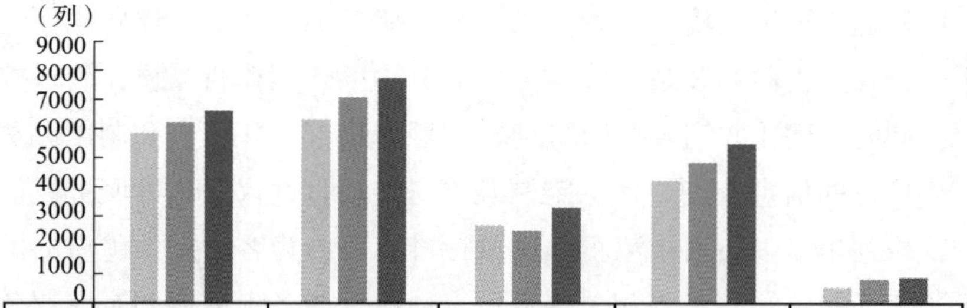

年份	阿拉山口	霍尔果斯	二连浩特	满洲里	绥芬河
2021	5848	6362	2739	4235	549
2022	6211	7068	2519	4818	884
2023	6600	7762	3317	5507	886

图 5.2　2021—2023 年中国铁路口岸中欧班列进出境列数

数据来源：国铁集团，中新网、新华社及地方媒体公开报道。

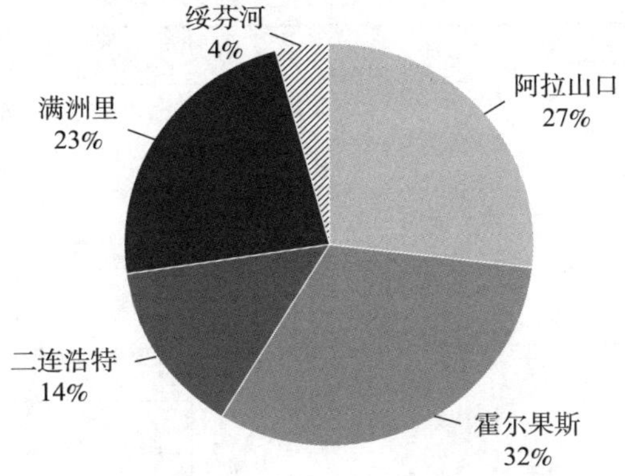

图 5.3　2023 年中国铁路口岸中欧班列进出境数量百分比

数据来源：国铁集团，中新网、新华社及地方媒体公开报道。

（三）2023 年集装箱运输量

2023 年 1—12 月，中欧班列平均每月发送 15.8 万标箱。从月度看，11 月是中欧班列最忙碌的一个月，发送了 17.1 万标箱；从季度看，二季度是中欧班列的高峰期，发送了 48.8 万标箱。具体见图 5.4。

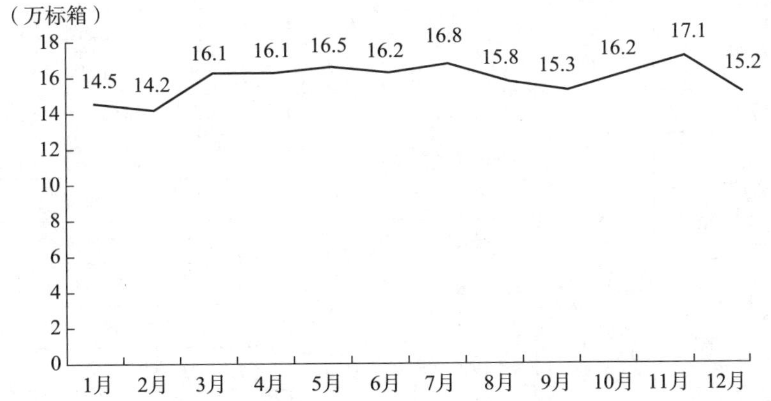

图 5.4　2023 年中欧班列各月发运量

数据来源：国铁集团，中新网、新华社及地方媒体公开报道。

（四）国内和境外通行国家

中欧班列已覆盖亚欧非大陆 45 个国家，见表 5.1。

表 5.1　中欧班列覆盖国家和地区

序号	地区	国家
1	亚洲中部（5）	哈萨克斯坦
2		乌兹别克斯坦
3		土库曼斯坦
4		吉尔吉斯斯坦
5		塔吉克斯坦
6	中蒙俄（3）	蒙古国
7		俄罗斯
8		白俄罗斯
9	亚洲东南部（2）	越南
10		老挝
11	亚洲南部（2）	尼泊尔
12		巴基斯坦
13	亚洲西部（6）	伊朗
14		格鲁吉亚
15		阿富汗
16		阿塞拜疆
17		亚美尼亚
18		土耳其
19	欧洲东部（3）	乌克兰
20		立陶宛
21		拉脱维亚
22	欧洲中部（7）	德国
23		奥地利
24		波兰
25		捷克
26		斯洛伐克
27		瑞士
28		匈牙利
29	欧洲北部（4）	挪威
30		丹麦
31		芬兰
32		瑞典

续表

序号	地区	国家
33	欧洲西部（6）	英国
34		荷兰
35		法国
36		葡萄牙
37		比利时
38		卢森堡
39	欧洲南部（4）	意大利
40		罗马尼亚
41		西班牙
42		保加利亚
43	非洲（3）	突尼斯
44		阿尔及利亚
45		摩洛哥

三、中欧班列“长安号”发展现状

“长安号”自2013年开行之初到2014年底，共开行46列。此后逐年增加，2018年增长迅速，从2017年的不到20列增长为1235列；2023年，“长安号”全年开行超5300列，运送货物总重近300万吨。从2013年到2023年，中欧班列“长安号”累计开行突破11000列，开行量、重箱率、货运量等指标稳居全国前列，成为中欧班列高质量开行的典范。

（一）中欧班列“长安号”开行现状

1. 中欧班列“长安号”开行列数

2021年8月11日，满载着布料、载客电梯、暖气片等50车货物的X9041次中欧班列“长安号”从中国铁路西安局集团有限公司（简称西安局集团）西安国际港站开出，一路向西驶向哈萨克斯坦的阿拉木图。这是陕西省累计开行的第10000列中欧班列。从2013年的1列、2014年的45列到2023年的5351列（见表5.2），随着开行数量的不断增长，中欧班列“长安号”已经成为促进国内和国际市场双向发展的稳定贸易通道。

表 5.2　2011—2023 年全国和“长安号”开行班列数量

年份	全国开行列数（列）	“长安号”开行列数（列）	“长安号”占总开行列数百分比（%）
2011	17	0	0
2012	42	0	0
2013	80	1	1.25
2014	308	45	14.61
2015	815	95	11.66
2016	1702	145	8.52
2017	3673	194	5.28
2018	6363	1235	19.41
2019	8225	2133	25.93
2020	12400	3720	30.00
2021	15000	3800	25.33
2022	16039	4639	28.92
2023	17523	5351	30.54

数据来源：国铁集团，中新网、新华社及地方媒体公开报道。

中欧班列的开行带动了陕西铁路进出口货运运输的增长，具体见表 5.3。2015 年陕西省通过铁路运输出口的货值占该省外贸总值的比重仅为 0.10%，尽管 2016 年和 2017 年逐渐增长到 0.20%和 0.40%，但与水路、公路、航空运输相比仍微不足道。2018 年是西安“造港开埠”的一年，开行的中欧班列较 2017 年增长 5.37 倍，占全国 6363 列总开行量的 19.41%。2018 年，在陕西省对外贸易的运输方式贡献的货值中，仅有航空运输和铁路运输的比重在增长，水路运输与公路运输的比重均下降。

表 5.3　陕西 2015—2020 年进出口主要运输方式的货值占比　　%

运输方式	年份					
	2015	2016	2017	2018	2019	2020
水路运输	26.20	27.70	24.90	22.80	24.90	26.40
航空运输	72.00	70.40	72.50	74.80	71.40	67.60
公路运输	1.70	1.70	2.20	1.90	2.30	2.70
铁路运输	0.10	0.20	0.40	0.50	1.30	3.20

数据来源：西安海关。

2. 中欧班列“长安号”的开行线路

截至2023年底，中欧班列“长安号”常态化开行线路已达17条（见表5.4），建立了一条连接中亚、西亚、南亚，辐射欧洲腹地的国际物流大通道。2024年1月，随着西安—波季线路的开通，其国际运行线路进一步增加至18条。

表5.4　中欧班列“长安号”开行线路

序号	开行线路	口岸站	境外发到站国别	运行时间（天）	运输里程（千米）
1	西安—伊斯坦布尔	霍尔果斯	土耳其	12	12000
2	西安—马拉—汉堡/杜伊斯堡	阿拉山口	德国	15	9440
3	西安—罗斯托克	阿拉山口	德国	15	—
4	西安—斯瓦夫库夫	阿拉山口	波兰	10	9478
5	西安—布拉格	阿拉山口	捷克	12	9623
6	西安—加里宁格勒—纽斯	阿拉山口	德国	10~12	9400
7	西安—根特	阿拉山口	比利时	14	9783
8	西安—科沃拉	霍尔果斯	芬兰	13~15	9110
9	西安—布达佩斯	阿拉山口	匈牙利	13~15	8767
10	西安—莫斯科	满洲里	俄罗斯	12	7423
11	西安—基辅	二连浩特	乌克兰	12	—
12	西安—明斯克	阿拉山口	白俄罗斯	13	9717
13	西安—阿拉木图/塔什干	霍尔果斯	哈萨克斯坦、乌兹别克斯坦	2~7	—
14	西安—比什凯克	霍尔果斯	吉尔吉斯斯坦	7	—
15	西安—加德满都	—	尼泊尔（南亚）	8	—
16	西安—曼海姆	满洲里	德国	16~18	12808
17	西安—波兰华沙	阿拉山口	哈萨克斯坦、俄罗斯、白俄罗斯、波兰	14	9048

“长安号”中欧班列干线的通道主要有西安—中亚五国、西安—波兰华沙、西安—德国汉堡、西安—俄罗斯莫斯科、西安—匈牙利布达佩斯以及西安—芬兰科沃拉等线路。部分主要路线如下。

（1）中亚班列（西安—中亚五国）采用“集装箱+整车”混编方式运行，覆盖中亚五国的44个站点和城市，已实现每周2列班次的常态化运行，全程运行时间为7~10天。

（2）中欧班列（西安—汉堡）为集装箱班列，2016年9月2日开行，班列从新筑站（现为西安国际港站）始发，经阿拉山口口岸出境，沿途经过哈萨克斯坦、俄罗斯、白俄罗斯、波兰到达德国汉堡，班列运行时间为15天，全程约9440千米。

（3）中欧班列（西安—华沙）为集装箱班列，2016年8月18日开行，班列由新筑站始发，经阿拉山口口岸出境，沿途经过哈萨克斯坦、俄罗斯、白俄罗斯到达波兰华沙，班列运行时间为14天，全程约9048千米。

（4）中欧班列（西安—莫斯科）为集装箱班列，从2016年12月6日开行，班列由新筑站始发，经阿拉山口口岸出境，沿途经过哈萨克斯坦到达俄罗斯莫斯科，班列运行时间为12天，全程约7423千米。

（5）中欧班列（西安—布达佩斯）为集装箱班列，2017年4月1日开行，班列由新筑站始发，经阿拉山口口岸出境，沿途经过哈萨克斯坦、俄罗斯、白俄罗斯、波兰到达匈牙利布达佩斯，班列运行时间为13~15天，全程约8767千米。

（6）中欧班列（西安—科沃拉）为集装箱班列，从2017年11月10日开行，班列由新筑站始发，经霍尔果斯口岸出境，沿途经过哈萨克斯坦、俄罗斯到达芬兰科沃拉，班列运行时间为13~15天，全程约9110千米。

（7）中欧班列中东欧分拨线（西安—匈牙利布达佩斯），2020年8月20日开行，每周1班，班列运行时间为13天，途经哈萨克斯坦、俄罗斯、乌克兰、扎霍尼口岸，以布达佩斯为枢纽节点，通过铁路分拨，直抵奥地利维也纳、罗马尼亚普洛耶什蒂、意大利米兰、土耳其伊斯坦布尔等城市，覆盖中东欧全境。

（8）西安—圣彼得堡—曼海姆线路。2022年1月1日0时，满载50个集装箱货物的“长安号”驶出西安国际港站。这趟“新年班列”从满洲里口岸出境，进入俄罗斯，抵达圣彼得堡，换乘轮渡到达德国穆克兰港，再经铁路最终抵达德国曼海姆。该条线路绕开了东欧部分国家，仅经俄罗斯直抵德国，有效避免了拥堵造成的不稳定情况。这是2022年陕西省发出的首趟“长安号”，也是首趟经圣彼得堡、穆克兰至曼海姆的中欧班列，标志着陕西又新增一条通往欧洲的国际贸易大通道。

3. 中欧班列“长安号”的辐射效应

（1）中欧班列“长安号”已成为连接亚欧大陆的重要贸易线和“一带一路”建设的大动脉。其线路覆盖欧亚大陆45个国家和地区，以运输时效最快、智能化程度最高、线路辐射最广、服务功能最全、综合成本最低的“五最”优势著称。

（2）中欧班列“长安号”综合服务平台已上线运行，提供包括订舱、审单、支付结算、关务、租箱、国际贸易等功能的一站式综合互联网服务。该平台还与国外相关机构合作，推动境内外信息资源互通，客户可根据货物跟踪号码实时了解货运状态。

（3）中欧班列“长安号”通过“+西欧”战略与国内其他地市展开合作，将货物集结于西安，再通过“长安号”运往国外。其货源地已从西安周边辐射到大半个中国，实现了与长三角、珠三角、京津冀、晋陕豫黄河三角洲等地的互联互通。如今，“长安号”“+西欧”线路扩展至21条，货源地覆盖23个省份。

（4）西安已成为辐射全国、连通欧亚的重要货物集散中转枢纽。西安国际港已建成占地5600亩、设计集装箱吞吐量540万标箱、运力6600万吨的内陆港，并拥有全国首个内陆自动化无人码头和首个拥有3束6线的铁路集装箱中心站。

4. 中欧班列“长安号”主要路线及货物种类

随着中欧班列的不断发展，运输的货物品类从最初的钻井设备扩展至如今的9大类。包括纺织制品、机械设备、橡胶制品、电子产品、日用百货、汽车整车及配件等。国际货运班列、跨境电商试点、洋货码头、粮食指定口岸、整车进口口岸等平台在西安港如雨后春笋般迅速崛起。

（1）全国各大城市⇌西安港⇌阿拉山口⇌哈萨克斯坦⇌俄罗斯⇌白俄罗斯⇌波兰⇌德国（汉堡、杜伊斯堡）⇌根特。该线路稳定开行，开行频率为每周5~6班，返程为每周1班，主要货类为机械设备、家居、服装、灯饰、饮水机、制冰机、铝型材、电子设备等。

（2）全国各大城市⇌西安港⇌阿拉山口⇌哈萨克斯坦⇌俄罗斯（莫斯科）、芬兰（科沃拉）。线路常态化运营，去程开行频率为每周1班，返程为每2周1班，主要货类为机械设备和配件、家居、灯饰等。

（3）全国各大城市⇌西安港⇌阿拉山口⇌阿克斗卡⇌中亚五国。线路大力开行，开行频率为每周 7~8 班，货物品类涵盖工业原材料、机械设备、工业零配件、建材、食品、轻工产品等 6 大类、共计 200 余个品种。

（4）全国各大城市⇌西安港⇌匈牙利。逐步进入稳定运行期，每周去程 1~2 列，主要货物品类为服饰及日用百货。

（二）海铁联运通道现状

中欧班列“长安号”历经几年发展，在海铁联运方面成绩斐然。2017 年 5 月，青岛与西安的海关、检验检疫部门，以及西安国际港务区与青岛港集团，在青岛签署“一带一路”物流供应链一体化备忘录。根据西安国际港务区官网信息，西安港与青岛港此次缔结为友好港，双方将联手出台政策，引导加密“西安—青岛”往返货运班列的开行，实现两港信息互通，彻底打通海铁联运大通道。同时，西安、青岛两地海关与检验检疫部门将全力保障，打造两港之间“一单到底”、全程全网联动的一站式通关监管模式，构建 21 世纪海上丝绸之路和丝绸之路经济带无缝对接的区域物流与供应链一体化服务体系。

2017 年 8 月 21 日，满载 188 吨美国猪肉的首趟（美国长滩港—青岛—西安）肉类冷链专列顺利抵达西安铁路局新筑车站。此次肉品进口标志着西安港进口肉类指定口岸正式实现常态化运营，“海铁联运+冷链运输”模式也创新了国内冷链物流运输方式。

2018 年 11 月 3 日上午 11 点 08 分，满载 50 节货物的集装箱班列由日照港驶向西安，标志着“华南—日照港—西安”物流新通道海铁联运集装箱班列正式开通运营，该班列是日照港与中远海运物流合作开辟的首条海铁联运集装箱班列，整合了公路、海运、铁路 3 种运输方式，跨省、跨铁路局、多领域合作，开辟了华南至西北地区的物流新通道，全程约 15 天，较此前缩短了 25 天左右。

2019 年 3 月 28 日上午 10 点左右，一列满载 116 标准箱俄罗斯进口木材的红色火车缓缓驶入宁波舟山港北仑港区。该趟西安至宁波的海铁联运首发班列在港区进行货物交接后，装船沿宁波远洋长江支线发往太仓。

2020 年受新冠疫情影响，大量国际快件滞留在境外港口无法入境，西安海关积极采取措施，解决物流运输困难，助力快递企业复工复产。同年 4 月 10 日，陕西省首批通过海铁多式联运的进境快件在西安咸阳机场国际快件监管中心完成海关验放手续。这批来自澳大利亚的快件共计 65 吨，约 20000 件，从悉尼启运后，经海运到青岛，再经铁路运输至西安。

2021年6月2日，一列满载50个集装箱本地出口货物和中欧班列回程货物的列车，驶出西安国际港站，到达宁波舟山港后，将向国内其他沿海港口及全世界港口进行分拨。

经过多年的发展，中欧班列“长安号”不但打通了北上、南下、西进的稳定运输通道，还进一步加大了东扩的力度，进一步加强与胶州、宁波、黄岛、北仑等港口合作。通过中欧班列实现“丝绸之路经济带”和“21世纪海上丝绸之路”互联互通，进一步扩大中欧班列“长安号”的“朋友圈”。

（三）中欧班列“长安号”货源状况分析

1. 中欧班列：从经济引擎到民生福祉

2016—2021年，中欧班列实现了跨越式发展。年开行数量由1702列增长至15183列，年均增长率达到55%。运输货物品类从最初的手机、笔记本电脑等IT产品，拓展到汽车配件及整车、化工、机电、粮食、酒类、木材等5万余种产品。年运输货值从80亿美元提升至749亿美元，增长了8.4倍，其在中欧进出口总额中的占比也从1.5%提高到8%。

2. 疫情下的“生命通道”与经济助力

2020年，新冠疫情对全球经济造成巨大冲击，海运和航空物流通道受阻，企业对外出口面临严峻挑战。2020年4月26日，首趟光伏班列从西安开出，相比海运，运输时间大幅缩短。2021年7月28日，装有3车43.01吨注射器、医用丁腈检查手套等防疫物资的X8153次中欧班列从西安开往德国。中欧班列不仅实现了西安至欧洲的直达运输，还提高了货物的运输效率，节约了时间成本和仓储成本，提升了货物周转率，大幅减少了新冠疫情对企业经营的影响。中欧班列凭借稳定的运能运力，累计向共建“一带一路”国家运送了数千吨抗疫物资，成为各国守望相助、共同抗击疫情的“生命通道”。

3. 民生福祉的“幸福列车”

中欧班列不仅在经济领域发挥重要作用，也为百姓的幸福生活带来实实在在的助益。面条是陕西人民的最爱，一碗筋道的扯面承载着满满的幸福感。2015年12月，国家质检总局（现为国家市场监督管理总局）正式批复西安港为进境粮食指定口岸。2017年2月22日，首趟装运哈萨克斯坦小麦的中欧班列抵达西安，品质优良的哈萨克斯坦面粉让陕西的面条更加筋道有味。

2021年2月3日，满载49车面粉和食用油的X9020次中欧班列“长安号”抵达西安，这是西安爱菊粮油工业集团为丰富春节市场组织的年货返程班列。从2016年陕西首趟中欧返程年货班列带回的哈萨克斯坦面粉和食用油，到2021年6000余个品种的进口商品，中欧班列“长安号”的年开行数量和运输品类均实现了井喷式增长。

2021年临近春节，中欧班列“长安号”始发站西安国际港站举办了第三届中欧班列年货节。来自欧洲、中亚等地区40多个国家的厨具、家居用品、巧克力、蜂蜜、生鲜等十几类6000余种年货，以及通过中欧班列拉回的来自法国、意大利、西班牙等国家的200余个知名庄园的1000余种红酒，让西安市民应接不暇。

4. 2023—2024年“长安号”货源现状分析

2023—2024年，“长安号”的货源呈现出多元化和高质量发展的特点。2023年，“长安号”开行量达5351列，同比增长15.3%，运送货物总重464.8万吨，货运量和重箱率等核心指标稳居全国第一。2024年1—7月，累计开行2998列，同比增长28.6%，继续保持全国领先。

从货源结构来看，“长安号”的货物品类日益丰富，已涵盖纺织制品、机械设备、电子产品、日用百货、汽车整车及配件等9大类，运输货品超过5000种。其出口货物从早期的以机械设备为主，逐渐转变为以新能源汽车、光伏组件等高端产品为主，进口货物品类则拓展到汽车整车及零部件、红酒等高附加值产品。

在货源覆盖范围上，“长安号”的货源地已从西安周边辐射至大半个中国，覆盖23个省份，实现了与长三角、珠三角、京津冀等主要经济区域的互联互通。同时，“长安号”还吸引了来自全球200多个国家和地区、全国20多个省份的货物在西安集散分拨，外地货源占比超70%。

总体而言，2023—2024年，“长安号”凭借其高效的运输能力和服务优势，不仅巩固了其在全国中欧班列中的领先地位，还进一步优化了货源结构，扩大了货源覆盖范围，为推动中国与共建“一带一路”国家的贸易往来和经济发展作出了重要贡献。

（四）中欧班列“长安号”时效性状况分析

中欧班列运行路线大致分三路，分别途经西部、中部及东部地区。“长安号”已基本实现日行一班，比远洋海运的周次航班更为频繁。其中西安（西安—阿拉山口线路）开行量最大，每日开行3次列车。与海运对比，在沿线各国对班列运营进行优化后，中欧班列单程一般需要10~15天，而海运需要

40~50天。

2021年，面对各国国境口岸拥堵、国际铁路联运计划紧缺的新形势，西安局集团采取增补、调剂等方式，最大限度保障中欧班列（西安）开行。将中欧班列（西安）编组由41车增加至50车，每列班列的运量提高了22%，依托中欧班列（西安）集结中心装卸能力，以新丰镇编组站为龙头，统筹安康东站、宝鸡东站发挥车流组织优势，优先办理班列货物的到发、装卸业务，集结符合技术标准的平车，全天候保障班列的运输需求。

2021年第三季度全国铁路运行图调整后，西安局集团结合中欧班列（西安）调整方案，优化运行线路，增加单独线路数量和开行频次，将往返单独线路从原有的7条增加到10条，往返开行频次由原9.7列/日增加至10.2列/日，最大限度发挥口岸通过能力。为了满足异地货源集结分拨需求，通过“干支结合”的方式构建“+西欧”集结体系，在2020年开行“襄西欧”“徐西欧”“蚌西欧”等15条外省集结班列的基础上，2021年又先后开行了“渭西欧”“安西欧”“榆西欧”“汉西欧”4条省内集结班列，实现了与长三角、珠三角、京津冀、晋陕豫黄河三角洲等地的互联互通。截至2021年7月7日，中欧班列（西安）共运送货物82134车，累计约150万吨，分别同比增长13.12%、8.38%，持续保持开行数量、货运量、重箱率3项核心指标全国第一，成为全国中欧班列高质量发展的典范。

2022—2024年，中欧班列“长安号”的时效性不断提升，成为中欧贸易的重要支撑。2022年，“长安号”开行4639列，同比增长22.1%，核心指标持续领跑全国。2023年，“长安号”开行量突破5000列，常态化开行17条国际干线，覆盖亚欧大陆全境。2024年截至7月，“长安号”已开行2998列，同比增长28.6%，继续保持全国领先。

在时效性方面，“长安号”凭借高效的运输组织和优化的运行线路，单程运输时间一般为10~15天，相比海运的40~50天，优势明显。2023年，“长安号”通过优化运行线路、增加单独线路数量和开行频次，往返开行频次由9.7列/日增加至10.2列/日。2024年，“长安号”进一步优化运输组织，确保班列高效运行。

（五）中欧班列“长安号”运输费用现状分析

一是补贴完全退坡后恐面临剧烈市场调整。在中欧班列尚处于市场培育阶段时，各地普遍对班列实行补贴，班列运费被压低，一部分本应走海运的低货值进出口货物转而通过班列运输。目前，财政部门已明确要求各地对班列补贴逐年退坡。如补贴完全取消，一些低货值货物将重新选择海运，这将导致开行班列数量和货运量下滑。同时，班列市场格局恐面临洗牌，一些货源不足、靠补贴支撑且开行频次低的线路可能因财务难以维持而停运，班列主要线路将集中在若干中转枢纽城市和本地有大量货源的城市。

二是我国在境外段运价协商方面处于被动地位。当前，国际铁路运输市场竞争激烈，班列沿线部分国家的相关路段处于中欧班列的必经之路，近乎拥有过境垄断权，在运费议价方面具有较强的话语权。如班列绝大部分货运需经哈萨克斯坦，哈方运价较高，明显高于俄罗斯等周边国家。在境外段运价谈判上，我国部分地区与境外铁路公司、货运公司分别进行谈判，谈判主体分散化、多元化，削弱了我方的议价能力。不过，我国也在积极探索应对策略，如建立联合谈判机制，整合各方资源，以提升议价能力。

（六）中欧班列“长安号”基础设施建设现状分析

近年来，中欧班列“长安号”在基础设施建设方面取得了显著进展，为班列的高效运行和高质量发展提供了有力支撑。

1. 基础设施建设升级

西安国际港站作为中欧班列“长安号”的核心枢纽，其基础设施不断升级。2024 年，西安国际港站货物装卸线路由 19 条增至 29 条，12 条货物线改造后具备直接发车功能，装卸能力提升 30%。目前，西安国际港站已成为世界一流内陆港，设计年集装箱吞吐量达 540 万标箱，年铁路货运量 6600 万吨。

2. 枢纽功能不断完善

西安国际港务区通过“+西欧”战略与其他地市展开合作，将各地货物集结在西安，再通过“长安号”运往国外。目前，“长安号”“+西欧”线路扩展至 20 条，货源地覆盖 23 个省份，实现了与长三角、珠三角、京津冀等主要经济区域的互联互通。

3. 国际合作与政策支持

国铁集团积极与班列沿线国家合作，共同推进基础设施建设。例如，与哈萨克斯坦铁路公司合作建设了多斯特克—阿拉山口铁路口岸，提高了班列的通行能力。此外，国家发展改革委将西安列入中欧班列集结中心示范工程建设名单，支持其打造“枢纽对枢纽”的高效集疏运体系。

总体来看，中欧班列“长安号”的基础设施建设已取得显著成效，不仅提升了运输效率，还为西安及其周边地区的经济发展和对外贸易提供了重要支撑。

四、中欧班列“长安号”运行中存在的问题

（一）货源方面问题

1. 本地货源占比较少

“长安号”的本地货源占比较低，在全国货源竞争中处于劣势。这导致其在货源组织上面临较大压力，尤其是在各地纷纷加大对中欧班列货源支持的情况下，“长安号”的货源稳定性受到一定影响。

2. 回程货源不足

回程货源较少导致去程和回程开行数量极不平衡。这一问题不仅影响了境外铁路车辆的周转效率，还导致口岸拥堵，增加了运营成本。目前，“长安号”的回程班列主要集中在俄罗斯木材等少数品类，欧洲方向的回程货源开发仍有较大空间。

3. 整体货运量占比仍低

尽管中欧班列发展迅速，但其在国际贸易中的货运量和货值占比依然较低。海运作为传统的国际贸易运输方式，短期内仍占据主导地位。

（二）时效性问题

1. 口岸滞留时间长

现阶段，中欧班列在口岸的平均滞留时间约占全程时间的30%，主要原因包括单证和海关查验、换装需求以及口岸基础设施不足。特别是在阿拉山口和霍尔果斯等主要口岸，拥堵问题较为突出。

2. 基础设施和数字化不足

欧亚铁运走廊的基础设施和数字化水平有待提升。部分运营商指出，提高重要节点的处理能力是提升运输时效的关键。例如，欧洲港口需要提高重装能力并简化海关手续。

3. 市场调整压力

随着补贴退坡和疫情结束，中欧班列可能面临市场格局的大调整。未来

需进一步优化运输线路和提升运营效率，以应对市场竞争。

（三）运输费用方面的问题

1. 议价机制有待优化

当前，各地中欧班列在与沿线铁路公司议价时，存在各自为政的情况。加强统筹协调，发挥中欧班列运输协调委员会的作用，共同开展议价谈判，可有效降低成本。

2. 利用并行线路议价

利用并行线路开展议价谈判，如将部分货运物流从新亚欧大陆桥转移到西伯利亚大陆桥，可增加议价筹码。这不仅能降低运输成本，还能优化运输路径，提升整体运营效率。

3. 统筹协调不足

中欧班列“长安号”在运输费用方面，各地议价机制分散，缺乏统一协调。应强化中欧班列运输协调委员会职能，各地协同开展对沿线铁路公司的议价谈判，避免各自为政。

4. 利用并行线路议价

俄罗斯铁路希望将部分货运物流从新亚欧大陆桥转移到西伯利亚大陆桥，我国应积极对接，扩大西伯利亚大陆桥的运量，以此降低班列区间运费成本，并对哈萨克斯坦形成降价压力。

5. 补贴退坡策略

补贴退坡是推动班列市场化的重要手段，但需把握节奏，循序渐进。可采用灵活的退坡方式，如去程补贴先退坡、回程缓退坡，或欧洲方向先退坡、中亚方向缓退坡，以形成公平竞争的市场环境。

（四）通关机制方面的问题

1. 海关监管协调不足

沿线国家海关监管流程不对接、检验检疫标准不统一、信息互换不及时等问题依然存在，影响了班列的通关效率。

2. 通关便利化不足

建议加强班列沿线海关信息互联互通，建设全国一体化的中欧班列信息平台，并推动该平台与各国海关监管平台对接，以实现运输组织的优化。

（五）运营能力不足

1. 基础设施瓶颈

部分沿线国家的铁路、口岸、场站等基础设施承载力不足，导致拥堵。例如，波兰马拉舍维奇、白俄罗斯布列斯特等地的基础设施有待完善。

2. 境外集货能力不足

境外集货能力不足，导致回程货源短缺，空车回程问题突出。建议加强境外货源组织，推动海外仓布局，提升境外集结中心和分拨中心的运营能力。

3. 内需市场潜力未释放

国内消费者对沿线商品的认识有限，内需市场对进口商品的需求潜力尚未完全释放。建议通过线上线下相结合的方式，引导国内消费者形成进口商品的消费习惯。

（六）对策建议

1. 加强合作机制

完善中欧班列“长安号”的合作机制，缓解与其他集结中心的竞争压力，降低运输成本，提升运输效率。

2. 提升数字化水平

利用信息化技术，提升班列运营的智能化程度，如通过 GPS/北斗双模远程监控系统，实现货物监管数字化。

3. 优化运营模式

探索更高效的国内外货源归集与分拨模式，简化班列运输和通关手续，创新货物查验、换装等作业模式。

4. 推动产业融合

加强适铁产业的集聚，推动港产、港贸、港城融合发展，提升中欧班列“长安号”的综合竞争力。

通过以上措施，中欧班列“长安号”有望进一步提升运营效率、降低成本，从而更好地服务“一带一路”建设。

五、中欧班列高质量运行的路径及发展对策

（一）建立中欧班列集结中心，构建共商共建共享机制

推动中欧班列高质量运行的措施应涵盖完善基础设施，优化服务机制，

丰富货源组织，产业推动集聚、国际合作、技术创新和品牌推广等多个方面。这些措施共同推动中欧班列的高质量发展，使其成为连接亚欧大陆的重要物流枢纽，为“一带一路”倡议下的国际合作和经济发展作出更大贡献。鉴于中欧班列集结中心是一个复杂而系统的工程，需要综合考虑以下多个方面。

1. 明确功能定位和发展目标

（1）功能定位。中欧班列集结中心应被定位为集货物集结、转运和分配于一体的综合性物流枢纽。它不仅提供货物集中、分拨、配送等服务，还通过高效的运输和物流管理，实现中欧贸易的便捷和高效。

（2）发展目标。根据区域特点和发展需求，设定明确的发展目标。例如，将中欧班列集结中心建成区域性的物流中心，提升中欧贸易的便利性和效率，促进沿线地区的经济发展。

2. 科学选址与布局

（1）选址原则。①具有战略眼光，考量中欧班列运输网络未来发展需求；②降低物流成本，提高经济效益；③整合物流资源，实现成本最小化；④综合城市货源需求、处理能力和未来定位，避免盲目竞争。

（2）布局规划。根据选址条件，合理规划集结中心的布局。包括仓储区、装卸区、分拨区、办公区等功能区域的划分，确保各区域之间的顺畅连接和高效运作。

3. 完善基础设施与配套服务

（1）完善基础设施。加强铁路、公路等交通基础设施的建设，确保中欧班列能够顺畅到达和离开集结中心。同时，完善仓储设施、装卸设备、信息化系统等硬件设施的建设。

（2）提供配套服务。提供一系列的功能服务，包括货物集结、仓储、分拨、报关、转运等。实现“一站式办理、一条龙通关”，提高货物的运输效率和物流配送能力。

4. 加强多方合作与资源共享

（1）政府支持。争取政府的政策支持和资金投入，为集结中心的建设和运营提供有力保障。

（2）企业参与。吸引物流企业、铁路公司等多方参与合作，共同建设和运营集结中心。通过资源共享和优势互补，提高中欧班列的运输效率和竞争力。

（3）国际合作。加强与欧洲国家的合作与交流，共同推动中欧班列运输网络的发展和完善。

5. 推动技术创新与智能化发展

（1）信息化建设。利用现代信息技术手段，建立集结中心的信息化平台。实现货物信息的实时追踪和管理，提高物流运作的透明度和效率。

（2）智能化升级。引入智能仓储、智能分拣等先进技术和设备，提高物流作业的自动化和智能化水平。降低人力成本，提高作业效率和准确性。

6. 注重可持续发展与环境保护

（1）绿色发展。在建设和运营过程中注重环境保护和可持续发展。采用绿色建筑材料和节能设备，减少能源消耗和排放。

（2）社会责任。积极履行社会责任，为当地经济发展和就业作贡献。加强与周边社区的沟通合作，共同推动区域协调发展。

综上所述，建设中欧班列集结中心需要从功能定位、选址布局、基础设施建设、多方合作、技术创新及可持续发展等多个方面综合考虑和推进。只有这样，才能确保中欧班列集结中心的高效运作和持续发展。从长期来看，加强共建“一带一路”国家基础设施建设，尤其是铁路运输的基础设施，是推动中欧班列高质量发展的关键一环，但这涉及国际间的沟通、协调和谈判，并非一朝一夕能解决。因此，从总体上看，积极构建双边协调机制，突破班列沿线通关等的瓶颈和障碍是短期内我们可以着手的工作之一。从国内来看，要尽快落实中欧班列运营协调机制，继续加强建设国家级中欧班列集结中心，从地理位置看，西安具备这样的条件，基于它所处的位置，来自西南地区、西北地区包括中部地区的很多货物，都可以在这里集拼，整合之后再出发，从而显著提高运行效率。集拼集运带来的直接益处是运输成本的下降，这不仅可以使更多国内企业认可并使用这一平台，还可以拓展至日本、韩国等国家和地区。通过这一快捷通道，各国企业可以高效地开展跨境运输。因此，将集拼集运模式打造为“一带一路”建设的重要配套设施，将进一步提升中欧班列的功能性和吸引力。

（二）发展多式联运，提高时效性

合理规划中欧班列干支线网络，由点成线、由线成网，可以使中欧班列成为内陆开放的重要平台。例如目前中欧班列运行的“西三角”，即成都、重庆、西安在线路整合上存在很大的优化空间。同时，中部地区的中欧班列

（郑州）和中欧班列（武汉）也可以通力合作，整合货源，集拼集运，从而提高班列运营效率。加强对中欧班列的引导，统筹安排，加强资源整合，助推中欧班列提升市场化和国际化水平。

国际陆港发展中欧班列多式联运，需要完善基础设施、优化运输组织模式、应用先进技术、加强国际合作、提供政策支持并营造良好的市场环境，以此提升运输效率。下面将详细介绍国际陆港如何通过这些具体措施提高中欧班列的运输效率。

1. 完善基础设施

（1）构建高效的交通网络。国际陆港需要构建高效、便捷的交通网络，包括铁路、公路、水路和航空等多种运输方式的有机结合。通过提升多式联运承载能力和衔接水平，加快建设综合立体交通网，确保货物运输过程的无缝衔接。

（2）完善物流枢纽布局。在关键节点城市（如郑州、成都等）建设和完善国际陆港，提供集装卸、仓储、配送、加工、信息处理等多功能于一体的综合物流服务，从而有效提高运输效率。

2. 优化运输组织模式

（1）推广“一单制”多式联运。实施一单到底的多式联运组织模式，即通过一份合同、一张单证、一次保险、一票结算，实现多种运输方式的无缝衔接，简化手续，提高效率。

（2）创新物流产品。根据市场需求开发特色物流产品，如针对特定产业集群（新能源汽车、电子产品等）的定制化运输服务，提升中欧班列的市场竞争力。

3. 应用先进技术

（1）信息化技术应用。利用大数据、人工智能、物联网等现代信息技术，实现货物运输全程的实时监控、精准调度和高效管理，提高运输的安全性和准时率。

（2）标准化运载单元推广。推动标准化托盘在集装箱运输和多式联运中的应用，提高装卸效率，减少货物损耗。

4. 加强国际合作

（1）构建国际物流网络。与沿线国家的物流企业、港口运营商建立合作关系，共同打造覆盖贸易、物流、制造等多领域、多层次的合作网络，提升中欧班列的国际竞争力。

（2）拓展境外服务网络。在关键节点国家（如俄罗斯、哈萨克斯坦等）设立分支机构和海外仓，提供“最后一公里”配送服务，提高全程供应链服务能力。

5. 提供政策支持与营造良好的市场环境

（1）政策扶持与改革。政府出台有利于多式联运发展的政策措施，深化交通运输领域改革，建立统一开放、竞争有序的运输服务市场，营造良好的市场发展环境。

（2）资金支持与资源保障。加大对多式联运重点项目的资金支持力度，确保项目顺利推进和运营。

总之，通过上述措施的实施，国际陆港能够充分发挥地理优势，利用中欧班列这一重要的国际物流通道，提高货物运输效率，降低物流成本，进而促进国际贸易发展和经济增长。

（三）加强合作，提高通关便利化

在中欧班列出入境口岸数量有限的情况下，要缩短中欧班列的运行时间，关键在于提高出入境口岸的通行能力，以此来提高中欧班列的通关效率。中欧班列在口岸滞留有以下原因：一是单证问题、海关查验流程耗时；二是经过口岸时需要进行换装；三是口岸的基础设施存在不足之处。针对这些问题，要提高中欧班列口岸通行效率，一方面需同沿线国家的海关、检验检疫部门间签署合作协定，加强沟通与协调，同时要加大口岸开放的力度，建设中欧班列沿线地区的铁路基础设施，使线路上更多国家的轨距实现标准化，减少换轨作业流程，加入标准轨距的行列。另一方面要加强建设出入境口岸的设施设备，提供业务受理、订单跟踪、报检报关、单证制作及应急处理等服务，建立中欧班列的一站式综合服务网络中心，对每个环节实施监控，打造物流全程化服务链条，在过关方面，需加快电子报关的普及步伐，争取在班列到达口岸前完成所有海关审批程序，节省班列靠站审核时间。在加强国际协作与基础设施建设的同时，优化口岸服务与管理也是提升中欧班列通关效率的重要方面，具体包括优化通关模式、加强信息化系统建设、推动多式联运业务发展、创新监管模式、构建国际合作机制等。这些措施旨在通过减少报关次数、提高查验效率、加强国际合作等方式，提升中欧班列的通关便利化水平，从而促进其高质量发展。

1. 优化通关模式

（1）允许自主选择通关模式。企业可以根据需要自主选择在进出境地口岸或属地办理清关手续，提高通关效率。

（2）减少报关次数，降低报关成本。对于舱单中同一条件的货物，企业可以申请舱单归并，从而减少报关次数，降低报关成本。

2. 加强信息化系统建设

（1）推广应用铁路舱单和运输工具管理系统。实现海关与铁路部门之间的信息交互全程无纸化，精简纸质作业环节，提高通关效率。

（2）部署跨部门信息化互联互通项目。通过智慧海关建设，如沈阳海关牵头的项目，促进了关联各方作业协同效率的提升，压缩了接单审核、查验、放行等作业环节的时间。

3. 推动多式联运业务发展

（1）支持"铁路快通"新模式。简化逐站检查、逐项审批的烦琐流程，提供"一站通关"服务，显著提高货物进出口效率。

（2）开展多程转关业务。允许中欧班列货物通过多程转关办理海关手续，加强运输与国际陆海贸易新通道建设对接。

4. 创新监管模式

（1）推广"智眼探查"和"灵息探查"技术。通过工业内窥镜和无线传输技术辅助集装箱查验监管，解决"掏箱难、探底难"问题，并防范安全风险。

（2）应用非侵入式查验设备。提高查验效率，一般不在进出境地口岸实施开箱查验。

5. 构建国际合作机制

（1）推动"关铁通"合作倡议。加大与中欧班列沿线国家海关间数据交换、信息共享的力度，加强交流合作，提升跨境运输便利化水平。

（2）加大经认证的经营者互认合作力度。加快推进与中欧班列沿线国家的"经认证的经营者"互认和通关便利措施的实施，保障贸易畅通。

6. 提供政策支持与营造良好的市场环境

（1）出台十条措施支持中欧班列发展。在支持集结中心建设、促进多式联运业务发展等方面，深化经贸往来。

（2）支持建设保税监管场所。在关键物流节点城市建设保税监管场所，利用保税制度优势助推中欧班列发展。

综上所述，通过优化通关模式、加强信息化系统建设、推动多式联运业务发展、创新监管模式、构建国际合作机制以及提供政策支持与营造良好的市场环境等措施，中欧班列能够显著提高通关便利化水平，进一步促进其高质量发展。

（四）增加境外通行城市数量，稳步推进境外枢纽布局

提高境外通行城市覆盖率，积极鼓励企业海外市场的开拓，与欧洲、亚洲等地区的物流、货代等企业紧密合作，增加境外通行城市数量，提升中欧班列国际化水平，发挥“比空运便宜，比海运省时”的特色优势，通过精准与优质的服务吸引货源。一方面，需要根据当地商品的特性探索具有自身特色的新线路，打造“1+N”线路，主要在保障班列运营主线稳定、常态化开行的基础上，开行各种支线，扩大中欧班列的运输覆盖范围，促使中欧班列“长安号”境内外地区的联通更加广泛，进而提高班列的国际辐射影响力。另一方面，在重要的境外节点城市与贸易往来密切的中国城市，如阿拉木图、华沙、明斯克、罗兹、杜伊斯堡、汉堡、帕尔杜比采、马德里、里昂、塔什干、安卡拉、伊斯坦布尔等西部通道的城市，莫斯科、乌兰巴托、切尔克斯克等中、东部通道的城市，稳步推进境外枢纽布局，建设一批国际铁路物流枢纽，加强海外仓、集散中心、配送中心等基础设施的建设，提升班列的集疏运能力。

1. 加强国际合作

（1）中欧班列在境外段主要经哈萨克斯坦、蒙古国、俄罗斯、白俄罗斯等宽轨铁路在白俄罗斯布列斯特铁路口岸与波兰铁路相连，进而通达欧洲其他各国。通过与这些国家铁路、港口、海运等企业的紧密合作，推进铁公联运、铁海联运等多式联运发展，共同促进运输时效性、稳定性、经济性的提升。

（2）在南通道培育发展方面，国铁集团将进一步加强与哈萨克斯坦、阿塞拜疆、格鲁吉亚、土耳其等国家的国际合作，支持国内城市扩大经南通道中欧班列运输规模。

2. 拓展境外通道网络布局

（1）中欧班列根据市场需求和通道建设进展，先后开辟了俄罗斯加里宁格勒—波罗的海海铁联运、里海轮渡—阿塞拜疆—格鲁吉亚等新路线，持续丰富和完善中欧班列境外通道网络。截至 2023 年，中欧班列已通达欧洲 25

个国家的223个城市，以及11个亚洲国家的100余个城市。

（2）积极推进北、中通道通行能力的提升，加快南通道的培育与发展，完善境外枢纽节点布局，并加强贸易和通道便利化支撑。

3. 完善枢纽节点布局

（1）在关键物流节点城市建设保税监管场所，利用保税制度优势助推中欧班列发展。例如，重庆、成都、郑州、西安、乌鲁木齐等5个城市获批中欧班列集结中心示范工程建设城市，支持在运输组织、货源组织、金融和信息服务等方面实现先行先试。

（2）按照轴辐式网络结构，布局一批区域性物流园区和专业物流中心，提升集结中心辐射能级和兰州、格尔木、中卫等区域性物流枢纽能级。

4. 创新物流产品

（1）根据市场需求开发特色物流产品，如针对特定产业集群（新能源汽车、电子产品等）的定制化运输服务。

（2）通过与TCL、戴尔、联想、吉利、沃尔沃等企业合作开行“定制班列”，有效降低新冠疫情对国际产业链供应链稳定的冲击影响。

总之，通过上述措施的实施，中欧班列能够有效增加境外通行城市数量，稳步推进境外枢纽布局，进一步提升其在全球物流体系中的地位和作用。

（五）嵌入城市产业链，推动城市产业转型升级

中欧班列从开行初期单纯追求开行数量，向追求高质量、高效率发展转变。需要从班列开行城市的发展角度出发，将中欧班列的发展嵌入各开行城市的产业链中，并通过推动当地城市产业结构转型升级，促进中欧班列的进一步发展。

以重庆开行的“渝新欧”班列为例，现阶段的“渝新欧”已不再是一条简单的国际铁路货运物流通道。它不仅推动了重庆产业结构的转型发展，还重塑了重庆的外向型经济发展模式。开行初期，“渝新欧”班列主要服务于重庆笔记本电脑产业的运输需求；而在产业结构调整的过程中，越来越多的企业入驻重庆，当地知名企业及周边企业的货物通过“渝新欧”班列走向欧洲市场。

同样，成都开行的“蓉新欧”班列为产业集聚奠定了坚定的物流基础。例如，代理进口平行进口汽车、一体化的展示展销，全面发展的进口肉类产业链，以及“蓉新欧”国际木材集散中心的成立等举措，推动了成都产业结构的持续转型升级，增强了产业集聚能力，并进一步促进了“蓉新欧班列”的发展壮大。基于此，西安应挖掘具备自身特色的产业链，引导产业集群化发展，从而带动中欧班列“长安号”的进一步发展。

1. 加强国际合作

（1）带动沿线国家经济发展。中欧班列安全、稳定、高效运行为亚欧铁路货运通道和网络注入了新的血液，带动了沿线国家交通基础设施优化升级，涌现出许多新的物流、工业、商贸中心和产业园区，有力促进了沿线国家经贸合作与繁荣发展。

（2）成为国际产业链供应链的稳定器。在新冠疫情期间，中欧班列以全天候、大运量、接触少等优势，有力保障了国际抗疫救援物资和工业原材料、产成品的通畅运输，助力沿线国家企业复工复产，为全球抗疫合作提供了有力支撑。

2. 拓展境外通道网络

在国内，先后实施了一批铁路口岸站、发运站扩能改造及铁路通道补短板项目，大幅提升了西、中、东 3 条运输主通道的运输能力。在境外，探索开辟了跨里海、黑海的南通道新路径，陆续开行义乌、乌鲁木齐等地至土耳其伊斯坦布尔、意大利萨莱诺等地的南通道中欧班列。

3. 完善枢纽节点布局，建设枢纽集结中心

为了促进中欧班列开行由“点对点”向“枢纽对枢纽”转变，加速形成“干支结合、枢纽集散”的高效集疏运体系，多个城市建立了中欧班列集结中心。例如，西安浐灞国际港规划建设了“一带一路”临港产业园，旨在打造集制造、研发、办公、商务于一体的新型产业园区，做大“班列+产业转移”规模，加快打造千亿元级临港产业集群。

4. 推动多式联运业务发展

（1）创新物流产品。根据市场需求开发特色物流产品，如邮政物资、木材、茶叶、食用油、新能源汽车专列等。例如，中欧班列（西安）通过开行“延西欧”“厦西欧”等特色线路，将延安苹果、厦门工业品等地方特色产品快速运往国际市场。

（2）提供一站式综合服务平台。成立中欧班列客服中心，上线中欧班列门户网站，为客户提供联运单证处理、货物追踪、专业客服等基本服务，以及“门到门”运输、代理报关、综合物流、全程保险等特色增值服务。

5. 创新物流产品

（1）推动产业集聚。中欧班列开行不仅带动了物流业的发展，还促进了相关产业的集聚。例如，西安国际港站从原来的四等小站发展为西北地区最大的铁路物流中心，产业集聚效应日益凸显，成为陕西打造内陆改革开放高地的闪亮名片。

（2）促进产业转型。中欧班列为城市带来新的投资方向和发展机遇。例如，爱菊集团借助中欧班列（西安）与哈萨克斯坦、俄罗斯等国家频繁的商贸往来，建设了“三位一体”的农产品物流加工园区，构建了从种植、加工到仓储、物流的全产业链条。

总之，通过上述措施的实施，中欧班列能够有效推动城市产业转型升级，进一步提升其在全球物流体系中的地位和作用。

（六）塑造班列品牌形象，提升可持续发展能力

目前，中欧班列直接产生的经济效益可能不明显，若除去政府补贴因素，大部分线路可能存在亏损情况。但中欧班列发挥的作用，不仅表现为一条“运输通道”，其对一个地区经济发展产生的更深层影响，更应受到重视。国家发展改革委综合运输研究所所长汪鸣指出，中欧班列开行到现在的规模，需要从单纯的物流通道向经济通道转型和发展。因此，对于中欧班列未来的高质量发展，要从打造城市新名片的角度进行顶层设计和谋划，我们可以将中欧班列打造为文化班列、沟通班列、友谊班列、友好城市班列、旅游班列等，结合西安人文特色从不同的角度丰富中欧班列“长安号”的底色。对于中国和“一带一路”共建国家而言，这不再仅仅是经济班列、数字班列、运输班列，而是拓展中欧班列发展空间、提升班列可持续发展能力的关键之举，同时，其对于推进“一带一路”建设意义重大，并将产生深远影响。中欧班列通过塑造品牌形象来提高可持续发展能力，可从以下几个方面入手。

1. 加强品牌认知

（1）突出环保理念。将环保理念融入品牌传播中，强调中欧班列在减少碳排放、促进绿色物流方面的努力和成果。例如，可以宣传班列采用的环保技术和清洁能源，以及通过铁路运输代替航空和公路运输所减少的碳排放量。

（2）提升品牌形象。通过设计独特的 LOGO、统一的视觉识别系统（VIS）和一致的品牌信息，提升中欧班列的品牌形象。这有助于提高消费者对中欧班列的认知度和信任感，从而提高其市场竞争力。

2. 展示高效服务

（1）优化运输流程。通过改进运输管理模式和运营流程，提高班列的运行效率和货物吞吐量。例如，可以采用先进的货物追踪技术，确保货物安全及时到达目的地。

（2）提高服务质量。提供高质量的服务，包括快速响应客户需求、个性化物流解决方案和优质的售后服务。这些举措将提高客户对中欧班列的满意度和忠诚度，促进品牌的口碑传播。

3. 推广绿色物流

（1）采用环保技术。积极采用环保技术和清洁能源，减少班列运营过程中的环境污染。例如，可以使用太阳能发电系统为班列提供部分能源，降低对化石燃料的依赖。

（2）加强环保宣传。通过各种渠道宣传中欧班列的环保措施和成果，提高公众对绿色物流的认识和接受度。这有助于塑造中欧班列作为环保型物流服务提供者的形象。

4. 深化国际合作

（1）拓展合作网络。与沿线国家的相关企业和组织建立合作关系，共同推动中欧班列的发展。例如，可以与当地物流公司合作，提供更加便捷和高效的物流服务。

（2）参与国际活动。积极参加国际物流和运输行业的活动，如展览、论坛和研讨会，提升中欧班列在国际舞台上的知名度和影响力。

5. 履行社会责任

（1）支持当地经济。通过促进沿线地区的经济发展和就业，展示中欧班列对当地社区的积极影响。例如，可以支持当地小微企业通过中欧班列开展业务，增加就业机会。

（2）开展公益活动。积极参与或发起公益活动，如环保项目、教育支持和灾害救援等，树立中欧班列的良好社会形象。

6. 创新服务与技术

（1）研发新技术。不断研发和应用新的技术和设备，提高班列的运行效率和环保性能。例如，可以探索使用更轻便的材料制造班列车厢，降低能耗。

（2）优化服务模式。根据市场需求和客户反馈，不断优化服务模式和产品，提供更加符合客户需求的物流解决方案。

7. 加强品牌传播

(1) 利用多种渠道。通过多种渠道进行品牌传播，包括传统媒体、社交媒体、官方网站和客户案例等。确保品牌信息覆盖广泛的受众群体。

(2) 讲述品牌故事。通过讲述中欧班列的故事和成功案例，展示其可靠性、高效性和环保性。例如，可以分享班列帮助某个企业成功进入新市场的案例。

通过上述措施，中欧班列可以建立一个强大、正面、具有可持续发展能力的品牌形象，从而在竞争激烈的物流市场中占据有利地位，并为客户提供更加可靠、高效、环保的物流服务。

六、保障措施

促进中欧班列高质量发展的保障措施包括提高设施保障能力、提升开行质量和效益、创新运行管理和发展模式、构建国际合作网络及加强运行风险防控等。这些措施旨在通过全面优化和升级中欧班列的运营体系，提高其在国际物流领域的竞争力和可持续发展能力。

1. 提高设施保障能力

(1) 基础设施升级改造。政府积极推动中欧班列国内“卡脖子”路段升级改造和重点口岸站扩能改造。例如，在瓶颈路段和拥堵口岸进行重点改造，以提高运输效率，减少拥堵现象。

(2) 拓展新通道。不断探索与中东欧、中亚、西亚等国家之间新的运行通道，拓展中欧班列的运输网络，提高其覆盖能力，扩大其服务范围。

(3) 集结中心布局优化。优化中欧班列集结中心的国内布局，加快由“点对点”向“枢纽对枢纽”的转变，提升集结效率和分发效率。

2. 提升开行质量效益

(1) 优化运输组织。持续优化运输组织，大力拓展回程货源，促进运输资源集约高效利用。这有助于提高班列的重载率和运输效率。

(2) 加强品牌管理。切实加强品牌管理，从运行效率、服务质量、创新能力、品牌文化等方面丰富品牌内涵，提升中欧班列的国际影响力。

(3) 完善评价体系。建立以质量效益为导向的中欧班列运行评价体系，引导更多运输资源向开行质量好的企业和线路倾斜，激励优质运营者。

3. 创新运行管理和发展模式

（1）建设信息化平台。加快中欧班列运行监测评估预警信息平台和铁路智慧口岸建设，努力打造“数字班列”，提高运行管理的智能化和信息化水平。

（2）完善多式联运服务。推动中欧班列与丝路海运、西部陆海新通道等联动发展，打造“精品班列”，提供更加多样化和高附加值的物流服务。

（3）探索多元化业务。充分挖掘沿线国家和地区的丰富的人文历史资源，在条件成熟时，探索开行“旅游班列”，增加中欧班列的业务种类，提高其盈利能力。

4. 构建国际合作网络

（1）利用国际合作平台。继续用好由国铁集团牵头组建的中欧班列运输联合工作组国际合作平台，在运输组织、运价协调、线路拓展等方面加强沟通合作。

（2）加强宣传展示。统筹加强中欧班列对外宣传，及时展示客观、全面的中欧班列信息，提升其国际形象和知名度。

5. 加强运行风险防控

（1）提高应急处置能力。高效统筹疫情防控和保持中欧班列稳健运行，提高应急处置能力，确保在突发情况下能够迅速响应和处理。

（2）加强安全预警。不断深化与沿线国家相关部门的沟通交流，加强中欧班列运行安全预警，用好公安部牵头的中欧班列沿线国家执法安全合作会商机制。

总之，通过实施上述措施，政府能够全方位地支持和促进中欧班列的高质量发展，使其在国际物流领域发挥更大的作用，并为企业提供更加优质、高效、安全的运输服务。

第六章

建设集结中心发展多式联运

一、多式联运相关研究概述

2020 年 5 月《中共中央　国务院关于新时代推进西部大开发形成新格局的指导意见》提出："积极发展多式联运，加快铁路、公路与港口、园区连接线建设。强化沿江铁路通道运输能力和港口集疏运体系建设。依托长江黄金水道，构建陆海联运、空铁联运、中欧班列等有机结合的联运服务模式和物流大通道。支持在西部地区建设无水港。优化中欧班列组织运营模式，加强中欧班列枢纽节点建设。"发展多式联运对西部大开发有非常积极的影响，为西安成为内陆开放高地和开发开放枢纽奠定了基础。

中欧班列公共班列（西安）率先实现高频次稳定开行。2020 年上半年，中欧班列"长安号"共开行 1667 列，是上年同期的 2 倍；运送货物总重 130.1 万吨，是上年同期的 1.9 倍。其重箱率、货运量、开行量稳居全国前列，且当年连续 6 个月蝉联全国第一。"襄西欧""徐西欧""蚌西欧""冀西欧""厦西欧"等班列相继开行，并与西安携手推出往返欧洲的公共班列——中欧班列"长安号"，率先实现高频次稳定开行。因此，抓住中欧班列迅速发展的机遇，构建西安港多式联运服务模式具有重要意义。

受特定体制机制和地理区位因素影响，我国沿海区域与内陆区域在吸引外资及对外出口方面存在较大差距，究其原因，在于内陆区域基础设施建设相对滞后和功能有待完善，直接影响了内陆区域经济建设的进一步发展。而与此相对应的是，沿海区域凭借着特殊的地理优势在国际贸易中占据了更有利的位置，其结果是区域经济的不平衡发展导致贫富差距进一步拉大，影响和谐社会建设的进程。基于此，"国际陆港"理论应运而生。西安国际港务区正是在这样的背景下发展起来的。自建区以来，西安国际港务区陆续获批并初步建成西安铁路综合货运枢纽、国家铁路对外开放口岸、国家进口肉类指定口岸、进境粮食指定口岸、多式联运监管中心、国家跨境贸易电子商务服务试点等重要功能平台。国际港务区已成为陕西西安联通海内外、发展开放型经济的重要节点。实践中迫切需要从理论层面探讨西安国际港务区发展多式联运服务模式的路径，真正建立起“买全球、卖全球”的物流大通道。因此，构建西安国际港多式联运服务模式是本书研究的价值所在。

（一）研究目的

2020年突如其来的新冠疫情是客观条件，经济与产业的常态化发展受到限制，以运输业为代表的第三产业面临着前所未有的挑战。在此背景下，以中欧班列为核心的“货运增量”计划成为新的发展着力点，成为当时最引人瞩目的亮点。

在新的发展背景下，以中欧班列为基础的多式联运服务模式在西安国际港务区的发展将迈向新的高度，具有重要的应用价值。

“一带一路”倡议承载着丝绸之路沿途各国发展繁荣的梦想，顺应了和平、发展、合作、共赢的时代潮流。丝绸之路的振兴将开启一轮更广泛、更深入、更紧密的合作，为沿线国家带来新的发展机遇。陕西作为古丝绸之路的起点和新欧亚大陆桥的重要枢纽，因“一带一路”倡议而站在了丝绸之路经济带重要节点的前沿。“一带一路”倡议为西安发展外向型经济提供了重要机遇。为融入“一带一路”发展格局，西安提出了发展“三个经济”① 的战略，而构建西安国际陆港多式联运服务模式正是抓住这次机遇、推动“三个经济”发展的重要举措。

本书在“三个经济”背景下，对西安国际陆港多式联运服务模式进行构建，并提出每种服务模式的发展对策，为西安向国际港口城市转型提供理论指导。在一定意义上，这将使西安成为陕西的“国际航运港口”，成为连接陕西与国际市场的纽带，为陕西开辟通往东部与海外市场的便捷通道，进而带动全省的经济发展。

（二）多式联运的概念与特点

多式联运最具权威性和影响力的定义源于1980年《联合国国际货物多式联运公约》。依据该公约，国际货物多式联运是指“按照多式联运合同，以至少两种不同的运输方式，由多式联运经营人将货物从一国境内接管货物的地点运至另一国境内指定交付货物的地点”。

① “三个经济”为枢纽经济、门户经济、流动经济。

多式联运虽使用铁路、公路及水路等传统运输方式，但整个运输过程并非这几种方式的简单叠加，而是将各种运输方式进行紧密有效的融合。其显著特点是货主只需同一个多式联运经营人签订一份运输合同，货物全程的运输和安全都由多式联运经营人来负责。货物全程运输实现“一张单证、一次保险、一次收费以及统一理赔。”由于集装箱运输保障了多式联运的连续性，在实际运输过程中常将多式联运等同于集装箱多式联运。多式联运主要用于国际货物运输领域，因而在现实中也常被称为国际集装箱多式联运。总的来说，多式联运需满足如下几点要求。

（1）只签订一份合同。该运输合同以法律形式明确货主和多式联运经营人的权利、义务及责任。全程只有一份运输合同，这也是多式联运区别于普通货运的关键所在。

（2）以集装箱为基本运输单元，运载的货物必须为集装箱货物。

（3）运输方式为两种或两种以上，且整个运输过程必须是连贯和完整的。

（4）运输全程只有一张单证，只办理一份保险和一次托运，实行统一理赔，全程按统一费率计费。

（5）在整个运输过程中，货物的运输和安全由同一个经营人负责，明确责任主体，便于责任追溯与问题解决。

（三）多式联运的优点

多式联运通过有效融合各种运输方式，充分发挥不同运输方式的比较优势，形成高效率的连续性运输体系，从整体上缩短运输时间并降低运输成本。相比单一的运输方式，它具有如下优点。

（1）保证责任统一，手续便捷。仅一个经营人负责集装箱多式联运的货物运输与安全工作。货物全程使用哪几种运输方式的组合，各种运输方式怎么分区段，都由多式联运经营人来统一安排。货主只需同多式联运经营人签订一份运输合同、办理一次手续即可，非常便捷。另外，货物在运输途中出现的问题都由多式联运经营人负责，保证了货物运输责任的统一。

（2）降低货运成本，节约费用。多式联运融合各种运输方式，有效发挥其经济性优势，降低货物运输的整体成本。多式联运以集装箱为运输单元，集装箱运输能减少货物在运输过程中的装拆箱次数，降低集装箱货物的外包装成本，保障了货物运输的连贯性，提高了货物运输的整体效率。同时，使用集装箱能减少货物与外界的接触，保证货物的质量完好，降低货物的损坏率，从而降低整个货物运输的成本。

（3）减少中间环节，缩短时间。多式联运经营人对货物运输全程负责，统一规划和安排货物的运输路线与运输组合方式，保障货物运输过程中各运输方式高效衔接，缩短货物换装时的装卸和等待时间。另外，多式联运的各个环节都配备了专业的机械设备和操作人员，从硬件和软件两方面保证整个运输过程紧密衔接。

（4）提高组织水平，合理运输。采用传统的单一运输方式，货主需要同各个区段的经营人进行联系。然而，各区段的经营人之间缺乏合作与交流，且其负责的经营范围和运输能力都较为有限。多式联运能够融合各种运输方式的优点，突破传统单一运输方式的业务范围，加强各个区段之间的组织与衔接，通过选用合适的运输方式和运输路线，能够提高运输的组织化水平，实现货物的合理运输。

（5）保障运输连续，满足需求。从理论上看，货物运输追求运输的连贯性，避免运输中断。多式联运能够有效衔接公路、水路、铁路等运输方式，提高中转换装效率，保障货物在各环节之间无缝对接，从运输供给层面保障货物运输的连续性，满足货运需求。

二、以西安为例构建国际陆港物流多式联运服务体系

（一）海铁联运运营模式

海铁联运是先将进出口货物通过铁路运到沿海海港再由船舶运出，或是先将货物由船舶运输到达沿海海港之后再通过铁路运出的只需“一次申报、一次查验、一次放行”就可完成整个运输过程的运输方式。海铁联运是国际多式联运中一种最基本的运输模式。其发展规模和发展速度往往受港口集装箱吞吐能力、后方集装箱堆场规模、海关便利化程度、铁路运力以及集装箱货运中转站、物流中心软硬件数量等因素的影响。

建议在西安国际港务区主导下，与西安铁路集装箱中心站、沿海港口共同研究合作与管理模式。加强与国内海港、国际知名船公司、码头运营和其他各类物流龙头企业的合作，按照国际通行标准大力推进港口口岸功能设施建设。加快推进港口电子数据交换（Electronic Data Interchange，EDI）系统建设，打造智慧陆港。积极推进西安至青岛国际货运班列的常态化开行，打造海铁联运精品班列，与海上丝绸之路无缝衔接。以国际贸易供需为根本制定

物流通道的发展规划，持续提高内陆港运营效能，打造陆海互联创新合作示范区，加强与海港之间的合作运营，实现双向物流集聚，重点拓展与日本、韩国物流公司的合作。海铁联运具体运营模式如图 6. 1 所示。

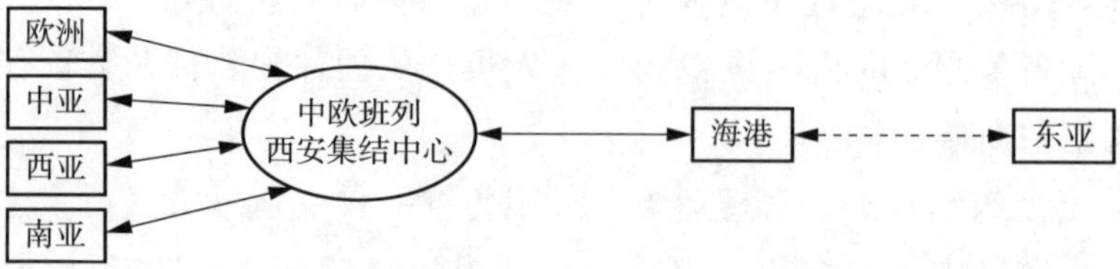

图 6. 1　西安国际港务区海铁联运运营模式

（二）空铁联运运营模式

空铁联运模式是现今时效最快、最具发展潜力的运输模式，在欧美等国家和地区已发展成熟并初具规模。据统计，目前全世界已有 120 多个机场开展了空铁联运工作。为了优化交通运输衔接，许多机场建设了专用的铁路候车室，实现了航空与铁路的高效换乘。未来，将有更多的机场规划和构建相应的多式联运模式，以进一步提升效率。

在我国，铁路运输和民航运输各自呈现自我发展态势，二者之间的合作仅限于战术层面的个案运作，为了推动空铁联运的发展，建议进行国家层面自上而下的战略性总体规划布局。空铁联运需要海关对监管业务不断创新，一方面出台统一的监管规定，另一方面制定监管操作细则。这样既能确保对多式联运货物进行有效监管，又能缩短联运货物通关时间，从而促进多式联运业务的快速发展。

在具体运营方面，货物由中欧班列运送到达西安国际港务区后，通过与空港无缝对接被空运至国内需求城市。空铁联运目前在西安国际港务区业务量相对较少，主要原因是西安国际港务区中欧班列去程货物以汽车零配件、日用品、工艺品、粮油为主，回程货物主要为红酒、机械设备等，这些货物对空运的需求较小，因此空铁联运业务量有限。然而，随着中欧班列业务的不断拓展，一些高货值、对时效性和成本要求较高的货物，如精密仪器、高端电子产品等，未来可能会对空铁联运产生更大的需求。空铁联运具体运营模式如图 6. 2 所示。

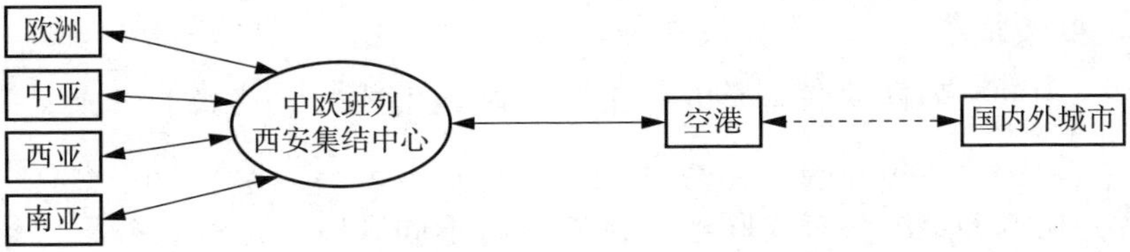

图 6.2　西安国际港务区空铁联运运营模式

（三）公铁联运运营模式

公铁联运是指通过公路运输和铁路运输相互衔接共同完成物流运输过程的联运模式。货主只需与多式联运经营人签订一份合同，支付一次运费，全程由多式联运经营人负责运输组织，即可实现“门到门”运输。

现阶段，西安国际港务区公铁联运业务量相对较小。其主要运营模式为：欧洲的货物通过中欧班列到达西安国际港务区后，由铁路运输至靠近南亚的国内城市，再由公路运输至南亚国家。未来，随着中欧班列业务的不断拓展，以及西安国际港务区作为中欧班列集结中心的作用进一步凸显，这部分业务量有望持续增长。

对于一些零担货物，公铁联运是未来的发展方向。由欧洲、中亚、西亚通过中欧班列运到西安国际港务区的货物，当到达各城市数量较少且对时间有要求时，可通过公路分运到需求城市；同样，一些需要发运到欧洲、中亚、西亚等中欧班列沿线国家或城市的货物，也可以通过公路运输集中到西安国际港务区，再由中欧班列整合运出。公铁联运具体运营模式如图 6.3 所示。

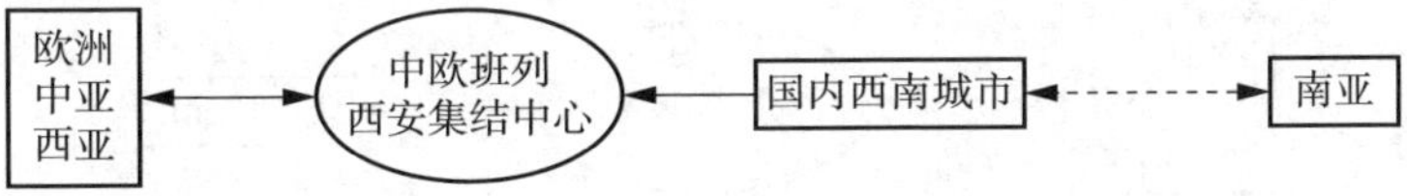

图 6.3　西安国际港务区公铁联运运营模式

（四）铁铁联运运营模式

铁铁联运是本书为国内铁路接驳中欧班列而特别定义的非标准多式联运模式，是指通过国际铁路和国内铁路相互衔接共同完成物流运输过程的联运模式。货主只需签订一份合同、支付一次运费，具体运输组织由联运经营人负责。

目前西安国际港务区铁铁联运货量较大，“襄西欧”“徐西欧”“永西欧”等线路都是铁铁联运的例子。同样，货物从欧洲运抵西安后，再通过铁路分拨到全国各地。

1. 构成要素

尽管中欧班列铁铁联运是非标准多式联运模式，但其基本构成要素是相似的：①由国际铁路和国内铁路相互接驳；②由多式联运经营人负责整个运输过程的协调和组织，多式联运经营人可将不同区段的运输业务下包给不同供应商；③多式联运经营人需和托运人签订联运合同，明确运费、权利和义务及理赔条款等内容；④联运过程只使用一份单据，在各区段的运输过程中均可使用；⑤主要以集装箱为标准运载工具。

2. 主要特点

作为以铁路为干线运输、以公路进行两端接驳的国际多式联运方式，中欧班列铁铁联运主要有以下优缺点。

（1）优点。①运量较大。由于铁路运量比公路大，因此铁铁联运的运量较大。②成本较低。对于长距离运输而言，铁路运输的成本仅为公路运输的一半。③环保性好。相较于公铁联运，铁铁联运的能耗较小，排放污染物较少，因此环保性较好。

（2）缺点。①手续复杂。由于国内铁路运输办理的手续比公路运输多，因此铁铁联运比公铁联运办理的手续复杂。②灵活性弱。由于铁铁联运的通达性受车站和轨道的限制，因此，中欧班列铁铁联运只适合站到站的运输，灵活性较弱。③时间略长。受制于国内列车的旅行速度，铁铁联运的运输时限较公铁联运的时间略长。

其具体运营模式如图 6.4 所示。

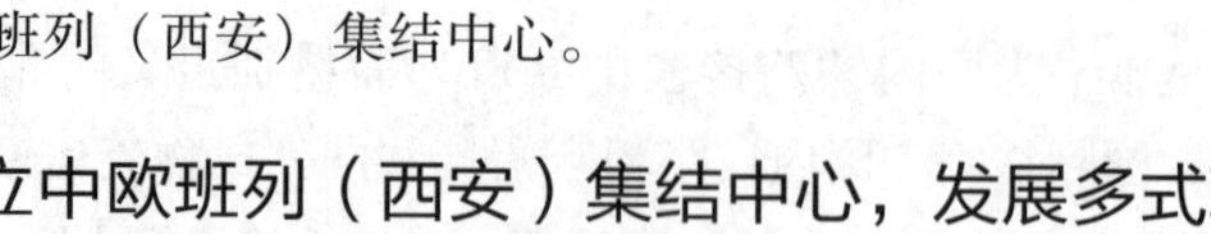

图 6.4 西安国际港务区铁铁联运运营模式

本课题构建的所有多式联运运营模式都是以中欧班列为干线运输，所以急需建立中欧班列（西安）集结中心。

三、建立中欧班列（西安）集结中心，发展多式联运

习近平总书记在陕西考察工作时指出，要“建设中欧班列（西安）集结中心，加快形成面向中亚、南亚、西亚国家的通道、商贸物流枢纽、重要产业和人文交流基地，构筑内陆地区效率高、成本低、服务优的国际贸易通

道”。这确立了西安在全国中欧班列线路网中的特殊地位，指明了加快西安国际港务区高质量发展的重要目标、要求和任务。我们要全面深入学习领会习近平总书记重要讲话精神，抓紧研究和制定中欧班列（西安）集结中心建设规划和对策，加快“中欧班列（西安）集结中心”建设步伐。

（一）中欧班列（西安）集结中心的特殊地位和重要功能

1. 中欧班列（西安）集结中心的特殊地位

（1）西安在国家向西开放中的战略地位。

关中平原是华夏文明的发祥地与丝绸之路的起点，承载着深厚历史底蕴的西安作为这片土地上的核心城市，在国家战略布局中占据着举足轻重的地位。西安既是国家“一带一路”规划确定的内陆型改革开放新高地，也是《关中—天水经济区发展规划》确定的国际化大都市以及《关中平原城市群发展规划》确定的国家中心城市。西安地处中国地理几何中心，不仅是国家规划的国际综合交通枢纽，更是“一带一路”开放合作的关键交会点。

此外，西安承担着国家系统推进全面创新改革试验、国家自主创新示范区建设、开放型体制机制创新、服务贸易、跨境贸易、电子商务等 20 多项国家级试点、示范任务。国家赋予的强大改革动能，有力地加快了西安建设服务“一带一路”的国家中心城市和内陆改革开放新高地的建设步伐，使其日益成为统筹国内国际两个市场、两种资源，引领国家向西开放的前沿城市。

（2）西安是建设我国内陆地区改革开放高地的重要支撑。

西安是继北京、上海之后，国家第三个定位的国际化大都市，领先于广州和深圳。目前，我国确定的 9 个中心城市，有 5 个处于内陆中心地带，分别是重庆、成都、武汉、郑州、西安。在这 5 个内陆城市中，西安是唯一的西北城市，并且是唯一定位为国际化大都市的城市。西安作为“一带一路”起点城市，曾是东西方文明交流的枢纽，如今再次屹立于对外开放的前沿，在中国融入世界的过程中发挥着越来越重要的作用。它不仅成为建设我国内陆地区改革开放高地的重要支撑，引领和带动西部地区快速协调发展，还为我国参与全球经济治理，构建更加高效、更加包容的国际经贸规则积累了经验。

（3）西安国际港务区在全国中欧班列线路网中的特殊地位。

一方面，西安国际港务区集国际国内“双代码”港、西安综合保税区、自由贸易试验区、跨境电子商务综合试验区、现代物流创新发展试点等创新平台于一体，具有显著的集成优势。另一方面，西安国际港务区作为西安连接“一带一路”、实现陆海空互联的重要交通枢纽，充分发挥在中国中欧班列线路网中的特殊作用，不断提高对国际国内两种资源的服务效率和物流枢纽集聚能力。相较中西部其他几个城市，在打造中欧班列集结中心方面，西安国际港务区优势明显。郑州、武汉过于偏东，对来自西北、西南的货源无能为力。成都偏安于四川盆地，难以整合华北与西北资源。重庆虽坐拥长江黄金水道与西南铁路枢纽优势，兰渝铁路开通后，“渝新欧”班列无须绕道西安，但兰渝铁路能够提供的运力空间实在有限，难以对陇海铁路这条货运大动脉构成实质性威胁。因此，西安国际港务区在全国中欧班列线路网中拥有无可替代的特殊地位。

（4）内陆地区效率高、成本低、服务优的国际贸易通道。

西安位于陆桥物流大通道和西南出海物流大通道两大国际物流大通道的枢纽节点，是国家物流枢纽城市，承载着陆港型、空港型、生产服务型、商贸服务型四大类国家物流枢纽功能。西安拥有众多开放发展平台，如西安综合保税区、国家级临空经济示范区、中国（西安）跨境电子商务综合试验区、现代物流创新发展试点城市、保税物流中心、出口加工区、口岸等，这些平台极大地提升了西安对国际高端资源要素的吸引力。

西安港是我国首个“双代码”内陆港，中欧班列“长安号”发展势头强劲。2018 年中欧班列“长安号”开行 1235 列，重载率、货运量、实际开行量三项指标稳居全国第一；2019 年，共开行 2133 列，运送货物总重达 180.2 万吨，分别是上年的 1.7 倍和 1.5 倍，开行量、重箱率、货运量等核心指标均位居全国前列，蝉联中欧班列高质量发展综合评价全国第一。截至 2024 年，中欧班列“长安号”已稳定开通 17 条国际货运线路，初步构建起效率高、成本低、服务优的内陆地区国际贸易通道，成为中西部地区国际商贸物流重要的桥梁。

2. 中欧班列（西安）集结中心的重要功能

（1）面向中亚、南亚、西亚国家的通道。

西安公路、铁路、航空、信息、自贸试验区、口岸等现代枢纽设施体系高度发达，国际开放通道更加畅通，西安咸阳国际机场通航国家数量高达 120 个，国际客货运航线数量超过 130 条，西安国际港务区与国内众多口岸城市、物流中心和产业园区建立起高度发达的多式联运体系。

（2）商贸物流枢纽。

2013—2017 年，我国与“一带一路”共建国家进出口总额保持年均 4%

的增长率；自2018年以来，我国与“一带一路”共建国家的外贸总额增速迅猛；2019年进口增长率突破20.9%，在此期间，中欧班列发挥了重要作用。

作为我国践行“一带一路”倡议的重要项目以及推进设施联通的关键内容，中欧班列的建设取得了积极进展。其网络覆盖面不断扩大，班列运输的货物品类日益丰富，运量尤其是返程运量持续增长，国际影响力和品牌效应显著提升。中欧班列不仅改善了我国内陆地区的国际运输条件，还促进了我国与共建国家地区的交流与合作。以西安为例，其以“两港五园十一中心”为主的物流骨干体系全面建成，以“长安号+空港货运”为主的国际运输和陆空多式联运网络也已全面建成，物流设施承载能力显著增强。2019年，西安物流业增加值达1500亿元，年接待海外游客达1100万人次，旅游业年均总收入达4000亿元。以“综合保税+周转服务+贸易加工+商贸展销”为主的商贸物流体系高效运转，国际商贸展销活动和物流市场蓬勃发展，提升了西安信息新经济的市场引导力。以旅游、科技和商贸物流等为主的信息服务业年均收入超过1万亿元，市场资金流动量大，金融业对GDP的贡献率超过20%，金融服务对丝路国际合作的调节能力明显提升，西安成为推动“一带一路”产业转型升级、区域协调发展、提升区域竞争力的重要力量。

由此可见，中欧班列（西安）集结中心将在助力西安建成商贸物流枢纽城市的进程中发挥越来越重要的作用。

（3）重要产业基地。

西安是国家科技中心城市和高等教育中心城市，首批国家服务业综合改革试点和现代服务业改革试点城市，是我国唯一拥有完整航空产业链和卫星产业链的城市，国防科技资源位列全国第2，科技人才资源与科研水平位居全国第3，高校资源位居全国第4，是联合国教科文组织公布的“世界历史文化名城”。2018年，西安在全球金融科技城市发展排名中位列第24，城市创新竞争力居全国第8位。依托科技教育和国防科技产业优势，西安搭建起世界科技教育交流的桥梁，摇身成为全球硬科技之都、国际产能合作中心、国际文教科技合作中心。活跃的现代经济产业吸引力与深厚的文化底蕴，推动西安成为丝绸之路国际金融中心和国际旅游目的地。中欧班列（西安）集结中心将会成为西安参与全球产业链合作的重要桥梁。

（4）人文交流基地。

西安浐灞生态区和灞桥区依托欧亚经济论坛、丝绸之路国际会议会展中心、西安领事馆区等国际高端交流协商平台，加速推进欧亚经济综合园区、丝绸之路国际会议中心、丝绸之路国际会展中心等产业功能区的建设。此举旨在提升西安万亿元现代服务业开放走廊的国际影响力，强化自由贸易试验区的服务创新与机制创新，进而完善签证服务、国际文化交流、国际商务配套服务、外事中介服务、酒店餐饮服务等领域的开放服务体系。

同时，这两个区域加大内陆国际合作创新力度，大力发展以“外事服务+金融服务+人文交流+会议会展+文化创新”等新兴服务业建设为主的开放服务业集聚区。这些举措有效增强了西安对外开放服务功能，成功打造出西安服务“一带一路”经济合作与人文交流的门户服务区。

中欧班列（西安）集结中心在其中发挥了关键作用，它是服务“一带一路”建设、促进“一带一路”共建国家经贸往来与人文交流、推动西安参与全球供应链合作的重要纽带。

（二）建设中欧班列（西安）集结中心的必要性和可行性

1. 建设中欧班列（西安）集结中心的必要性

亚欧大陆人口约占世界总人口的75%，地区生产总值约占世界总额的60%。其东面是充满活力的东亚经济圈，西面是发达的欧洲经济圈，中间广袤腹地的经济发展潜力巨大，特别是“一带一路”共建国家资源禀赋各具特色，经济互补性强，合作空间广阔。中欧班列作为往来于中国与欧洲国家间的集装箱国际铁路联运班列，堪称新丝绸之路上的“钢铁驼队”。

随着“一带一路”建设的不断推进，我国与欧洲及共建国家的经贸往来迅猛发展，物流需求日益旺盛，贸易通道不断拓展和畅通，贸易方式不断丰富和完善，在此背景下，中欧班列发展势头强劲，运行规模呈指数级增长。2020年，全球疫情为中欧班列带来了新的发展机遇，同时也对其提出了更高的要求。新冠疫情期间，国际空运航线和海运集装箱航线大幅减少，中欧班列成为特殊时期国际供应链的重要支柱，在稳定我国外贸货运通道中发挥了重要作用。

然而，中欧班列仍处于发展初期，面临诸多问题，如综合运输成本偏高、无序竞争时有发生、供需对接不充分、通关便利化有待提升，以及沿线交通基础设施和配套服务支撑能力不足等，迫切需要规范并完善相关制度和体系，以促进其发展。目前，全国有72个城市开通了中欧和中亚班列线路，包括渝新欧、蓉欧、汉新欧、郑新欧、义新欧等线路。城市“各自为战”，而货源有限，这自然会导致恶性低价竞争，争抢货源，还会产生线路重复、部分中欧班列空载严重等问题。

为了解决目前存在的突出问题，西安作为我国“一带一路”建设的重要节点城市，在建设国家中心城市的进程中，尤其需要加强中欧班列“长安号”的建设，利用陆港优势，集结全国货源，打造内陆开放高地，充分发挥向西开放的桥头堡作用。

为应对国内外地缘政治和竞争格局的深刻变化，支撑我国经济稳中向好、长期向好并持续健康发展，进一步释放中欧班列的集聚和扩散潜能，亟须整合中欧班列以形成强大的“集结”效能。依托西安的区位优势和基础条件，加快规划建设中欧班列（西安）集结中心，将西安打造成我国内陆地区效率高、成本低、服务优的国际贸易通道，这不仅可以弥补陕西开放不足和制约发展的突出短板，而且在全国层面也具有客观必要性和重要战略意义。

2. 建设中欧班列（西安）集结中心的可行性

（1）西安具有整合货源的地缘优势。

西安地处中国大陆的几何中心，向东、向南面向整个中国最核心的经济腹地，其东面是华北平原，东南通过江汉平原沟通华中与华东，南部是四川盆地，向西则通过狭窄的河西走廊联结新疆与中亚，进而通向大陆彼端的欧洲腹地。汉唐时期，西安是丝绸之路的东方起点，如今，它同样能够凭借此优势整合全国绝大部分货源。以“襄西欧”线路为例，来自华北、华中、西南的货物可在西安集聚，整合之后再出发，大大提高了运输效率。虽然西安不可能也无须整合全国所有中欧班列，但其在打造中欧班列集合中心方面，已具备绝对领先优势，所以西安能够整合地缘优势，在诸多开行中欧班列的城市中杀出重围，中欧班列（西安）已经吸引了来自全国15个省份的货源在西安港进行集散分拨，省外货源占比超过80%，进口货物70%以上由西安分拨至全国。西安港正逐步成为全国重要的商流、物流、信息流、资金流集散中心，枢纽地位日益凸显，中欧班列已成为西安招商引资的金字招牌。

（2）西安港加速产业转移与集聚。

2019年，全市引进世界500强企业分支机构累计达215家，外资金融机构达21家。引进内资3443亿元，增长10%，实际利用外资70.6亿美元，增长11%，增速位居副省级城市前列。海航、京东、菜鸟、“三通一达”、安博等西北物流总部纷纷落地西安。可以预见，为进一步节省物流成本，诸多企业会考虑在西安直接投资设厂。过去，制造业企业落地西安的首要顾虑是交通物流不便，而如今，“长安号”极大改善了西安的交通条件。贸易快速发展带动产业快速集聚，产业集聚又为“长安号”的长期运营提供了货源保障。

（3）西安是重要的国际综合交通枢纽。

西安是国家规划的国际综合交通枢纽，也是“一带一路”开放合作的交会点。西安咸阳国际机场是全国第七大客运枢纽机场，已获批开放第五航权，两小时航程可覆盖全国85%的地区。西安铁路是全国六大铁路客运枢纽之一、八大铁路货运枢纽之一、十八大铁路集装箱中心站之一，“米”字形高铁网构建起3小时可达中西部地区、6小时可达全国大部分城市的“高铁一日生活圈”。西安公路是全国六大公路客运枢纽之一，已形成“米”字形高速公路网和“一环十二辐射”公路网骨架。随着枢纽基础支撑能力的不断提升，西安已具备联通世界、高质量开放发展的有利条件。

（4）西安建设贸易通道的要素条件集聚动能充足。

西安获批国家级临空经济示范区、跨境电商综合试验区和第五航权，西安港铁路口岸监管区正式投用。西安的信息基础条件优越，是七大国家级互联网骨干直联点之一，也是全国六大通信枢纽之一，设有国际邮件互换局。西安先后获批国家下一代互联网示范城市、信息惠民试点城市、创新型试点城市、电子商务试点城市，这极大地增强了西安对国际高端资源要素的吸引力。

（5）陕西及西安腹地具备优势资源与发展潜力。

西安是联合国教科文组织公布的四大“世界历史文化名城”之一，拥有独特的国际品牌和知名度。陕西是我国重要的国防科技工业基地，创新综合实力雄厚，工业体系完备，是我国重要的制造业、高新技术产业和战略性新兴产业基地，也是中华民族和华夏文明的重要发祥地之一。“十三五”期间，西安经济社会发展取得明显成效，城市吸引力、创造力、竞争力明显提升。2018年，西安被评为“全球最具发展潜力新兴城市”，入选改革开放40多年来经济发展最成功的40个城市名单。“十三五”期间，西安提前完成全面建成小康社会的目标。西安国际港务区已建设成我国最大的内陆港口，中欧班列“长安号”成为高效的国际运输“黄金通道”，班列的开行量、重载率、货运量等核心指标均位居全国前列。陕西、西安与周边省市已经形成紧密的创新链和产业链，西安都市圈与腹地的互动发展不断强化，这些都为中欧班列（西安）集结中心的建设发展提供了强大支撑和动力。

综上所述，西安具备成为中欧班列集结中心的先天优势和条件，具有成为境内外货物集散中心，成为我国内陆地区效率高、成本低、服务优的国际贸易通道的可行性。

（三）建设中欧班列（西安）集结中心的总体思路和对策

全面贯彻落实习近平总书记重要讲话精神，牢固树立和贯彻落实创新、协调、绿色、开放、共享的新发展理念，以提高发展质量和综合效率为中心，以优化服务、精准供给为主线，立足西安、带动全省、辐射全国、面向全球，统筹兼顾当前和长远、地方和全国、国内与国际、陆运海运和空运等多维度利益关系及运输协同，充分发挥政府宏观调控、市场配置资源、企业自主经营的作用，着力畅通国际贸易通道，提升贸易便利化水平；着力优化运输组织，提高班列运行效率；着力加强资源整合，降低全程物流成本；着力打造智慧陆港，创新服务模式，增强综合服务能力，将西安国际港务区和中欧班列“长安号”打造成具有强大国际竞争力、综合集结力、广泛辐射带动力和良好国际商誉度的世界知名陆港和物流运输品牌，使其成为“一带一路”建设的重要平台，为陕西省“三个经济”发展、西安国家中心城市建设提供强大助力。

（四）建设中欧班列（西安）集结中心的对策

1. 加强商贸物流枢纽建设，深度融入国际供应链合作

物流枢纽影响着城市的发展，物流枢纽能力就是城市竞争力，对于城市的发展起决定性作用，所以西安应从以下几个部分加强物流枢纽建设。

（1）西安拥有第五航权和中欧班列“长安号”，迫切需要集聚更多物流巨头助力西安融入国际供应链合作。例如，日通以西安为基地，利用中欧班列承担日资企业从中国向欧洲出口物流业务，原来海上运输需 30~40 天，现在用时不到一半。所以引入巨头物流企业是提高西安商贸物流枢纽功能的关键所在。

（2）围绕中欧班列在国内外打造具有多式联运功能的大型综合物流基地。在物流基地建设具有海关、检验检疫等功能的铁路口岸，加强其与港口、机场、公路货运站以及产业园区的统筹布局和联动发展，形成水铁联运、空铁联运、公铁联运国际多式联运体系，实现无缝高效衔接。在“长安号”国外沿线城市通过收购、合资、合作等方式，加强物流基地、分拨集散中心、海外仓等的建设，提升物流辐射和服务能力。

2. 成立中欧班列联盟，加大资源整合集结力度

（1）优化运输组织。加大“长安号”组织力度，稳定既有直达班列，发展中转班列。加强调度指挥与监督考核，完善过程组织，实现全程盯控，强化应急处理，提高班列正点率。根据市场需求增加班列线，结合中欧通道实

际运输能力，组织制订中欧班列开行及优化调整方案。

（2）整合“长安号”沿线货源。与国内沿线城市成立联盟，同时加强与沿线国家政府相关方面的合作，吸引更多货源通过“长安号”运输。鼓励区域内企业加强与“长安号”沿线国家的产能合作、贸易往来，增加“长安号”货源。与国内外大型物流企业、港口企业、货代公司合作，发挥集货作用，促进优势互补。鼓励区域内企业在境外重点区域设立办事机构，推进合资建立经营网点，提高境外物流经营能力。

（3）与国内其他城市结成战略联盟伙伴关系。优先考虑与郑州结为联盟伙伴关系，构建“郑欧+长安号”模式。郑州是全国的铁路枢纽城市，位于西安的东部，便于集中东部货源；郑州距西安较近，且“郑欧”班列向欧洲西行途中路过西安，便于二次装货，可以考虑联合开行常态化定点运行班列。

（4）发展产业链支柱产业，整合全省货源。开行中欧班列不仅为中国制造“走出去”创造了机会，更为中国与中亚国家开展产能合作搭建了桥梁。从实际情况来看，以西安爱菊粮油工业集团为例，它是一个集粮油加工与经营、粮油储备、连锁网点、物流配送等多元经营、产储销于一体的大型粮油集团。米面油产品在全省覆盖率在60%以上。为寻求更优质的农产品原材料，该公司把目光投向了中亚，中亚的农产品在西安加工之后可以分拨到全国。基于此，陕西作为农产品生产大省，应充分利用中欧班列的运输优势，根据国外客户需求大力发展与农产品相关的深加工产业，为发展外向型经济做好产业链布局。

（5）加快境外经营网点建设。按照中欧铁路通道、节点、境外产业、贸易等布局，分批建设境外分拨集散中心，形成“长安号”境外快捷集疏运能力。

（6）扩大宣传范围，加强品牌建设。西安能够在汉唐时期成为丝绸之路的东方起点，其地缘上的先天优势不容忽视。与历史文化结合，大力宣传“长安号”的地缘优势，提高“长安号”的知名度。

3. 创新运输服务模式，提高集成服务水平

（1）提供全程物流服务。围绕物流链全流程，强化运输、仓储、配送、检验检疫、通关、结算等环节高效对接，提供一站式综合服务。鼓励公路、水运、航空等运输方式与中欧班列有效衔接，打造全程化物流服务链条。建立“长安号”客户服务中心，为客户提供业务受理、单证制作、报关报检、货物追踪、应急处置等服务。

（2）拓展国际邮件运输业务。大力推进电子化通关，加强与国外邮政、

海关、检验检疫、铁路等部门的合作，推进邮递物品海关监管互认。设立若干国际邮件铁路口岸重点交换站，加快推进中欧班列国际邮件进出口工作，实现国际邮件常态化运输。进一步优化国际铁路运邮作业组织、通关和换装流程，提升邮件运输时效，确保数据反馈的及时性和准确性。

（3）推行电子货物清单。根据跨境电商的运输需求，采用拼箱运输方式，协调国外铁路、海关和检验检疫等部门，推行电子货物清单，研究开展“长安号”国际快件运输业务。

（4）提升物流增值服务水平。拓展国际代理采购、国际保险理赔、货物质押等增值服务。利用相关口岸节点及综合保税区布局优势，支持跨境货物加工与转口贸易，实现“门到门”运输。

4. 创新运营模式，提升运营效率

（1）中欧班列+跨境电商物流模式。跨境电商货物一般采取航空运输的方式，2020 年 4 月 26 日，陕西首批异地跨境电商货物搭载“长安号”从西安顺利起运出境。该批货物从郑州综合保税区申报后转关至西安综合保税区，再从西安转关至新疆阿拉山口铁路口岸出境，出境后经德国杜伊斯堡通过卡车运输至英国伦敦，最终递送到英国的消费者手中，全程用时 19~22 天。这种模式可以持续下去。

（2）中欧班列+国内外外贸货源企业专列物流模式。习近平总书记指出，要围绕产业链部署创新链，围绕创新链布局产业链，推动经济高质量发展迈出更大步伐。中欧班列是连接外贸企业与客户的桥梁，采用市场化运作。因此，中欧班列运营方应主动与国内出口欧洲的大企业和国内有强大需求的欧洲商品生产企业联系，国内通过公铁联运运输把货物集中运输到西安，再通过中欧班列“长安号”出口至中欧班列沿线国家。此外，还应考虑在欧洲建立海外仓，提前集结进口货物，“长安号”到达海外之后直接装车回程，提高效率。

（3）中欧班列+零担整合物流模式。虽然刚刚开发欧洲市场的外贸企业和物流企业，物流量相对较小，但把它们整合起来也能做到整车发货。因此，对于需求量和进口量相对较小的企业客户，在国内仓库和海外仓进行集结，组合装车通过中欧班列运至海外和回程至西安。

（4）中欧班列+航空物流（空铁联运）模式。西安是十大国际航空枢纽城市之一，西安咸阳国际机场是北方第二大机场，为构建高水平的陆空联运一体化服务网络创造了有利条件，西安还是中国铁路枢纽城市之一，为空铁联运奠定了坚实的基础。例如，日本、韩国的货品可以通过航空物流到西安，然后再通过中欧班列到达欧洲。欧洲货物也可以通过中欧班列至西安，再通过航空物流分拨至货物需求地。

5. 发展旅游班列，加强人文交流

西安是国务院公布的首批国家历史文化名城，历史上先后有十多个王朝在此建都，是世界四大古都之一，是中国历史上建都朝代最多、时间最长、影响力最大的都城之一。中华民族璀璨文化的沉淀，为古城留下了大量的文物古迹，因此，西安被誉为“立体历史博物馆”。

西安的文物古迹不仅丰富独特，而且具有系统性和完整性，堪称中国历史的缩影，其数量之多、密度之大、价值之高均居全国之首。这些独特优势为西安建设人文交流基地打下了坚实的基础。

6. 完善价格机制，建立科学合理的利益关系

遵循市场规则，根据运量变化情况，按照量价捆绑原则，建立灵活的中欧班列全程定价机制。

（1）采用“一单到底，两段结算”的计费模式。在这种模式下，中欧班列境内段运费不计入完税价格，可以为企业节省进出口环节税费。

（2）采用“量价捆绑”的协议运价机制。在境外段，由国内平台企业分别与境外相应的铁路运输线路代理商谈判确定运价。建议全国建立统一平台，共同与境外相应的铁路运输线路代理商谈判确定运价，实现全国各地中欧班列境外段统一收费，以提升议价能力和市场竞争力。

7. 搭建信息服务平台，提供智慧管理服务

（1）推进物流公共信息平台发展。整合国内相关行业、部门、企业信息资源，搭建“长安号”信息服务平台。加强与沿线国家铁路、海关、检验检疫等信息系统的电子数据交换与共享，打通物流信息通道。推动海关、检验检疫、铁路、港口单据电子化，打造数字化“长安号”中欧班列。

（2）加强智能监控监管。引入北斗卫星定位技术，实施全程定位，增加集装箱安全智能防盗设施；保持与沿途国家的密切沟通，建立中欧班列安全合作机制，提高班列运行全程监控能力，保障货物运输安全。

8. 推进便利化大通关，提高贸易效率

（1）加强与沿线国家海关的合作。与中欧班列沿线国家海关建立国际合作机制，推进信息互换、监管互认、执法互助的海关合作。扩大海关间监管结果参考互认范围、商签海关合作协定等，推行中欧“经认证经营者”

（AEO）互认合作制度，提高通关效率。实现全国通关一体化，企业可以选择任何一个海关申报、缴纳税款。

加强重要物流节点的多式联运监管中心建设，实现一次申报、一次查验，对换装地不改变施封状态的直接放行。加快推进物流监控信息化建设，提高多式联运管控的信息化、智能化、规范化水平，建立集约、快速、便捷、安全的多式联运监管模式。

（2）推进检验检疫一体化。加强与沿线国家检验检疫国际合作，推进疫情区域化管理和互认，在中欧班列沿线区域打造无特定动植物疾病绿色通道，在班列沿线检验检疫机构间实施“通报、通检、通放”，实现沿线“出口直放、进口直通”，对符合条件的中欧班列集装箱货物实施免予开箱查验、口岸换证等政策。

打造铁海联运国际中转（过境）物流通道，建立中欧班列检验检疫信息化系统，实现全口径进出境班列数据共享。简化纸质单证，推进检验检疫无纸化，实施“进境口岸检疫、境内全程监控、出境直接核放”监管模式。

（3）进一步扩大口岸开放。申请建设进境肉类、水产品、粮食、水果、种苗、汽车整车、木材等国家指定口岸，加强与沿线国家（地区）间的口岸交流合作，适时修订和完善双边陆地边境口岸管理协定。

9. 保障措施

（1）加强组织领导和对外协调。加强同各部门、各地方政府的沟通协调，提升整体竞争优势。统筹协调，为“长安号”中欧班列营造良好的运营环境并提供发展条件。通过国家相关部门对接协调逐步建立涵盖境内外铁路、海关、检验检疫等部门以及地方政府和货代、物流等企业的“长安号”中欧班列协调机制。

（2）加强资金、土地要素投入和政策优化。除政府加大“长安号”基础设施投资外，运营方面应逐渐市场化，发挥各类投融资基金作用，可通过股权投资、债务融资等方式支持“长安号”建设。同时吸引社会资本投入，共同出资建设，共享投资收益。

（3）加大土地政策等支持力度。保障通道、枢纽等建设用地，落实相关税收政策、执行相关税收协定，清理不合规的口岸收费，保证口岸的正常建设和运营。

（4）加强科技创新和人才培养。开展铁路物流科技装备、冷链关键技术等研发工作。充分发挥科研机构、高校、协会的积极作用，及时开展“长安号”中欧班列建设发展相关问题研究。广泛吸纳国内外科技人才，加强精通语言、熟知专业知识的复合型人才培养。

第七章

中欧班列运营效率评价研究

“一带一路”建设向西打通了中国到中西亚、欧洲等区域的通道，强化了中国与沿线各国在政治、经济、贸易、文化等方面交流，有力推动了我国“向西开放”的进程。

中欧班列作为我国“一带一路”倡议的标杆示范工程，意义重大。在“一带一路”建设推进进程中，中国铁路依托新亚欧大陆桥和西伯利亚大陆桥两条重要通道，在早期尝试开通亚欧国际列车的基础上，逐步实现了中欧班列、中亚班列、中老班列等多条线路的常态化运营，为亚欧大陆的互联互通和“一带一路”建设开创了新局面。

中欧班列充分发挥其桥梁与载体作用，持续促进中国与沿线各国的经贸往来，催生了日益旺盛的国际物流需求。2016 年 6 月，中欧班列正式启用了统一的品牌标识；同年 10 月，推进“一带一路”建设工作领导小组办公室发布了《中欧班列建设发展规划（2016—2020 年）》，规划布局西、中、东三条通道，不仅连通欧洲及沿线国家，也连通东亚、东南亚及其他地区，构建覆盖亚欧大陆的铁路通道和多式联运走廊。

近年来，中欧班列开行规模和辐射范围都在不断扩大，其优势越来越明显，与此同时，也面临着前所未有的挑战。在此情况下，全面、科学、有效地评价中欧班列运营效率，并探究其运营中的关键问题，剖析运营效率的影响因素，显得尤为迫切。

一、中欧班列运营效率评价概述

（一）研究背景

自 2013 年习近平总书记提出“一带一路”倡议以来，其在促进中国与共建“一带一路”国家的经济合作和共同发展方面取得了显著成效。作为国家级规划项目，“一带一路”倡议的实施让中国和沿线国家能够共同参与和推动经济发展。在过去的十年中，中国与“一带一路”共建国家的进出口总额持续增长，累计双边进出口总额约13万亿美元。2022年，中国与“一带一路”共建国家的全年进出口总额更是达到了2.07万亿美元。其中，中欧班列的通达为共建国家的贸易发展带来了巨大推动力。据统计，2021年中国与中欧班列通达的23个国家的贸易额约为1万亿美元，占我国同期外贸进出口总额的17.4%。这一数据表明，随着亚洲与欧洲之间的经贸合作日益加深，国际贸易规模迅速提升，国际货运也因此迎来了千载难逢的发展机遇。

中欧班列作为“一带一路”共建国家实现往来贸易的重要物流载体，不仅承载着国家间重要的贸易往来，还在促进共建国家的经济发展和区域一体化方面发挥了积极作用。这一重要的战略位置使中欧班列成为国家层面高度重视的物流项目。为了确保其健康、有序和可持续发展，推进“一带一路”建设工作领导小组办公室于2016年制定了《中欧班列建设发展规划（2016—2020年）》，为中欧班列的未来发展提供了顶层规划和战略指导。在过去的十年里，中欧班列的开行数量实现了成倍增长，从最初的数十列发展到现在的数千列。这一显著增长不仅展示了中欧班列的快速发展，也表明了其物流资源配置能力的持续提升。通过优化运输组织、提升运输效率等措施，欧亚大陆的陆路物流网络格局已经基本形成。截至2022年，中欧班列已经累计开行6.4万余列，发送货物600万标箱。国内开行城市已经达到68个，规划线路有70多条，到达欧洲的180个城市。截至2024年，中欧班列累计开行列数已超过7万列，发送货物量已超过700万箱。国内开行中欧班列的城市已超过100个，覆盖主要枢纽城市如西安、重庆、成都、郑州、武汉等。规划线路已超过80条，连接中国与欧洲多个国家和地区，可到达欧洲25个国家的200多个城市，包括汉堡、杜伊斯堡、华沙、布达佩斯、米兰等。这一连串数字充分展示了中欧班列作为连接亚欧大陆的重要物流通道的地位。

尽管中欧班列在过去10年取得了飞速发展，成绩斐然，但在持续增长的过程中，一些问题也逐渐暴露出来。虽然中欧班列稳定、低价和快速高效的优点使其成为越来越多公司的首选物流解决方案，但整体物流效率不高、市场化程度不够、资源利用不尽合理等问题也逐渐浮出水面。这些问题严重制约了中欧班列的运营效率和发展潜力。为解决这些问题，对中欧班列的运营效率进行全面科学的评估显得尤为重要。通过深入挖掘和分析潜在问题，我们可以从优化运输线路、加强信息化建设、引入市场竞争机制等方向找到改进措施，进一步提升中欧班列的整体运营效率和竞争力。这不仅有助于提高中欧班列的核心竞争力，也有利于推动中欧班列的可持续发展，为“一带一路”倡议的实施提供更为坚实的物流保障。

（二）研究目的及意义

1. 研究目的

近年来，我国经济实现了惊人的发展，成为全球经济增长的领跑者。这一高速发展不仅提升了我国的经济影响力，还使我国对外经济贸易活动愈发活跃。随着“一带一路”建设的深入推进和中欧班列的开通，我国与沿线国家及内陆城市的国际贸易合作日益紧密，为我国的国际贸易发展注入了新动力。特别是中欧班列的开通，为我国与欧洲、中亚等地区的贸易往来搭建了便捷的物流通道。这一通道不仅促进了我国与沿线国家的贸易往来，还为沿线和我国的内陆城市开拓了新的国际贸易路径。通过中欧班列，内陆城市的商品可以更快速、更便捷地进入国际市场，进一步拓宽了我国的国际贸易渠道，也为我国企业“走出去”提供了更优平台，成为我国未来国际贸易关系的新突破口和贸易额的重要增长点。

近年来，中欧班列的开行规模持续扩大，辐射范围不断拓展，其独特的优势也日益凸显。与此同时，它也面临着前所未有的挑战。在这种背景下，本书以中欧班列“长安号”的运营效率为研究方向，对其进行全面、科学、有效的评价，深入探寻中欧班列“长安号”运营中的关键问题，并剖析其运营效率的影响因素，旨在找出其当前运营中制约效率的关键问题，为提高中欧班列整体运营效率提供有益参考。

2. 研究意义

从理论层面看，近年来，随着“一带一路”倡议的深入推进，中欧班列运行频次与运送货物总量屡创新高，国内学者对于中欧班列的研究逐渐深入，发表的文章也日益丰富。本书聚焦中欧班列的运营效率，借助 DEA 模型，对中欧班列过往十年的运行数据进行深入研究，结合对管理人员的访谈梳理现存问题，并提出针对性的效率提升对策，不仅在一定程度上弥补了中欧班列运营效率研究的不足，更为丰富和深化该领域的研究内容提供了强有力的支持。

此外，未来中欧班列开行线路仍会不断增加，本次对于中欧班列运营效率的研究和优化，有利于其他班列提前进行规划和部署。因此，本书不仅对中欧班列运营效率的提升具有一定的实践意义，还能通过研究更加深入地了解中欧班列的运营模式、市场需求、运输瓶颈等关键问题，为未来班列的开行提供更加科学和有效的决策支持，对中欧班列未来的可持续发展具有深刻的实践参考意义。

（三）研究现状

1. 国外研究现状

中欧班列作为“一带一路”倡议下一条重要的物流大动脉，近年来发展迅猛，吸引了国际学术界的广泛关注。国外学者们的研究焦点主要集中在以下几个维度。

（1）中欧班列对国际贸易和区域经济的深远影响。Notteboom（2018）深入剖析了中欧班列对中欧贸易流的推动作用，其研究结果表明，班列显著加强了中国与中东欧国家之间的贸易纽带。Rodemann 和 Templar（2019）的研究聚焦于中欧班列对德国杜伊斯堡港及其周边区域经济的正面效应，他们指出，班列不仅催生了大量就业机会，还带动了相关产业链的蓬勃发展。

（2）中欧班列运营模式的多样性与发展挑战。Wang 和 Zhang（2020）对中欧班列的运营模式进行了多元化探索和细致的利弊分析，并对其未来发展趋势进行了前瞻性探讨。Liu 与 Zhang（2021）针对中欧班列回程货源不足的问题进行了深入剖析，并提出了切实可行的解决策略。

（3）中欧班列与“一带一路”倡议的紧密关联。Lau（2019）强调了中欧班列在“一带一路”倡议中的核心地位，认为它是促进沿线国家互联互通和深化经贸合作的关键纽带。Rolland（2020）则从中美贸易摩擦的视角，探讨了地缘政治因素对中欧班列未来发展的潜在影响。

2. 国内研究现状

张宁（2018）认为中欧班列提高了内陆对外贸易水平，使内地成为新增长极，但存在货运量与运力不足、规划与管理不到位、依赖政府补贴等问题，制约其潜力发挥。许英明（2019）指出，中欧班列已进入常态化发展，从追求数量转为追求质量，但“两头快，中间慢”情况，部分路线国家存在换轨和基础设施落后等问题。刘畅等（2019）通过构建 Logistic 模型，预测中欧班列的开行列数，结合多种因素预测未来开行趋势，认为未来几年将保持稳定快速发展，应加强配套基础设施建设，提升信息化、智能化水平以应对即将到来的大负荷运行、维护和管理压力。马斌（2018）面对中欧班列短板，提出遵循“政府引导，市场主导”逻辑，明晰发展方式，培育经济动力，为可持续化发展奠定基础。张雯卿、闫蕊（2019）深入分析了阻碍中欧班列可持续发展的主要因素，构建综合评价指标体系，运用层次分析法计算各个层级评价指标的权重，通过多级模糊综合评价法对其可持续发展程度进行综合评价，得出发展可持续水平较为良好的结论。

薛锋等（2020）结合中欧班列开行现状，借助锥比率模型和熵权法改进DEA 模型，从效益、技术及服务 3 个方面构建评价指标体系，对 5 个中欧班列开行方案进行有效性评价，得出开行在数量上有质的飞跃，但运营效率仍有很大提升空间的结论。蒋佳楠等（2020）从经济效益角度构建评价指标体系，运用模糊 DEA 评价模型对中欧班列开行方案进行评价及优化，以郑欧班列为例，分析得出直达开行模式和集结中心集结开行模式均为非模糊 DEA 有效，并提出提升运营效率的方法。富鹏飞（2019）分析中欧班列运输通道现状及问题，依据协同模型优化华南地区各平台公司班列间的货运方案，提升华南地区中欧班列运营效率。林萍（2020）以 DEA 评价法为基础，建立中欧班列运营效率评价模型，引入灰色关联法，从中欧班列总体和分班列两个层面对中欧班列运营效率进行综合评价，研究发现，2017—2018 年为有效性较好的决策单元，中欧班列进入提质增效的阶段，取消政府补贴对各班列效率值有影响。孙彩虹等（2020）描述了中欧班列跨境双向供应的特点，探讨了政府减少补贴后的发展路径。通过对比政府直接补贴、激励补贴和物流平台合作三种模式，研究表明密切的物流平台合作是政府补贴退出的可行路径，其本质在于提升跨国供应链的运作效率。

国家发展改革委综合交通运输所在 2018 年 12 月举行的中欧班列运输协调委员会第三次全体会议中制定《中欧班列高质量发展评价指标》，明确将从规模范围、速度时效、运输效能、经贸贡献、安全事故等方面考核中欧班列运行质量。在此基础上，张文等（2019）围绕中欧班列高质量发展新要求，构建总体运营情况的质量评价指标体系，包括规模范围、速度时效、运输效能、经贸贡献、货物安全 5 个方面，详细描述每个核心指标，列出各方面若干核心指标。贾鹏等（2020）选取包括营运规模、运输能力、运输效率、经济效益、贸易贡献、货运安全等在内的 6 个一级指标及 18 个二级指标评价中欧班列运行质量，利用组合赋权法确定一、二级指标权重，对 10 条中欧班列主要线路进行运行质量排名，发现运行质量主要取决于回程比率、重箱率、发送量、单位 TEU 营运收入和能力利用率。

（四）研究方法

1. 文献综述法

经过科学的归纳整理国内外学者在物流效率理论、中欧班列的物流效率、评价方法与指标选取、驱动因素等方面的相关研究文献，了解和学习前人在研究中所用到的方法及思路，将其作为本书理论分析和具体研究的重要依据。

2. 定性分析法

本书在研究背景、研究意义、文献综述、理论基础等方面使用定性分析方法，且通过定性分析法梳理了中欧班列运营效率的影响因素，建立了中欧班列运营效率初步评价指标体系。通过专家咨询法，最终筛选中欧班列运营效率评价指标体系。

3. 模型分析法

选择 DEA 即数据包络分析模型，从投入产出角度选取指标，建立中欧班列“长安号”运营效率评价体系，计算中欧班列物流效率，分解出纯技术效率和规模效率并对其变化趋势进行分析。

二、相关概念及理论基础

（一）运营效率的概念、特点

运营效率的概念在经济与管理领域具有重要意义，清晰界定其内涵有助于准确衡量各类经济活动的成效。运营效率主要包含以下两层含义。

1. 基于投入产出比的效率指标

从投入产出的角度来看，运营效率体现为有用产出与投入之比，具体可细分为产销率、成本利润率和资金周转率。

（1）产销率。产销率指工业企业在特定时期内已销售产品总量与可供销售产品总量的比值。该指标反映了工业产品在市场上的销售流通速度，数值越高，表明企业产品与市场需求的契合度越高，产品在市场上的偏差程度越小。

（2）成本利润率。成本利润率是一定时期内销售利润总额与销售成本总额的比率，它直观地展示了单位销售成本所获取的利润，反映了成本与利润之间的内在关系。

（3）资金周转率。以流动资产周转率为例，它是企业一定时期主营业务收入与流动资产平均余额的比率，反映了企业流动资产在一定时期（通常为一年）内的周转次数，体现了企业流动资产运用效率。

2. 多维度的效率范畴

运营效率还涵盖多个维度，包括企业运营效率、资源配置效率、政府行政效率、资产使用效率、劳动生产率和资本经营效率。

（1）企业运营效率。企业运营效率本质上是有用产出与投入之比，综合反映了企业在生产、销售、管理等各个环节的运营成效。

（2）资源配置效率。在给定投入和技术条件下，资源配置效率衡量的是经济资源是否得到充分利用，并实现最大程度的满足，是评估市场体制运行状况的关键指标。

（3）政府行政效率。政府行政效率是指国家行政机关及其行政人员在行政管理活动中产生的劳动效果、社会效益与所消耗的人力、物力、财力以及时间的比率关系。它是衡量政府行政工作质量的重要指标。

（4）资产使用效率。资产使用效率关注资产利用的有效性和充分性。有效性侧重于资产使用所产生的实际效果，属于产出层面；充分性则关注资产使用过程中的投入情况，是投入层面的考量。

（5）劳动生产率。劳动生产率是劳动者在一定时期内创造的劳动成果与其劳动消耗量的比值。可以通过单位时间内生产产品的数量来衡量，单位时间生产产品越多，劳动生产率越高；也能用生产单位产品所耗费的劳动时间来表示，生产单位产品耗时越少，劳动生产率越高。

（6）资本经营效率。广义上，资本经营效率是指资本经营主体在经营活动中投入与产出的对比关系，是评判企业资本绩效的重要标准。以企业为主体的资本经营活动是企业整体运营的重要组成部分，其效率综合反映了企业经营能力、资源配置状况以及市场竞争态势等多方面因素。因此，在评估资本经营效率时，需综合考虑这些因素。

（二）中欧班列运营效率的内涵与独特价值

中欧班列作为“一带一路”倡议的重要载体，其运营效率在国际物流格局中展现出关键作用，深入剖析其内涵与特点，有助于全面理解其在促进中欧贸易中的核心价值。

1. 中欧班列运营效率的内涵

（1）高效的运输时效。中欧班列采用固定车次、线路与班期运行，相较于传统海运，大幅缩短了运输周期。以从中国至欧洲主要城市的运输为例，海运通常需 30~40 天，而中欧班列仅需 15~20 天，运输时间减少近一半。随着班列线路的持续拓展与运输组织的精细化优化，运输时效仍在稳步提升，为货物快速交付提供了坚实保障。

（2）强大的运输承载能力。一列中欧班列的载货量可达 5000 吨，相当于 200 多辆大型卡车的载货量，显著提升了单次运输的货物承载能力。这种大规模的运输能力，能够满足各类企业大批量货物的运输需求，有效支撑了中欧之间贸易规模的不断扩大。

（3）合理的成本控制。中欧班列在运输成本上具备显著优势。一方面，它规避了海运中可能产生的高额附加费用以及天气、航线拥堵等造成的不确定性成本；另一方面，相较于传统的陆路运输，通过优化运输组织和整合资源，降低了时间成本和人力成本，为企业提供了性价比更高的物流解决方案。

（4）稳定的运输保障。中欧班列依托其成熟的运输体系和完善的运营管理机制，展现出卓越的运输稳定性。在面对诸如全球疫情等不可抗力因素时，当航空和海运出现停运或延误情况，中欧班列依然能够保持高效运行，确保货物按时送达。例如在疫情期间，中欧班列累计向欧洲输送了大量医疗物资，有力地支援了全球抗疫行动。

（5）显著的经济贡献。中欧班列的常态化运营，极大地推动了中国产品的出口，助力中国制造业产品快速、便捷地进入欧洲市场。同时，返程班列将欧洲的优质商品引入中国，丰富了国内消费市场，促进了中欧双方的贸易往来，带动了相关产业的协同发展，为区域经济增长注入了强劲动力。

2. 中欧班列运营效率的独特价值

（1）速度优势凸显。中欧班列采用先进的铁路运输技术，其运行速度远超传统海运。通过持续的线路优化和基础设施升级，不断缩短运输时间，为企业抢占市场先机提供了有力支持，显著提升了贸易效率。

（2）运载能力卓越。中欧班列的承载量可达 5000 吨，具备强大的运输能力，能够承担各类大型机械设备、大宗商品等运输任务，满足不同行业的多样化物流需求，成为连接中欧产业供应链的重要纽带。

（3）成本效益显著。相较于海运，中欧班列在运输成本上实现了有效控制。同时，通过减少运输环节的不确定性，降低了供应链风险成本，为企业节约了大量物流费用，显著提升了贸易效益。

（4）运行稳定性强。依托完善的铁路运输网络和严格的运营管理体系，中欧班列能够在各种复杂环境下稳定运行。为货物的按时交付提供了可靠保障，增强了企业对物流配送的可控性。

（5）经济带动作用突出。中欧班列不仅推动了中国制造业的发展，促进了国内相关产业的集聚和升级，还为欧洲市场提供了丰富的商品选择，推动了双方经济的深度融合。通过“走出去”和“引进来”的双向互动，中欧班列进一步促进了区域经济的繁荣发展。

3. 中欧班列运营效率的研究现状

（1）国内研究动态。在国内，研究者主要聚焦于中欧班列的运输效率、运输成本以及运输安全等关键领域。有研究通过翔实的数据对比，深入剖析了中欧班列在运输时间、运输成本方面的优势与不足。比如，在运输时间上，虽已大幅缩短，但在部分线路的衔接环节仍存在时间损耗；在运输成本方面，尽管整体低于航空运输，然而与成熟的海运专线相比，仍有进一步优化的空间。基于这些分析，提出了诸如优化运输组织流程、加强线路协同等针对性的优化建议。此外，对于运输安全问题，研究涵盖了货物的安全检查流程优化、运输途中的风险控制策略制定等，致力于构建全方位的运输安全保障体系。还有部分研究着眼于中欧班列的长远发展，对未来班列的线路规划，如开辟新的内陆节点城市线路，以及运输能力的提升，如采用新型列车技术等方面展开探讨。

（2）国外研究视角。国外研究者的目光多集中在中欧班列对欧洲经济的影响以及运输环境相关议题。在经济影响方面，研究表明中欧班列有力地促进了欧洲进口贸易的增长，丰富了欧洲市场的商品种类，同时推动了欧洲物流业的升级发展，带动了物流园区的建设和物流技术的创新。在运输环境方面，重点探讨了铁路运输对环境的影响，如碳排放、噪声污染等，并对运输过程中的环保措施，如采用清洁能源汽车、优化线路减少迂回运输等进行研究，以实现中欧班列绿色可持续发展。

（3）研究不足与展望。总体而言，国内外在中欧班列运营效率研究上均取得一定成果，但仍存在局限。研究方法较为单一，多集中于定性分析，缺乏多种研究方法的交叉运用，如结合大数据分析、建立量化模型等进行全面评估。未来，应进一步加强对中欧班列运营效率的研究，运用多学科交叉的方法，从技术创新、政策优化、市场拓展等多维度推动中欧班列的可持续发展。

综上所述，中欧班列以其高效的运输时效、强大的运输承载、合理的成本控制、稳定的运输保障和显著的经济贡献，成为连接中欧的黄金物流通道。其独特的运营效率优势，使其在国际物流市场中具有不可替代的竞争力，为促进中欧贸易合作、推动“一带一路”建设发挥了重要作用。

（三）运营效率评价方法

1. 定性评价方法

（1）资源利用效率评价。评估企业在特定时期内资产的利用率，反映企业的运营能力。具体指标包括资产周转率、人力资源效益、生产效率等。这些指标可以用来衡量企业在资产、人力资源和生产方面的利用效率，进而体现企业运营效率。

（2）时间管理评价。评估企业时间管理的效率和效果。具体指标包括收益时间比、时间利用率等。这些指标可衡量企业在工作时间创造的价值和效益，反映企业时间管理水平，从而对企业运营效率进行评价。

（3）流程效益评价。评估企业工作流程的合理性和高效性。具体指标包括流程优化程度、流程效率指标等。这些指标用于衡量企业流程的效率和合理性，体现企业流程管理水平，最终实现对企业运营效率的评价。

（4）质量评价。评估企业产品的质量水准。具体指标涉及产品质量合格率、客户满意度等。这些指标能衡量企业产品质量水平和客户满意度，反映企业质量管理能力，进而评价企业运营效率。

（5）员工福利评价。评估企业员工的工作环境和福利待遇。具体指标包括员工满意度、员工流失率等。这些指标可衡量企业员工工作环境和福利待遇，体现企业员工福利管理水平，从而对企业运营效率进行评价。

以上是常用的定性评价运营效率的方法。每种方法都有其特点，可依据具体情况选择适合的方法进行评价。同时，需结合定量方法进行综合评估，以保障评价结果的准确性和可靠性。

2. 定量评价方法

（1）经济增加值（EVA）方法。通过计算企业税后净营业利润与资本成本之间的差额来评价企业的运营效率。如果 EVA 大于零，表明企业为股东创造了价值；反之，若 EVA 小于零，则说明企业损害了股东利益。

（2）作业成本法。通过分析企业生产经营过程中各个作业环节的资源消耗，计算出每个作业环节的成本，进而评价企业的运营效率。作业成本法可以帮助企业识别低效作业环节，优化作业流程，降低成本。

（3）目标成本法。通过设定企业的目标成本，分析企业生产经营过程中的成本构成，找出降低成本的途径，提高企业的运营效率。目标成本法可以帮助企业加强成本管理，提高产品竞争力。

（3）关键绩效指标（KPI）方法。通过设定关键绩效指标来评价企业的运营效率。这些指标可以是质量、交货期、成本等，根据企业的实际情况选择相应的指标进行评价。KPI 方法可以帮助企业关注关键业务领域，实现高效运营。

（4）数据包络分析（DEA）方法。通过比较企业间的相对效率，分析企业运营过程中的投入产出比，评价企业的运营效率。DEA 方法适用于多投入多产出的复杂系统，可以较为准确地评价企业的运营效率。

这些定量评价方法各有优劣，企业可以根据自身的实际情况选择合适的方法进行评价，也可以综合运用多种方法进行全面分析和评估。同时，在运用定量评价方法时，企业应高度重视数据的收集和处理，保证数据的准确性和可靠性，以确保评价结果的科学性。

综上所述，将定性与定量评价方法有机结合，能更全面、深入地了解中欧班列的运营状况。中欧班列凭借其高效的运输时效、强大的运输承载、合理的成本控制、稳定的运输保障和显著的经济贡献，成为连接中欧的黄金物流通道。深入研究其运营效率，运用科学合理的评价方法，对于推动中欧班列更好地服务"一带一路"建设意义深远。

（四）DEA 方法

1. DEA 方法基本概念和特点

作为管理科学、运筹学和数理经济学等多个学科的交叉领域，DEA（数据包络分析）是一种评估多输入多输出同类决策单元（DMU）的有效方法。在 DEA 分析中，决策单元（DMU）是指将某一生产要素投入某一生产过程并获得特定生产结果的经济体系。决策单元的目标是：在投入某一生产要素后，实现最大产量；或在产量已知的情况下，最小化投入。

DEA 基于各决策单元的输入和输出数据，构建包含全部观测数据的效率前沿面，并计算各决策单元数值到效率前沿面的距离。在剔除随机误差后，若某一决策单元的数值位于效率前沿面上，则该决策单元是有效的，其效率值为1；若数值不位于效率前沿面上，则该决策单元相对无效率，其效率值介于0和1之间，两者的差值即为无效率程度。此外，DEA方法还能评估决策单元的规模效益，为决策者调整生产规模提供参考依据。与其他方法相比，DEA方法具有以下四个特点：

（1）无须人工设置权重。DEA方法的最大优势在于无须人工设置权重，避免了主观性和误差。该方法以目标数据为依据，通过生产函数对各决策单元进行权重分析，从而得出各决策单元的效率权重。

（2）无须预先确定输入输出函数关系。DEA方法无须预先确定输入与输出之间的函数关系，即可对多输入、多输出的复杂系统进行求解，从而减少了主观因素的影响，具有较高的实用性。

（3）数据处理灵活性高。DEA方法中的输入和输出数据无须进行无量纲化处理，不依赖于度量单位，并能处理比例和非比例数据，具有较高的数据处理灵活性。

（4）提供定量决策参考。通过DEA方法，不仅可以获得相对效率，还能计算投入的冗余比率和产出的短缺比率。这不仅能判定决策单位的相对效率，还能为决策者提供定量参考，帮助其进行调整和优化。

2. DEA模型基本原理

DEA模型有很多种，其中最基础的是CCR模型。随后发展的BCC模型将总技术效率进一步分解为纯技术效率和规模效率，从而形成了可加的数据包络分析模式，即C2GS2模式。在本书中，我们对物流效率进行了深入研究，重点测量了规模报酬不变情况下的技术效率，以及规模报酬变化情况下的纯技术效率和规模效率。因此，我们主要采用了CCR模型和BCC模型。

假定该模型中存在 n 个DMU，每个DMU具有 m 类的输入和 s 类的输出，第 j 个DMU对第 i 类的输入和对第 r 类的输出都具有 m 类的输入和 s 类的输出，则第 j 个DMU的输入和输出矢量可以分别表示为：

$$\begin{cases} X_j=(x_{1j},\ x_{2j},\ \cdots,\ x_{mj}),\ i=1,\ 2,\ \cdots,\ m \\ Y_j=(y_{1j},\ y_{2j},\ \cdots,\ y_{sj}),\ r=1,\ 2,\ \cdots,\ s \end{cases} \tag{7.1}$$

在式（7.1）中，如果要引进一个松弛变量，那么可以将其描述为：

$$
\text{s. t.}\begin{cases}\sum_{j=1}^{n}\lambda_j X_j + s^- \leqslant \theta X_0 \\ \sum_{j=1}^{n}\lambda_j Y_j - s^+ \leqslant Y_0 \\ \sum_{j=1}^{n}\lambda_j = 1,\ \lambda_j \geqslant 0,\ j=1,\ 2,\ \cdots,\ n \\ s^- \geqslant 0,\ s^+ \geqslant 0\end{cases} \tag{7.2}
$$

其中，s^-和s^+分别是投入和产出的松弛变量，它们表示在达到有效前沿时，投入和产出的冗余量。通过对上述模型的求解，可以得出如下结论：

如果$\theta=1$，且$s^-=0$，$s^+=0$，则表示该DMU有效。

如果$\theta=1$，但是s^-或$s^+\neq 0$，则表示该DMU为弱有效。

如果$\theta<1$，则该DMU无效，可根据投影分析投入产出的冗余情况。

如果DMU是无DEA的，则要对其进行深入的分析，进而判断出无DEA的DMU在其相对有效面上的投射，并对无DEA的各个DMU进行调整，从而达到最优。具体的调整公式为：

$$
\begin{cases}\Delta x_0=(1-\theta)x_0+s^- \geqslant 0 \\ \Delta y_0=s^+ \geqslant 0\end{cases} \tag{7.3}
$$

3. DEA模型应用基本步骤

运用DEA方法，对一个特定的问题进行分析，通常要经过五个阶段。

（1）确定评价目的。DEA方法在决定评估目标时，要对评估对象的选取进行评估，要对采用何种决策单元、何种投入产出指标、何种DEA模型等进行评估。在使用DEA方法时，须根据评估目标进行选取，才能更好地反映实际情况。

（2）选择决策单元。对于决策单元的选取，需要具有一致性。有相同的外部环境，相同的目标或任务，相同的输入、输出指标。即使没有一致性，也要通过某种方式来实现一致性。例如，根据不同的任务目标，可以把决策单元划分成几个子单元，这样它们就会变得一致。

（3）建立输入输出指标体系。在评估过程中，选择合适的指标直接影响评估效果。若评估指标过多过细，会使决策单元数量过多，进而影响评估结果的有效性；若评估指标过少或过于粗糙，则无法为企业提供精准的决策依据。确定投入产出指标时，须遵循以下原则。

一是系统性与全面性原则：评估目标由多个投入产出指标构成，缺少任何一项指标都会导致评估结果不完整，甚至使原有 DEA 方法失效。

二是避免线性相关性原则：要研究投入指标与产出指标之间以及各投入指标、各产出指标内部是否存在相关性。若各决策单元间存在相关性，会使各决策单元的相对效能均显示为有效，从而丧失评估价值。所以，选取输入和输出指标时，应尽量避免两者存在线性相关性。当一个指标与其他指标相关性很强时，意味着该指标的信息已被其他指标涵盖，可将其剔除。

三是指标可比性原则：选择指标时，应体现被评估目标的共同特点，确保对每个被评估目标都具有适用性。选用标准和幅度相同的指标，使横向与纵向比较具有可比性。

四是综合考量原则：要从现实出发，进行宏观、全面、综合的考虑，选择能较好体现整个体系综合素质的综合指标。在此基础上，分解各评价指标，分离输入与输出的相关系数，并剔除相关系数，最终确定评价指标。

（4）选择 DEA 模型。数据包络分析有多种模式，每种模式都有独特的经济学内涵。选择合适的模式时，需结合评估对象和具体条件。当投资指标稳定时，可选择以产出为基础的 DEA 模型；反之，也应根据实际情况合理选择。条件允许的话，应尽可能选用多个 DEA 模型并进行对比，以获取更深入、全面和准确的信息。

当前常用的 DEA 模型有 DEA-CCR 模型和 DEA-BCC 模型。CCR 模型假定决策单元的收益固定，用于度量决策单元的总体效率。“固定尺度奖励”是一种效能评价方式，它将所有的决策单元（DMU）放在一起对比。BCC 模型假定决策单元处于可变的尺度报酬条件下，用于度量单纯的技术效率与规模效益。可变等级的补偿是与相同情况下被评估的单元相比较得出的。因此，本文选择 BCC 模式来进行中欧班列的运营效率分析。

（5）综合评价得出结果。通过分析 DEA 评估结果，能够获取对决策者有用的信息，包括各个决策单元的效率、规模效益等，进而得出评估结果。

三、中欧班列运营现状分析

中欧班列的运营现状充分彰显了其在促进亚欧大陆经贸合作中的关键作用，并继续拓展运输能力、提升运营质量。

（一）开行规模的扩大

从最初的少量班列到现在年开行量超 1.7 万列，中欧班列的年运输货值从80亿美元提升至567亿美元。2023年以来，电动汽车、锂电池、光伏产品成为运量新的增长点。这不仅展示了中欧班列对新兴战略产业的支撑能力，也反映了其适应市场需求变化的能力。

2016—2023年，中欧班列年开行数量由1702列增加到1.7万列，增长近10倍，年均增长39.5%。开行万列班列所需时间由开行之初的90个月缩短为7个月。自2020年5月起，中欧班列已连续48个月单月开行数量保持在千列以上。

在货物品类方面，从开行初期的笔记本电脑、打印机等IT产品，逐步扩展到服装鞋帽、汽车及配件、日用百货、食品、木材、家具、化工品、机械设备等53大类5万余种。2023年以来，中国制造“新三样”——新能源汽车、锂离子电池产品和光伏产品成为中欧班列运量新的增长点，市场需求十分旺盛，目前中欧班列综合重箱率稳定在100%。

（二）通道能力的扩充

国内多个铁路口岸站和发运站经过改造，运输能力大幅提升。例如，西安至德国杜伊斯堡、成都至波兰罗兹等全程时刻表中欧班列的稳定开行，显著提升了运输时效。同时，中欧班列（武汉）在提升运输效率方面也取得新进展，为服务“一带一路”倡议和促进国际经贸往来提供了有力支撑。

在国内，兰新铁路精河至阿拉山口段增建二线、满洲里口岸国际货场、沈阳蒲河站等一批铁路口岸站和发运站实施了扩能改造及铁路通道补短板项目。经阿拉山口、霍尔果斯、二连浩特、满洲里、绥芬河、同江北六大口岸出境的西、中、东三条运输主通道运输能力大幅提升，时速120千米的中欧班列运行线路已达87条，联通中国境内122个城市。

在国外，中欧班列在巩固和稳定既有入欧主要通道基础上，积极探索开辟了跨里海、黑海的南通道，陆续开行义乌、乌鲁木齐等地至土耳其伊斯坦布尔、意大利萨莱诺等地的南通道中欧班列，形成了“畅通高效、多向延伸、海陆互联”的境外通道网络格局。同时，中欧班列与西部陆海新通道、中老铁路等实现有序衔接，进一步拓展了运输服务网络。迄今为止，中欧班列已广泛覆盖欧洲25个国家的223个城市，并与亚洲11个国家的百余个城市建立了紧密的连接关系。其服务网络全面铺展，有效贯通了欧亚大陆的整体脉络。

（三）运行品质的提升

时速120千米的中欧班列单列最大编组辆数和牵引重量分别提高到55

辆、3000 吨，单列平均运量较开行之初提升 34%以上。这种运输效率的提高大幅缩短了中国与欧洲间的货物运输时间。

中欧班列的迅猛发展，为亚欧内陆地区开辟了开放新通道，搭建了沿线经贸合作新平台，推动相关国家和地区更深度融入开放型世界经济，极大增进了沿线民生福祉。中欧班列让更多电子产品、家电、新能源汽车等“中国制造”以更快的速度、更具竞争力的价格到达欧洲，显著提升了欧洲消费者的福利，也为欧洲生产商和贸易商进入中国市场开拓了贸易新通道。

中欧班列有力带动了我国内陆城市的对外开放，一些不靠海不沿边的城市依托中欧班列，逐步发展为对外开放新高地。中欧班列助力重庆外向型产业产值实现年均 30%的增长，为成都进出口商品交易中心、郑州现代化国际物流中心建设提供了有力支撑，助推义乌实现从“买卖全国”到“买卖全球”的转型升级。

此外，中欧班列催生了许多新的物流、工业、商贸中心、产业园区，为共建“一带一路”国家和地区的当地民众提供大量就业机会。如德国杜伊斯堡港因中欧班列的开通吸引了上百家物流企业落户，创造了 2 万多个就业岗位。中欧班列的开行让波兰马拉舍维奇口岸站业务量成倍增长，极大促进了当地经济社会发展。

（四）高质量发展战略的实施

研究团队提出了中欧班列高质量发展的三条路径，即强化腹地支撑、凸显枢纽支点和优化线路布局，以及实施“班列运输+物流枢纽建设+配套服务能力”的综合发展策略。这些建议旨在进一步提升中欧班列的国际竞争力和商誉度。

总之，中欧班列作为“一带一路”倡议的重要组成部分，不仅是连接亚欧国际贸易的重要桥梁，更是推动全球经济一体化的重要力量。通过持续提升自身运营质量和服务水平，中欧班列将继续在未来国际物流领域的发展中发挥关键作用。

四、中欧班列“长安号”运营现状

（一）中欧班列“长安号”概况

中欧班列“长安号”是“一带一路”倡议的重要组成部分，以中国古都西安的名字命名，彰显着中国深厚的历史文化底蕴，旨在加强中欧之间的贸易合作和交流。它为中国和欧洲之间的货物运输提供了便捷、高效、可靠的通道。

“长安号”始发地西安地处中国版图中心位置，是全国重要铁路交通枢纽，西安到全国各大城市的平均距离最短、运输成本最低，具备承东启西、联通南北、集散八方、辐射全国的独特区位优势。中欧班列“长安号”从西安出发，途经中国郑州、重庆等内陆城市，然后穿越哈萨克斯坦、俄罗斯等国家，最终抵达欧洲目的地，如德国的汉堡、波兰的华沙等。它通过铁路运输，与传统的海运和航空运输相比，具有时间短、运输成本低的优势。

自 2013 年开行以来，“长安号”呈现蓬勃发展的态势，线路覆盖越来越广、班次越来越密、货品越来越丰富。

截至 2023 年 9 月，从西安国际港站始发的国际线路已经达到 17 条（表 7.1)，基本实现中亚、南亚、西亚及欧洲地区主要货源的覆盖。“长安号”的稳定运行吸引了来自全国 29 个省份的货源汇聚西安港进行集散分拨，其中省外货源占比超过 70%，进口货物 70%以上由西安分拨至全国，西安港已成为辐射全国、联通欧亚的国际中转枢纽港。目前，中欧班列“长安号”的开行量、重箱率、货运量等核心指标均位居全国第一。

“长安号”不仅能够运输商品，还支持冷链运输和多式联运服务，满足不同类型货物的运输需求。它不仅促进了中欧之间的贸易往来，也为区域经济合作和人文交流提供了有力支持。中欧班列“长安号”的开通和运营，为中国企业拓展国际市场创造了更多机遇，也为欧洲国家进入中国市场提供了便利条件。它在推动“一带一路”建设和加强中欧经贸合作方面发挥了积极作用。

表 7.1　“长安号”开行的干线线路

序号	开行线路	口岸站	境外到站国别	运行时间（天）	运输里程（千米）
1	西安—伊斯坦布尔	霍尔果斯	土耳其	12	12000
2	西安—马拉—汉堡/杜伊斯堡	阿拉山口	德国	15	9440
3	西安—罗斯托克	阿拉山口	德国	15	9900
4	西安—斯瓦夫库夫	阿拉山口	波兰	10	9478
5	西安—布拉格	阿拉山口	捷克	12	9623
6	西安—维尔纽斯—加里宁格勒	阿拉山口	俄罗斯	10~12	9400

续表

序号	开行线路	口岸站	境外到站国别	运行时间（天）	运输里程（千米）
7	西安—根特	阿拉山口	比利时	14	9783
8	西安—科沃拉	霍尔果斯	芬兰	13~15	9110
9	西安—布达佩斯	阿拉山口	匈牙利	13~15	8767
10	西安—莫斯科	满洲里	俄罗斯	12	7423
11	西安—基辅	二连浩特	乌克兰	12	10090
12	西安—明斯克	阿拉山口	白俄罗斯	13	9717
13	西安—阿拉木图/塔什干	霍尔果斯	哈萨克斯坦、乌兹别克斯坦	7	3866/3726
14	西安—米兰	霍尔果斯	意大利	12	10632
15	西安—加德满都	吉隆口岸（铁路转公路）	尼泊尔（南亚）	8	2350
16	西安—曼海姆	霍尔果斯、满洲里	德国	15	11300
17	西安—河内	广西凭祥	越南	8	2384

（二）“长安号”开行班列数

“长安号”从 2013 年开行 1 列，2014 年开行 45 列，到 2022 年开行量达 4639 列，其开行班列数占全国中欧班列总开行量的比例见表 7.2。随着开行数量的持续增长，“长安号”已成为促进我国内陆中心城市西安与亚欧国际市场双向发展的稳定贸易通道。

表 7.2　2013—2022 年中欧班列“长安号”开行列数

年份	“长安号”开行路线数（列）	全国中欧班列开行路线数（列）	百分比（%）
2013	1	80	15.0
2014	45	308	14.6
2015	95	815	11.7
2016	145	1702	8.5
2017	194	3673	5.3
2018	1235	6363	19.4
2019	2133	8225	25.9

续表

年份	“长安号”开行路线数（列）	全国中欧班列开行路线数（列）	百分比（%）
2020	3720	12400	30.0
2021	3841	15183	25.3
2022	4639	16039	28.9

“长安号”自2013年开通运行以来，在初期开通班次并不多，到2017年仅开行194列，只占当年全国中欧班列3673列开行量的5.3%。2018年，西安政府开始了“造港开埠”的进程，在大幅度兴建港口的同时颁布了一系列优待政策，让这一年“长安号”的开行数量较2017年增长了5.37倍，达到1235列，占全国中欧班列6363列总开行量的19.4%。到了2020年，中欧班列“长安号”的总开行量已经占到全国总开行量的30.0%，确立了其在中欧班列中的重要地位。随后尽管2021年西安的新冠疫情对中欧班列“长安号”的开行量造成了一定的影响，全年的开行量占全国开行总量的比例下降到了25.3%，但之后的2022年，随着全国新冠疫情形势逐渐趋于平稳，中欧班列“长安号”全年的开行量达到了4639列，占全国中欧班列全年开行量的28.9%，较上年有所增加。

尽管在过去的几年中，新冠疫情对中欧班列“长安号”的开行量造成了一定的影响，但其在中欧班列中的地位没有动摇。随着全球疫情逐渐得到控制，中欧班列“长安号”的开行量有望在未来继续保持增长。

（三）“长安号”年集装箱运输量

从表7.3可以看出，“长安号”班列货运自2013年开通以来，货运量增长态势良好。除2017年受港口扩建影响外，其余年份均保持一定的增长率。2021年，为了保障中欧班列“长安号”的高效运行，西安局集团公司成立专门的企业客户对接部门，该部门详细了解货源情况和发运安排，提前针对需求优化运输方案，缩短列车装卸组织及中转挂运时间，提升开行效率；通过加强与中铁集装箱运输有限责任公司的合作，根据班列开行计划，及时挑选优质集装箱和车辆，满足运输需求，进一步增强了“长安号”的运输能力。到了2022年，中欧班列“长安号”开行4639列，运输货物411.7万吨，开行量、重箱率、货运量等核心指标均领跑全国。

表 7.3　2013—2022 年中欧班列“长安号”年集装箱货运量

年份	年集装箱货运量（万吨）	增长率（%）
2013	3.5	—
2014	10.6	202.86
2015	32.7	208.49
2016	45.9	40.37
2017	23.2	-53.81
2018	120.2	460.34
2019	175.7	46.17
2020	281.1	60.00
2021	284.3	1.14
2022	411.7	44.83

（四）国内“+西欧”班列集结线路

“+西欧”班列是中欧班列“长安号”的特色班列，是西安加快推进中欧班列（西安）集结中心建设的重要举措。通过与各节点城市建立合作伙伴关系，实现资源要素互补，推动产业联动，促进区域协同发展。这也是落实“一带一路”倡议的重要着力点。截至 2023 年 9 月，共开行 21 条集结班列，见表 7.4。

表 7.4　“长安号”+“西欧”开通线路

序号	线路名称	国内合作城市	至西安距离（千米）	在途运输时效	开通时间
1	襄西欧	襄阳	470	2	2019 年 3 月 22 日
2	徐西欧	徐州	852	2	2019 年 4 月 9 日
3	蚌西欧	蚌埠	912	2	2019 年 6 月 25 日
4	冀西欧	石家庄	804	2	2019 年 7 月 18 日
5	厦西欧	厦门	1714	3	2019 年 12 月 24 日
6	唐西欧	唐山	1192	3	2020 年 8 月 26 日
7	永西欧	永济	182	1	2020 年 8 月 28 日

续表

序号	线路名称	国内合作城市	至西安距离（千米）	在途运输时效	开通时间
8	渭西欧	渭南	66	1	2020年8月31日
9	贵西欧	贵阳	1073	3	2020年9月25日
10	芜西欧	芜湖	1203	3	2020年11月27日
11	安西欧	安康	236	1	2020年12月8日
12	榆西欧	榆林	608	2	2020年12月31日
13	常西欧	常州	1208	3	2021年3月19日
14	宛西欧	南阳	424	2	2021年3月31日
15	武西欧	邯郸武安	638	2	2022年6月29日
16	十西欧	十堰	321	1	2022年7月20日
17	汉西欧	汉中	287	1	2022年8月4日
18	粤陕号	广州	1612	3	2023年1月1日
19	商西欧	商洛	130	1	2023年4月18日
20	宝西欧	宝鸡	169	1	2023年5月27日
21	蒙陕号	乌兰察布	1090	3	2023年8月29日

（五）“长安号”运送货品种类

自2013年开行以来，中欧班列“长安号”已累计运行超过20000列班列，部分班列运输货品见表7.5。

表7.5　部分线路货品统计

序号	线路	运送货品	时间
1	西安—布达佩斯	货物以义乌小商品为主，共有上百种品类，包括服装、面料、小电器、玩具、生活用品等 光电产品、防疫物资、高端服饰、机械配件等	2017年4月1日 2020年8月23日
2	西安—汉堡	机电产品、服饰鞋帽、电子产品等	2017年9月11日
3	西安—明斯克	跨境电商出口专列。电子产品、服装鞋帽、生活家居等轻工产品	2019年5月28日
4	西安—根特	190辆“中国制造”沃尔沃汽车	2019年7月4日
5	西安—比什凯克	机械设备、工业原料、服装鞋帽等产品	2019年7月16日

续表

序号	线路	运送货品	时间
6	西安—罗斯托克—维罗纳、哥德堡、斯德哥尔摩铁海联运班列	电缆、灯具、齿轮、电机、机械设备等货品	2020年3月25日
7	西安—巴塞罗那	太阳能板	2020年4月8日
8	西安—基辅	服装、鞋、袜等百货商品	2020年7月24日
9	维也纳—西安	天丝品牌莱赛尔、莫代尔纤维及木浆	2020年9月8日
10	西安—伊明汉姆	服饰鞋帽等跨境电商产品，以及电子配件、家具家电、机械设备	2021年7月1日
11	西安—康斯坦察—曼海姆	服装、运动器材等物品	2022年4月13日
12	西安—加德满都	PVC管、钻机模块、注浆管等援建物资，服装、鞋子、打印机等物品	2022年5月22日
13	海防—西安—阿拉木图	越南产的白糖、家具、面料、医护用品	2022年6月21日
14	西安—河内	哈萨克斯坦石棉	2022年8月25日
15	莫斯科—西安	肉类及农产品冷链	2023年4月21日
16	西安—塔什干	中兴通信 隆基绿能光伏组件（专列）	2023年5月30日 2023年8月3日
17	西安港—比利时安特卫普	光伏组件（专列）	2023年8月24日
18	塔什干—西安	棉纱、绿豆、面粉、初榨油、电解铜、群青、牛皮、面包、蜂蜜、大麦、麦麸、糖果、花生仁、钾肥等	公共班列

（六）“长安号”境内外通行城市数

自2013年开行以来，“长安号”陆续开通西安直达德国、波兰、俄罗斯、哈萨克斯坦和芬兰等国家的货运线路，常态化开行线路为15条，构建了一条连接中亚、西亚、南亚，辐射欧洲腹地的国际物流大通道，包括西安—中亚五国、西安—波兰华沙、西安—德国汉堡、西安—俄罗斯莫斯科、西安—匈牙利布达佩斯以及西安—芬兰科沃拉等连接国内外重要港口城市的核心货运线路，实现了线路辐射范围从“线”到“面”的拓展，完成了对欧亚大陆的全境覆盖。

与此同时，“长安号”积极拓展境外集结分拨点，目前已拥有16个海外仓、7个国内仓、5个集结分拨中心，为高质量共建“一带一路”提供了有力支撑。截至2024年，“长安号”班列境内通行城市已达45个，境外通行涉及

17个国家和地区的城市。

五、中欧班列运营效率评价

（一）中欧班列运营效率评价指标体系构建

1. 构建原则

为精准评价中欧班列运营效率，提升指标体系构建的有效性和客观性，本书基于中欧班列自身差异性和多样性等特点，结合上文中对中欧班列现状与问题的研究，从实际运营出发构建指标体系，该体系将严格遵循综合性、可衡量性、可比较性、一致性、重要性、可操作性的构建原则。

（1）综合性原则。评价指标体系应综合考虑多方面因素，包括资源利用效率、运输时效、运输成本、服务质量等。这样方能全方位反映中欧班列的运营效率，避免片面化或偏颇的评价结果。

（2）可衡量性原则。评价指标体系应具备可衡量性，即能够通过数据收集和分析来计算及比较。指标需基于可获取的数据，且能够以定量方式衡量运营效率，从而达成准确评估与对比的目的。

（3）可比较性原则。评价指标体系应具备可比较性，即不同时间段或不同单元之间的指标值能够进行对比。这有助于观察中欧班列在不同情况下的运营效率变化，并与其他类似运输通道作比较，进而发现改进的空间和优势。

（4）一致性原则。评价指标体系应在整体上保持一致性，即各个指标间相互关联、相互支持。指标间应当具有内在的一致性逻辑，以确保评价结果的准确性和可信度。

（5）重要性原则。评价指标体系应根据其对中欧班列运营效率的重要程度进行权重分配。关键的指标应赋予更高的权重，以体现其对整体运营效率的重大影响。

（6）可操作性原则。评价指标体系应具备可操作性，即评价结果不仅要能为管理层提供决策参考意见，还应针对中欧班列运营中出现的问题，提供解决思路与指导建议。

综上所述，构建中欧班列运营效率评价指标体系时，应严格遵循综合性、可衡量性、可比较性、一致性、重要性和可操作性等原则。通过遵循这些原则，方可实现对中欧班列运营效率全面、准确且有针对性的评价，为后续的运营优化，策略制定等工作提供坚实可靠的基础。

2. 指标筛选

国家发展改革委综合交通运输所在 2018 年制定的《中欧班列高质量发展评价指标》提出，将从规模范围、速度时效、运输效能、经贸贡献、安全事故等方面对中欧班列运行质量进行考核，其指标见表 7.6。

表 7.6　中欧班列高质量发展评价指标

一级指标	二级指标	指标含义
营运规模	总开列数量	中欧班列开行列数（列）
	总发送量	中欧班列的集装箱换算成标准箱数量（TEU）
	辐射范围	中欧班列所途经国内外城市数量（个）
	线路数量	中欧班列运行线路数量（条）
运输能力	运行时间	中欧班列从起点到终点的全程运行时间（天）
	运行速度	中欧班列运输里程/运输时间（km/天）
	回程比率	回程中欧班列开行数量/去、回程中欧班列开行数量
运输效率	运力利用率	换算成满载中欧班列开行列数/中欧班列实际开行列数
	重箱率	中欧班列去程重箱数量/去程集装箱总箱量
	返空率	中欧班列返程空箱数量/返程集装箱总箱量
	计划兑现率	中欧班列实际开行列数/计划开行列数
经济效益	单位 TEU 运输成本	中欧班列运输每 TEU 所发生的运输费用（万元）
	单位 TEU 营运收入	中欧班列经营每 TEU 所取得的营运收入（万元）
	政府补贴强度	单位标箱的补贴额度/中欧班列单位标箱的运输费用
贸易贡献	单位 TEU 货值	中欧班列货物每 TEU 货物价值（万元）
	重点品类占比	中欧贸易排名前 5 的重点品类总 TEU/全部货品总 TEU
货运安全	安全事故数	中欧班列出现行车事故、无法正常运输的情况的次数（次）
	货损货盗事件数	中欧班列货物出现失窃、损毁、损坏事件数（次）

基于中欧班列运营效率自身特点，并结合多位学者的研究成果，从投入产出角度对中欧班列运营效率的评价指标进行分类汇总。在保证数据来源稳定的前提下，针对中欧班列“长安号”总体运营效率评价指标体系，基于投入、产出角度进一步归类，选择年运营班列数（列）、班列从业人员数（个）、运营干线数（条）分别作为投入指标 X_1、X_2、X_3；选择年集装箱运输量（标箱）、班列年货运总值（万元）作为产出指标 Y_1、Y_2。综上所述，中欧班列“长安号”综合运营效率评价投入、产出指标体系见表 7.7。

表 7.7　中欧班列“长安号”综合运营效率评价投入、产出指标体系

类目	指标名称	指标说明
投入	年运营班列数（X_1）	中欧班列“长安号”年度开行列数
	班列从业人员数（X_2）	中欧班列“长安号”工作人员数量
	运营干线数（X_3）	中欧班列“长安号”运营干线数量
产出	年集装箱运输量（Y_1）	中欧班列“长安号”年度实际运载的全部集装箱数量
	班列年货运总值（Y_2）	中欧班列“长安号”进出口货物价值，体现在中欧经贸合作中的地位作用

（二）基于 DEA 的“长安号”运营效率分析

1. 数据采集与分析

以 2013—2022 年“长安号”相关指数为样本，采用 DEA 方法对西安陆港的整体效能展开分析。样本数据均来自官方网站，包括中欧班列运输官网、中欧班列“长安号”官方服务平台、中国国家铁路局官网，以及相关机构和部门网站发布的官方统计数据。所收集的相关数据结果和描述性统计分析见表 7.8 和表 7.9。

表 7.8　中欧班列“长安号”各年份指标数据

年份	投入			产出	
	年运营班列数（列）	班列从业人员数（人）	运营干线数（条）	年集装箱运输量（万吨）	班列年货运总值（万元）
2013	1	65992	1	3.5	1680.7
2014	45	111184	1	10.6	1895.2
2015	95	112248	2	32.7	1976.3
2016	145	115492	4	45.9	2719.6
2017	194	112073	6	23.2	3512.8
2018	1235	110956	9	120.2	3517.5
2019	2133	97418	11	175.7	3775.4
2020	3720	94514	14	281.1	4757.7
2021	3841	93448	15	284.3	4787.8
2022	4639	92416	17	411.7	4835.3

表 7.9　中欧班列“长安号”指标数据描述性统计

变量名称	变量标签	均值	标准差	最大值	最小值
年运营班列数（列）	X_1	1604.8	1840.97	4639	1
班列从业人员数（人）	X_2	100574	15170.68	115492	65992
运营干线数（条）	X_3	8	6.06	17	1
年集装箱运输量（万吨）	Y_1	138.89	143.60	411.7	3.5
班列年货运总值（万元）	Y_2	33458.3	1283.66	4835.3	1680.7

本次研究借助 DEAP2.1 软件，选用基于可变尺度回报的 DEA-BCC 模型进行数据计算分析。原因在于随着经济的发展，社会的生产力水平不断发生改变，在现实情境中，很难满足“固定规模回报”的要求。规模的变动会直接影响整个社会的产出效率。通过引入可变规模报酬的 DEA 模型，可以判断企业生产效率低的原因，究竟是企业生产过程中生产要素投入过多，还是企业生产要素的数量不足，或者是生产要素之间存在不匹配因素。

2. 模型计算

根据上述资料，将其划分为 10 个不同的决策单元，运用 BCC 模型，借助 DEAP2.1 软件，对其展开实证分析，得出中欧班列“长安号”2013—2022 年的综合运营效率、纯技术效率、规模效率这三个指标，具体结果见表 7.10。

表 7.10　计算结果汇总

	综合运营效率	纯技术效率	规模效率	规模报酬
2013 年	1.000	1.000	1.000	—
2014 年	1.000	1.000	1.000	—
2015 年	1.000	1.000	1.000	—
2016 年	1.000	1.000	1.000	—
2017 年	1.000	1.000	1.000	—
2018 年	0.765	0.772	0.991	DRS（递减）
2019 年	0.888	0.930	0.955	DRS（递减）
2020 年	1.000	1.000	1.000	—
2021 年	0.922	0.930	0.991	DRS（递减）
2022 年	0.955	1.000	0.955	DRS（递减）
均值	0.953	0.963	0.989	—

通常情况下，在 DEA 模型中，当一个决策单元的效率值等于 1 时，该决策单元被认为 DEA 有效；效率值在 0.6~1，被视为相对较有效的模型；而当效率值低于 0.6，则被判定为效率较低的模型。当综合运营效率和纯技术效率的值均为 1 时，该决策单元被视为相对有效；若纯技术效率的值为 1，但综合运营效率的值小于 1 时，那么决策单元无效的原因在于规模效率不高。

3. 结果分析

根据表 7.10 计算结果，2013—2022 年中欧班列“长安号”的综合运营效率、纯技术效率和规模效率的均值分别为 0.953、0.963 和 0.989，且在 2018 年、2019 年、2021 年和 2022 年都出现了规模报酬递减的情况，这表明中欧班列“长安号”目前仍存在效率有待提高的问题。

具体来看，2013—2017 年是“长安号”稳步发展的起步阶段，这一阶段 3 个效率均为 1，说明“长安号”的整体运营处在高效状态。2018 年，西安政府实施了一系列基础设施建设举措并给予政策优待，使得“长安号”的综合运营规模有了显著扩大。然而，这随即导致 2018 年和 2019 年纯技术效率和规模效率的大幅度下降，且规模报酬呈递减状态。经过调整，2020 年“长安号”运营效率重新回归高效。但 2020 年之后，因疫情与国际地缘政治变化的影响，“长安号”的三大效率再次下降，且规模报酬为递减。

（三）国内主要城市 2022 年中欧班列运营效率分析

1. 数据收集

目前，我国开通中欧班列的城市有 60 多个。其中，西安、成都、重庆、郑州、乌鲁木齐等城市是中欧班列的五大枢纽中心。为了能够更加全面地评价中欧班列“长安号”的综合运营效率，现使用表 7.7 的指标体系，分析国内其他主要城市中欧班列 2022 年的综合运营效率。对于没有名称的线路以其始发城市作为线路名称，2022 年的指标数据汇总至表 7.11 中。

表 7.11　2022 年中欧班列其他主要线路指标数据

名称	投入			产出	
	年运营班列数（条）	班列从业人员数（人）	运营干线数（条）	年集装箱运输量（万吨）	班列年货运总值（万元）
成渝号	5200	98799	36	379.2	621.2
义新欧	1569	36106	10	41.6	343.2
石家庄	500	74167	5	48.8	101.2

续表

名称	投入			产出	
	年运营班列数（条）	班列从业人员数（人）	运营干线数（条）	年集装箱运输量（万吨）	班列年货运总值（万元）
齐鲁号	2057	89508	3	112.6	200
新疆	1317	64558	3	150.2	311.1
江苏	1973	48797	12	158.6	325.3
武汉	538	76299	6	195.4	420.3
郑州	2800	103162	6	300.6	1250
合肥	768	42382	7	135.2	176.7
长沙	1012	72188	9	175.4	215.5

2. 模型计算

根据表7.11的数据，将其按线路名称分成10个决策单元，运用BCC模型，借助DEAP2.1软件进行分析，得出各中欧班列线路2022年的综合运营效率、纯技术效率、规模效率三个指标的计算结果，见表7.12。

表7.12　计算结果汇总表

	综合运营效率	纯技术效率	规模效率	规模报酬
成渝号	0.814	1.000	0.814	DRS（递减）
义新欧	1.000	1.000	1.000	—
石家庄	1.000	1.000	1.000	—
齐鲁号	1.000	1.000	1.000	—
新疆	0.721	1.000	0.721	IRS（递增）
江苏	0.652	0.655	0.995	IRS（递增）
武汉	0.468	0.529	0.870	IRS（递增）
郑州	0.681	1.000	0.681	DRS（递减）
合肥	0.473	0.669	0.708	IRS（递增）
长沙	0.588	0.620	0.947	IRS（递增）
均值	0.740	0.848	0.874	—

3. 结果分析

从表7.12的结果来看，首先，2022年除“长安号”外，其他中欧班列的综合运营效率、纯技术效率和规模效率均值分别为0.740、0.848和0.874，均远低于“长安号”2022年的效率，其中，合肥、武汉及长沙三个城市出发的中欧班列综合效率低于0.6，处于效率很低的范围。因此，“长安号”当前的综合运营效率在所有中欧班列中名列前茅。其次，从规模报酬角度看，除成渝号和郑州始发班列的规模报酬递减外，其余城市的规模报酬均处在高效或递增状态。这表明，目前尽管我国中欧班列的整体运营效率不高，但大部分仍处于良性发展轨道。

聚焦规模报酬递减的两条线路，即郑州始发班列和成渝号，可发现这两条线路的始发站郑州、成都和重庆相比其他城市，均离西安较近。并且，“长安号”与这两条线路的规模报酬均为递减，这表明这三条线路均存在一定的资源冗余，可考虑进行联动，以形成集群效应。

通过将“长安号”与国内主要城市班列对比结果，可以看出尽管“长安号”的运营效率要明显高于其他城市班列。然而，排除近年来国际国内因素影响，仅看“长安号”的数据分析结果，其运营效率仍有提升空间。提升效率不应仅仅采用扩大运营规模的外延式发展策略，而是应注重优化管理的内涵式发展策略。

六、中欧班列运营效率制约因素及发展建议

（一）中欧班列运营效率制约因素

1. 沿线铁路运力不足，基础设施有待完善

在运营过程中，中欧班列受沿途铁路运力和基础设施落后的严重制约，运营效率大幅降低。近年来，“一带一路”倡议的全面实施为中欧班列及沿线各地政府带来了发展契机。为响应这一倡议，各地政府投入大量资源进行国内线路建设和配套设施完善，使得中欧班列发车数量和货物运输量连续多年保持增长趋势。

然而，国内区域基础设施公共产品供给存在不充分、不平衡问题，需要进一步优化中欧班列集结中心等国内布局，推动多式联运高质量发展，加快实现从“点对点”向“枢纽对枢纽”的转变，不同区域和省份的建设起点不同，要在充分发挥比较优势的基础上实现“优势再造”，推动交通区位优势向枢纽经济优势转变。

中欧班列走出国门后，其运营效率受到沿途国家经济实力和政策导向的限制。由于这些国家基础设施水平参差不齐，多处路段出现机车短缺现象，

进而引发拥堵。例如，波兰马拉舍维奇、白俄罗斯布列斯特、哈萨克斯坦多斯托克以及德国杜伊斯堡等地均存在类似情况。此外，部分路段铁路损坏问题频发，且维修周期长，这不仅降低了运行效率，还增加了运行成本。

这些问题给中欧班列运营带来了前所未有的挑战。因此，为提高中欧班列运营效率、降低运行成本，并更好地响应“一带一路”倡议，必须提升铁路运力并对基础设施进行全面改造升级。

2. 产业集群效应欠缺，回程货源不足

制约中欧班列运营效率的因素之一是产业集群效应欠缺和回程货物运输量不足。以“长安号”为例，影响因素是西安市的地理位置。众所周知，作为中国内陆中心城市的西安在海运主导国际贸易的大格局下，其进出口贸易规模仍与沿海城市存在着较大的差距，因西安出口的便捷程度较低，未能在过往的发展中孵化出多样化的出口型企业，本地产品种类相对单一。此外，西安和同处于我国内陆地区的周边城市一样，产业结构仍以传统的制造业为主，高新技术产业相对较少，又未能与周边的郑州、成都以及重庆等城市形成集群效应，因此极大地限制了本地货源的供应，对中欧班列的运营效率产生了负面影响。

另外，当前国内市场对中欧班列途经“一带一路”共建国家的货物认知度较低。换言之，这些沿线国家的产品尚未真正地被国人认知，未能打开国内市场，因此国内需求量很小，加之国内媒体对这些国家产品的宣传力度明显不足，国内消费者对这些国家的产品鲜有关注，最终导致中欧班列在从欧亚各国回程时经常出现列车非满载甚至几乎空载的现象。不仅浪费了运输资源，也降低了中欧班列的整体运营效率。

3. 口岸通货能力差，通关流程烦琐

中欧班列在途经口岸通关时，受口岸通货能力和流程的制约，整体运营效率不高。如中欧班列从霍尔果斯和阿拉山口口岸出发的班列，在哈萨克斯坦口岸因换装车板严重不足，接车衔接等工作出现严重滞后现象，导致大量班列在口岸滞留时间较长，难以快速出入境。再如，作为中欧班列出入境口岸最重要的阿拉山口，其口岸的运力基本处于饱和状态，只能借助霍尔果斯、二连浩特、满洲里等口岸来分担出入境压力。基于上述案例，结合对中欧班列运营管理人员的访谈，总结出问题产生的三个主要原因。

一是有限的通关口岸通关效率低。由于过境站的调车作业量较大，出现严重的交叉干扰，设施设备的利用效率低，导致作业效率低，列车较长时间地停留在场站内。

二是不合理的口岸场站布局。前期的场站设计对国际业务缺乏考虑或考虑不周，在距装卸线较远或到发站场外的地点设置海关监管区，导致装卸搬运的距离较远。目前大多数的过境站是多次经过扩能改造而建，编组场、换装场、专用线及场站到发场等平面的布置都较为分散，严重影响场站作业流程。

三是海关、国检、铁路等各方协作不完善，导致通关作业流程的不流畅。口岸车场的查验作业未在海关、检验检疫部门查验的范围内，铁路调车作业量增加的同时，延长了货物在站的等待时间。

（二）中欧班列运营效率提升建议

中欧班列的良性发展对区域经济发展具有巨大的推进作用。其作用路径为：首先，中欧班列通过聚集货源，在这一过程中逐步吸引优质生产型企业和贸易型企业聚集，进而形成产业聚集，实现产城融合与产业多元化，最终走上经济高速且可持续的发展道路。

1. 完善中欧班列协调机制，提升班列运营效率

（1）以“长安号”为例，要深挖“+西欧”区域合作机制。为进一步推动中欧班列开行由“点对点”到“枢纽对枢纽”的转变，加速构建“干支结合、枢纽集散”的亚欧海大通道，西安积极与国内各重要节点城市对接并密切合作，已经形成23条“+西欧”班列，为构建以国内大循环为主体、国内国际双循环相互促进的新发展格局提供强劲动力。然而，由于“+西欧”集货线路开通晚，频次少，与常态化运营仍有较大差距。因此，为了进一步强化西安集结中心的枢纽功能，西安一方面应从政府政策、税收等方面，与“+西欧”各城市及相关企业建立稳定的货源关系；另一方面，应充分利用西安起运地出口退税政策优势，在“+西欧”的基础上继续扩大集散网络，并与其他班列开展合作、实现联通，结成战略联盟，吸引更多优质货源在西安集结，送达欧洲及亚洲各地。

（2）建立高效、透明的中欧班列信息协同机制。目前，中欧班列运营信息分散、口径不统一，各班列信息化服务平台整体规模小、信息发布严重滞后。建议搭建一个由政府、班列运营公司、境外铁路、货代、港口等相关主体共同参与的综合型信息服务平台，为客户提供“一站式”综合服务。同时，

加强与铁路、物流、金融、贸易、货代等参与企业的对接，创新“班列+”合作新模式，推动中欧班列与沿线国家产业的深度融合，进一步稳固国际产业链供应链体系。这一机制不仅有助于提升对外宣传效果，也有利于提升服务质量。

2. 推进中欧班列与相关产业整合发展，助力班列运营效率提升

推动“班列+物流+经贸+产业”融合发展。支持班列平台公司及相关物流业企业为企业需求提供精准服务，共同拓展欧亚地区市场业务，扩大品牌影响力，推动通道带动物流、贸易、产业链高标准融合、高质量互促，共同引进供应链管理企业和贸易龙头企业，联合打造对外开放平台，使适铁特色产业在陕西省进一步集聚。建议科学规划并制定政策，引导各产业企业健康协调发展，重点吸引更多产业链的上下游企业入驻港务区，尤其是链主企业入驻港务区，开展产业链精准招商，精准延链、补链、强链。建议出台一系列财政政策，重点扶持本地的重点产业链企业，制订完整产业链引进计划；支持中欧班列相关物流企业的发展，针对业务规模较大的物流企业给予贷款贴息；对有意迁入港务区的外贸企业实行税收减免和补助奖励；做好政策的宣传工作，吸引周边更多优秀企业入驻。在政策制定前，应充分进行企业调研，摸清各类企业发展的痛点和核心需求，确保政府政策的科学性。

3. 优化口岸流程，提高中欧班列运营效率

为提高中欧班列运营效率，必须解决中欧班列口岸通货能力差、通关流程烦琐的问题。针对这一迫切问题，应从内部和外部两个方面入手，以寻求有效的解决方案。

（1）内部优化出境流程。从内部来看，需进一步优化中欧班列的出境口岸的出境流程。具体而言，应改进集装箱进站称重、测偏设备，提升货物检验速度，缩短集装箱在口岸内的停留时间。此外，要缩短各流程之间的等待时间，确保流程各环节无缝衔接，从而提高作业效率。同时，借助人工智能技术加强口岸的信息化和智能化建设，提高中欧班列运输货物全过程管理的信息化、智能化水平，降低货物信息差错率。

（2）外部推进区域合作与资源整合。从外部来看，需结合国际物流枢纽建设趋势，大力整合区域之间国际多式运输、金融保险、供应链业务、财政补贴等部门资源。以“长安号”为例，应与西安以东的多地区在各个层级展开创新合作，合力推进中欧班列向西经由国家和地区的报关、货运、商检、

金融等部门的合作对话。争取实现电子化票据一票到底，以及监管部门信息平台在权限约束条件下的相关信息共享，提高单票货物通关效率，进而提升中欧班列与中东欧地区的对接效率。

综上所述，解决中欧班列口岸通货能力不足、通关流程烦琐的问题，需从内部和外部两方面着手。通过优化流程、改进设备、加强信息化建设等措施，以及推进区域间合作对话与资源整合，全面提升中欧班列运营效率。

作为“一带一路”倡议的核心环节，中欧班列经过 10 多年的稳定运行，不仅为开行城市和沿途国家（地区）带来了可持续的贸易增长，还发挥了良好的展示与宣传作用，助力“一带一路”倡议在全球的深入推进。然而，随着班列班次数量和运输货物规模的快速增长，一些阻碍运营效率的问题也日渐凸显。

第八章

中欧班列与国际贸易

随着“一带一路”建设的持续推进，中欧班列作为我国“一带一路”倡议的标杆示范工程，发挥着桥梁与载体作用，持续推动中国与沿线各国的经贸往来，催生出日益旺盛的国际物流需求。2024 年第一季度，中欧班列累计开行 4541 列，发送货物 49.3 万箱，同比分别增长 9%、10%。截至 2024 年 3 月底，中欧班列已累计开行超 8.7 万列，通达欧洲 25 个国家 222 个城市（数据来源：中国国家铁路集团有限公司和人民网）。本章先对中欧班列影响地区国际贸易的机理展开理论分析，再以中欧班列“长安号”与陕西国际贸易为例进行实证研究。

一、中欧班列对地区国际贸易影响的理论分析

（一）中欧班列的开通对贸易增长的影响机理

中欧班列通过降低企业出口贸易成本，从而推动开通城市的贸易增长。影响贸易增长的因素有很多，贸易成本是其中的关键因素。贸易成本分为固定贸易成本和可变贸易成本，它们决定了企业是否参与国际市场以及参与的深度。

中欧班列主要从两个方面降低企业出口贸易成本。一方面，它通过减少企业搜寻匹配成本和开拓新市场成本，降低企业出口的固定贸易成本；另一方面，通过提升运输效率降低运输成本，减少了企业出口的可变贸易成本，进而扩大了中国出口规模。

具体而言，在贸易市场中，若出口市场信息对称，企业出口的不确定性降低，沉没成本减少，这意味着企业出口门槛降低，会促使更多企业特别是中小企业选择出口，优化出口的扩展边际。中欧班列采用“点对点”的贸易模式实现了供需市场的有效对接，降低了企业的搜寻匹配成本，减少了企业

出口的不确定性和沉没成本，通过降低市场准入门槛，吸引更多企业参与出口。同时，中欧班列构建了企业间的信息网络，降低了企业新市场开拓成本。此外，中欧班列还通过提升运输效率、降低运输成本，增加了企业出口产品的数量。作为国际运输通道，中欧班列不仅降低了国际贸易中的“冰山运输成本”，让内陆城市拥有直达国际市场的便捷通道，还拓展了新的贸易市场，吸引更多企业借助中欧班列开展对外贸易。

中欧班列的开通，不仅提高了开通班列地区对外资的吸引力，还激励国内企业在中西部地区进行生产和投资，促进区域间的产业转移与承接，对当地产业结构调整和布局优化起到催化作用，推动产业和贸易转型升级，激发内陆地区贸易进出口增长内生动力。中欧班列的开通引发产业集聚会大幅增加本地区对外贸易的货源，从而促进该地区的外贸增长（见图8.1）。

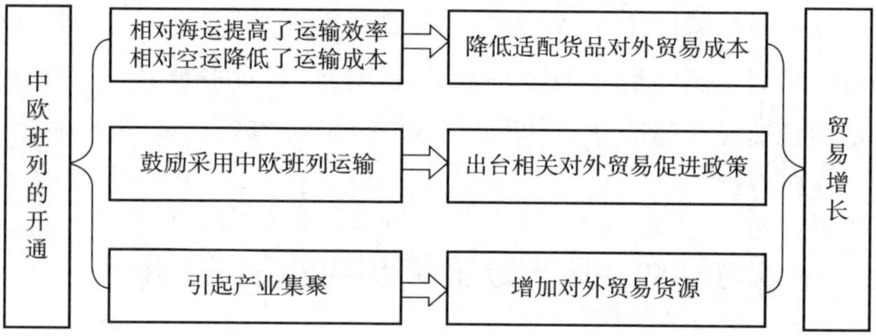

图8.1　中欧班列的开通对贸易增长的影响机理

（二）中欧班列对地区贸易结构的影响机理

中欧班列通过提升商品要素循环流动水平，对地区对外贸易结构起到了优化作用。

从贸易成本理论来看，交通运输通道的改善能帮助企业避免出口运输过程中的无谓损失，从而降低运输成本，间接提高企业生产率。同时，出口贸易成本的下降会激发企业的创新积极性，提升创新水平，推动高技术产品的生产。

在商品流动层面，中欧班列显著降低了高技术产品的运输成本，推动中国电子产品等高端设备进入欧洲市场，扩大了高技术产品的出口规模。此外，中欧班列还提高了关键技术、中间产品和最终消费品的进口便利性，提升了国内加工制造业的产品质量。

在要素流动层面，中欧班列降低了企业之间、国内外城市之间的要素流动成本，加剧市场竞争，促使国内生产要素流向生产率和竞争力更高的企业，推动更多高生产率企业进入国际市场。此外，中欧班列还降低了创新要素的流动成本，促进了资本、人才、技术和信息等创新要素在城市间循环流动，形成区域创新网络，增强了企业创新能力。

同时，中欧班列运行速度比海运快，成本比空运低，有利于扩大企业出口规模。这种出口规模的扩大，能够激励企业创新，促使企业生产并出口更多高技术含量的产品。综上所述，中欧班列有效推动了国内开通城市贸易结构的优化（见图 8.2）。

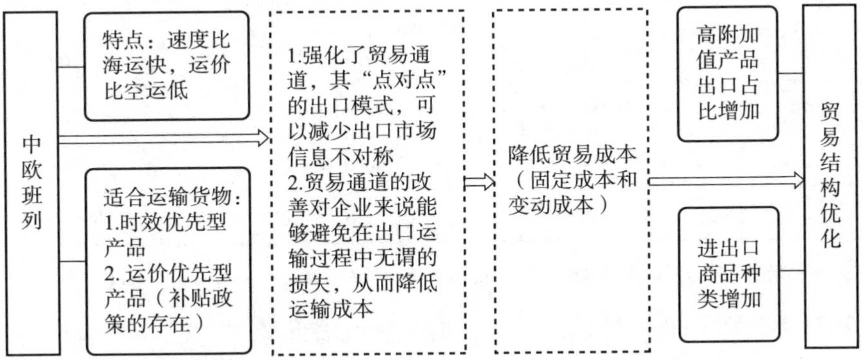

图 8.2　中欧班列开通对贸易结构的影响机理

二、陕西对外贸易发展现状

（一）陕西对外贸易规模

近年来，陕西对外贸易规模总体保持增长态势。据西安海关统计，2023 年全省实现进出口总额 4042.06 亿元，居全国第 19 位、列西部省份第 4 位，同比下降 14.9%，增速较 2022 年回落 16.9 个百分点。其中，出口额为 2630.92 亿元，同比下降 11.5%；进口额为 1411.14 亿元，同比下降 20.7%。累计实现贸易顺差 1219.78 亿元，比 2022 年增加 32.42 亿元。

2022 年，陕西省实现进出口总额 4835.34 亿元，居全国第 19 位，列西部省份第 4 位，同比增长 1.6%，增速低于全国平均水平 5.7 个百分点，较上年同期回落 23.9 个百分点。其中，出口额为 3011.35 亿元，同比增长 17.4%，增速较上年同期回落 15.2 个百分点；进口额为 1823.99 亿元，同比下降 16.8%，增速较上年同期回落35.0个百分点。累计实现贸易顺差1187.36亿元（见表8.1）。

表8.1 2013—2022年陕西省对外贸易进出口总额

万元

年份	进出口总额	出口额	进口额
2013	12466181	6333272	6132909
2014	16807150	8554836	8252314
2015	18952493	9184651	9767842
2016	19763020	10450661	9312360
2017	27196506	16597326	10599180
2018	35128162	20783306	14344855
2019	35155176	18733467	16421709
2020	37754352	19295460	18458892
2021	47577543	25660745	21916798
2022	48353400	30113500	18239900

资料来源：西安海关、西安统计局、中国国家铁路集团有限公司、陕西省人民政府等。

2023年，陕西省外贸进出口累计增速呈波浪形变化，1—4月降幅逐步收窄趋势，5—8月降幅持断扩大，到8月累计增速达到最低点；8—12月，降幅缓慢收窄。其中，12月进出口总额达385.25亿元，增长6.9%，单月增速由负转正。

（二）陕西对外贸易结构

陕西的主要出口产品包括机电产品、化工产品和农产品。这些产品凭借一定的竞争力，在国际市场上的出口量逐年增长。同样，陕西的进口产品规模也在不断扩大，涉及高端制造业、先进技术和消费品等多个领域，进口结构愈发多元化。

2024年1—7月，陕西省有进出口业绩的外贸企业增至4550家，同比增长10.2%。其中，民营经济在外贸领域的动力持续增强，民营企业数量增至4088家，同比增幅达12.2%，在有进出口业绩的企业总数中占近九成。2024年1—7月，民营企业进出口总额达1011.1亿元，同比增长4.3%，占全省进出口总额的38.3%。

中欧班列“长安号”出口的货品，从最初的工程机械、装饰装修材料，逐步扩展。如今涵盖了机械设备、光伏组件、新能源汽车整车及零配件、白色家电等高附加值产品，以及服装、红酒、母婴、快消品、粮食等品类。其进口货物则从最初的棉纱、绿豆扩展到如今的粮食、粮油、食品、矿产、牛皮等多种货物。以 2022 年中亚报关单统计为例，出口货物主要集中在工业原材料、机械设备、日用百货、五金配件、家居服装、纺织品、日用品、汽车及其配件、白色家电、轮胎、食品、光伏组件等类别。

1. 机电产品

陕西省主要进出口商品为机电产品。2022 年机电产品出口额达 2613. 7 亿元，同比增长 2. 7%，占全省出口总值的 86. 8%，主要包括集成电路、自动数据处理设备及其零部件、太阳能电池、汽车（含底盘）等；机电产品进口额为 1141. 5 亿元，占全省进口总值的 62. 6%，主要包括集成电路进口、自动数据处理设备及其零部件、半导体制造设备等。具体见表 8. 2。

表 8. 2　2014—2022 年陕西省进出口机电产品贸易额

年份	机电产品出口额（万元）	机电产品进口额（万元）
2014	6339219	6689453
2015	7512386	7849563
2016	8740009	7131679
2017	14415605	8187211
2018	18577707	11186643
2019	20917000	18098000
2020	17109000	13704587
2021	23188075	15735222
2022	26137000	11415000

资料来源：西安海关、西安统计局、中国国家铁路集团有限公司、陕西省人民政府等。

2. 高新技术产品

近年来，陕西省政府持续加大高新技术企业的培育力度，重点扶持陕西电子信息、生物医药、智能装备、汽车零部件、新材料等领域的高新技术企业。2022 年新认定国家高新技术企业 2060 家，同比增长 36. 1%，全省的国家高新技术企业总数达 5008 家，其中西安市占比 51. 6%。同年，高技术产业产值、战略性新兴产业产值增速均超过 30%，高技术产业对工业增长的贡献率超过 40%。

2023 年高新技术产品出口额为 1588. 00 亿元，同比下降 27. 1%，占出口总额的60.4%，较上年回落12.6个百分点。其中，计算机与通信技术出口额为222.10亿元，同比下降55.4%；存储部件出口额为48.25亿元，同比下降47.1%。

伴随着陕西高新技术产业的蓬勃发展，高新技术企业产品出口贸易呈现快速增长态势。不仅出口额持续增加，其占陕西对外贸易出口总额的比重也呈上升趋势，这表明高新技术产品在陕西对外贸易出口产品中的贡献日益增大。

3. "新三样"出口产品

在传统外贸出口领域中，服装、家电、家具被称为"老三样"，当前外贸出口领域"新三样"是指新能源汽车、锂离子蓄电池、太阳能电池。2020—2022年，陕西"新三样"的出口规范均实现了快速发展。这些新兴产业不仅推动了陕西经济的转型升级，也为全省经济的高质量发展注入了新的活力（见图8.3至图8.5）。未来，随着技术的不断进步和市场的不断扩大，陕西"新三样"有望继续保持强劲的发展势头。

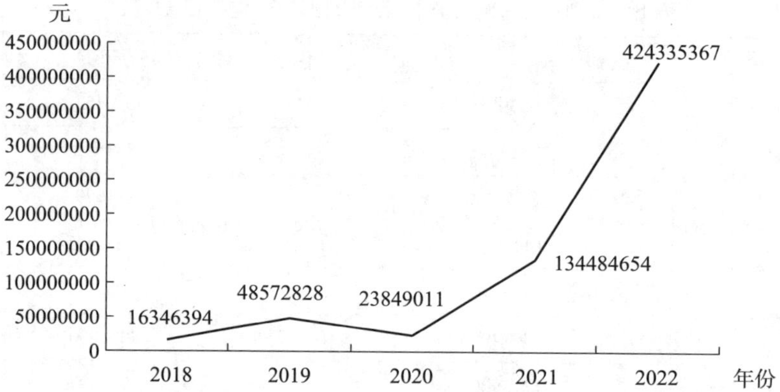

图8.3 2018—2022年陕西省出口新能源汽车数据

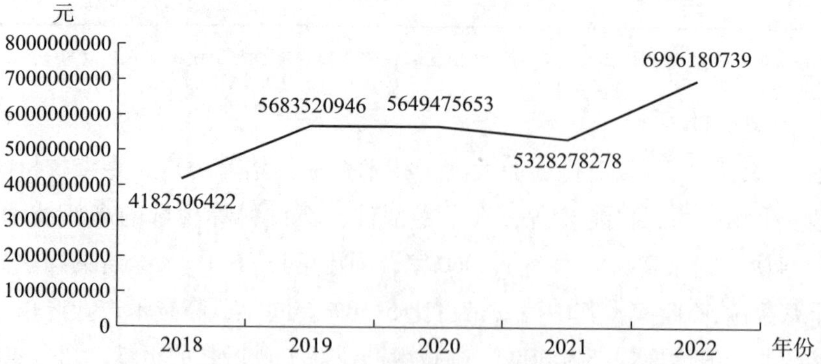

图8.4 2018—2022年陕西省出口锂离子蓄电池数据

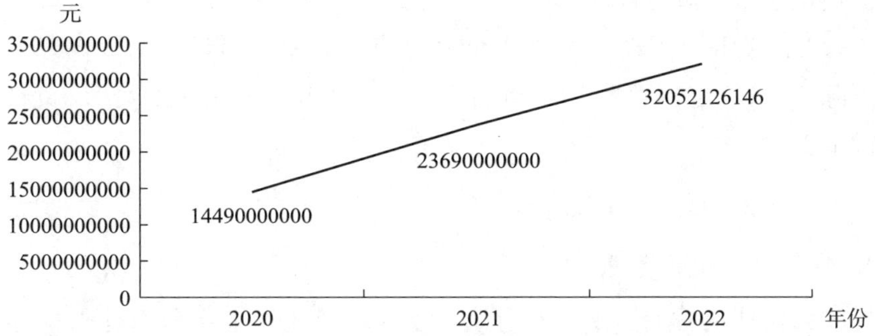

图 8.5　2020—2022 年陕西省出口太阳能电池数据

西安海关最新数据显示，2023 年上半年，新能源汽车、锂离子蓄电池、太阳能电池出口额合计 207.7 亿元，增长 7.5%，占陕西出口总值的 15.9%。其中，太阳能电池出口 169.3 亿元，增长 2.7%；新能源汽车出口 9017 辆，增长 54 倍；锂电池出口总值 14.6 亿元，增长 57.2 倍。“新三样”出口旺盛反映出陕西相关产业综合实力的不断提升，这表明陕西新能源汽车等产业已具备国际竞争力和创新能力，能够在国际市场上与其他国家的产品展开竞争。

（三）陕西对外贸易方式

2022 年，陕西省一般贸易保持快速发展态势，全年实现进出口总额 1711.40 亿元，同比增长 31.4%，增速同比提高 10.4 个百分点，占全省进出口总额的 35.4%，占比同比提高 8.1 个百分点。加工贸易作为陕西省主要的外贸方式，2022 年实现进出口总额 2479.57 亿元，同比下降 3.0%，增速同比下滑 22.9 个百分点，占全省进出口总额的 51.3%，占比同比下滑 2.6 个百分点。保税物流出口额呈负增长，2022 年实现进出口总额 529.42 亿元，同比下降 12.7%，占全省进出口总额的 10.9%。

2023 年，全省一般贸易方式实现进出口总额为 1747.90 亿元，同比增长 2.4%，占全省进出口总额的 43.2%，占比较上年同期提高 7.8 个百分点。其中，出口额为 1176.35 亿元，同比增长 18.2%；进口额为 571.55 亿元，同比下降 19.7%。累计实现贸易顺差 604.80 亿元。加工贸易实现进出口总额 1787.04 亿元，同比下降 27.9%，占全省进出口总额的 44.2%，占比较上年同期下滑 7.1 个百分点。其中，出口额为 1123.67 亿元，同比下降 30.7%；进口额为 663.37 亿元，同比下降 22.6%。累计实现贸易顺差 460.30 亿元。保税物流实现进出口总额 424.92 亿元，同比下降 5.6%，占全省进出口总额的 10.5%，占比较上年同期下滑 0.4 个百分点。其中，出口额为 323.37 亿元，同比下降 7.5%；进口额为 101.55 亿元，同比增长 1.0%。累计实现贸易顺差 221.82 亿元。

（四）陕西对外贸易主体

1. 对外贸易主体数量

在陕西对外贸易主体中，有进出口实绩的外贸企业数量总体保持递增趋势，民营企业发展势头强劲，外商投资企业主体地位稳固。2022 年陕西省有进出口实绩的外贸企业 4615 家，同比增长 11.2%。其中，外商投资企业进出口总额为 2644.5 亿元，占全省进出口总额的 54.69%；民营企业进出口总额为 1881.3 亿元，同比增长 27%，占比为 38.91%。其中出口额为 1248.6 亿元，同比增长 32.7%；进口额为 632.7 亿元，同比增长 17.1%；国有企业进出口总额为 300.5 亿元，占比为 6.21%。整体来看，外贸进出口企业活力增强。

2. 对外贸易主体类型

外商投资企业是陕西省最大的进出口经营主体，2022 年实现进出口总额 2644.52 亿元，同比下降 8.5%，占全省进出口总额的 54.69%。其中，出口额为 1631.37 亿元，同比增长 11.3%；进口额为 1013.15 亿元，同比下降 28.9%。累计实现贸易顺差 618.22 亿元。

民营企业始终保持强劲的发展势头，2022 年实现进出口总额 1881.25 亿元，同比增长 27.0%，增速高于全省平均水平 25.0 个百分点，占全省进出口总额的 38.91%。其中，出口额为 1248.61 亿元，同比增长 32.7%；进口额为 632.64 亿元，同比增长 17.1%。累计实现贸易顺差 615.97 亿元。

国有企业发展速度放缓，全年实现进出口总额 300.54 亿元，同比下降 16.2%，占全省进出口总额的 6.21%。其中，出口额为 131.22 亿元，同比下降 11.7%；进口额为 169.32 亿元，同比下降 19.4%。累计实现贸易逆差 38.10 亿元。

2022 年陕西各类外贸主体占比如图 8.6 所示。

3. 重点外贸企业分布

2022 年 11 月，陕西省商务厅公布了陕西省省级重点外贸外资企业白名单，118 家企业入选，其中西安市有 75 家省级重点外贸外资企业，数量居各

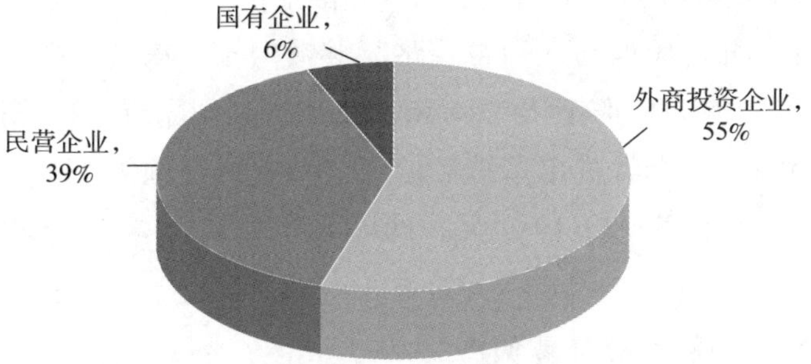

图 8.6　2022 年陕西各类外贸主体占比

地区之首，其余地区数量分别为宝鸡市 10 家、咸阳市 9 家、商洛市 5 家、榆林市 5 家、延安市 4 家、渭南市 3 家、杨凌示范区 3 家、汉中市 2 家、铜川市 1 家、安康市 1 家。具体入选企业包括美光半导体（西安）有限责任公司、三星（中国）半导体有限公司、力成半导体（西安）有限公司、隆基乐叶光伏科技有限公司、西安海邦物流有限公司、西安迈科金属国际集团有限公司、三星环新（西安）动力电池有限公司、隆基绿能科技股份有限公司、陕西陕煤供应链管理有限公司、西安杨森制药有限公司等。

（五）陕西对外贸易合作伙伴

1. 全球范围主要贸易伙伴

2022 年，陕西与东盟进出口总额为 660.1 亿元，同比增长 44.5%，占全省进出口总额的 13.7%；陕西与欧盟进出口总额为 639.4 亿元，同比增长 8.4%，占全省进出口总额的 13.2%。同期，陕西与“一带一路”共建国家进出口总额为 1128.9 亿元，同比增长 41%，占全省进出口总额的 23.3%；陕西与 RCEP 其他国家进出口总额为 1902.8 亿元，同比增长 1.2%，占全省进出口总额的 39.4%。

2023 年上半年，陕西前五大贸易伙伴分别是韩国、中国台湾、马来西亚、美国、俄罗斯，进出口总额分别为 350.09 亿元、218.22 亿元、155.44 亿元、133.86 亿元、125.19 亿元，分别占全省进出口总额的 17.3%、10.8%、7.7%、6.6%、6.2%。在前五大贸易伙伴中，陕西对马来西亚、俄罗斯进出口总额分别增长 20.6%、140.6%，陕西对韩国、中国台湾、美国进出口总额分别下降 27.7%、40.1%、28%。与上年同期相比，中国香港从陕西第三大贸易伙伴退至第七位。陕西与日本进出口总额为 106.99 亿元，同比下降

15.6%，日本仍保持陕西省第六大贸易伙伴的地位。

2023年上半年，陕西与“一带一路”共建国家、东盟、中亚等地区进出口实现较快增长。其中，陕西与“一带一路”共建国家进出口总额646.09亿元，增长41.0%，占全省进出口总额的31.9%。出口额为516.9亿元，同比增长60.5%；进口额为129.19亿元，同比下降5.1%，实现贸易顺差331.97亿元。

2. “长安号”覆盖的贸易伙伴

截至2024年，“长安号”向西已开通西安至中亚、欧洲国际干线17条，覆盖“丝绸之路”沿线45个国家，成为国内运行时效最快、智能化程度最高、辐射范围最广、服务功能最全、综合成本最低的“五最”精品班列。

为便于研究，本书将“长安号”已覆盖的45个国家划分为11个区域，见表8.3。

表8.3 “长安号”可覆盖的国家

序号	区域	覆盖的国家
1	中蒙俄方向	蒙古、俄罗斯、白俄罗斯
2	亚洲中部方向	哈萨克斯坦、乌兹别克斯坦、土库曼斯坦、吉尔吉斯斯坦、塔吉克斯坦
3	亚洲南部方向	尼泊尔、巴基斯坦
4	亚洲东南部方向	越南、老挝
5	亚洲西部方向	伊朗、格鲁吉亚、阿富汗、阿塞拜疆、亚美尼亚、土耳其
6	欧洲东部方向	乌克兰、立陶宛、拉脱维亚
7	欧洲中部方向	德国、奥地利、波兰、捷克、斯洛伐克、瑞士、匈牙利
8	欧洲西部方向	英国、荷兰、法国、葡萄牙、比利时、卢森堡
9	欧洲南部方向	意大利、罗马尼亚、西班牙、保加利亚
10	欧洲北部方向	挪威、丹麦、芬兰、瑞典
11	非洲方向	突尼斯、阿尔及利亚、摩洛哥

从《陕西省统计年鉴》对外贸易数据看，2022年陕西与“长安号”覆盖的45个国家的进出口贸易额中，欧洲国家占比最大，排在前五位的国家依次是荷兰、俄罗斯、德国、法国、西班牙；亚洲国家占比次之，排在前五位的国家分别是越南、土耳其、巴基斯坦、乌兹别克斯坦、哈萨克斯坦；非洲国家占比最少。

三、中欧班列“长安号”对陕西外贸增长和贸易结构的影响分析

（一）中欧班列“长安号”对陕西与蒙俄方向国家外贸增长和贸易结构的影响

1. 线路概括

陕西与蒙古国在地理位置上有相似之处，二者均属于内陆地区，缺乏可利用的水上运输线路。同时，由于航空运费昂贵，且运输能力有限，陕西与蒙古国、俄罗斯两国的贸易主要依靠铁路运输完成，其中中欧班列“长安号”对促进陕西与两国的经贸往来发挥着重要作用。

中欧班列“长安号”俄罗斯、白俄罗斯线路于 2016 年首次开通，截至 2022 年已稳定开行 6 年，累计开行超过 3500 列，平均去程时效为 15 天。深圳、广州、上海和天津等多个地区的外贸企业都选用“长安号”班列，奇瑞汽车、长城汽车、益海嘉里、中鲁果汁、中石化、陕西拓日光伏等企业将“长安号”班列作为与俄罗斯进行贸易往来的重要运输方式。

2. 陕西对蒙俄贸易额分析

2014—2022 年，中欧班列“长安号”中蒙俄线路中陕西与蒙古贸易额占比很小，仅为 2%。并且，中蒙俄线路进出口总额、进口额及出口额增长趋势与陕西对俄罗斯贸易趋势基本一致，出口额高于进口额，且都呈现不断增长的态势，年均增长率分别为 52%、52% 和 71%。中欧班列“长安号”蒙俄线路出口额的高速增长，主要来自机电、车辆零配件等高价值商品（占总出口额的 62%）；而进口额增长主要来自能源、金属及制品等高值货物，约占线路进口总额的 72%。该线路极大地促进了陕西与蒙俄地区的贸易发展，尤其是陕西对俄罗斯贸易。2014—2022 年陕西与蒙俄贸易额如图 8. 7 至图 8. 8 所示。

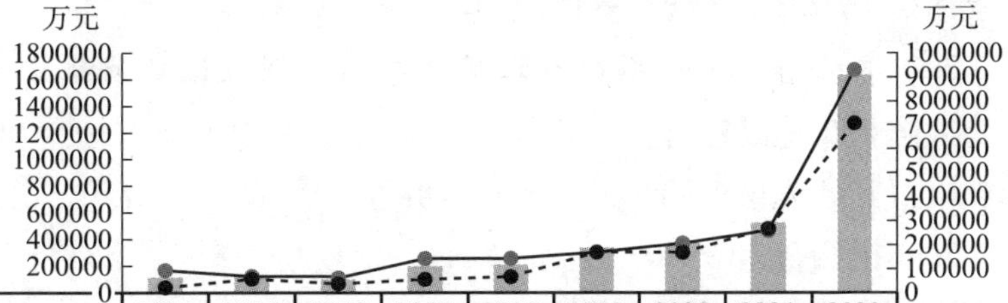

年份	2014	2015	2016	2017	2018	2019	2020	2021	2022
进出口总额（左轴）	115603	125979	99717	198072	209866	336727	374092	524904	163575
出口额（右轴）	93465	68533	61964	142306	143085	168089	206134	258512	929621
进口额（右轴）	22138	57446	37753	55766	66781	168638	167958	266392	706133

图 8. 7　2014—2022 年陕西与蒙俄贸易额

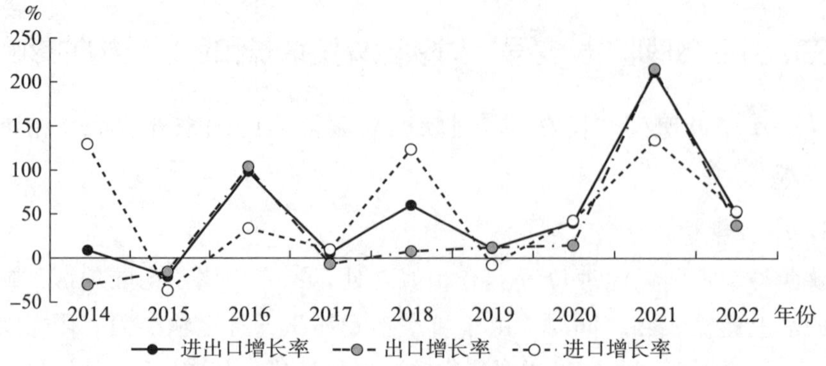

图 8. 8　2014—2022 年陕西与蒙俄贸易增长率

（二）中欧班列“长安号”对陕西与中亚五国外贸增长的影响

1. 线路概要

陕西地处我国内陆，与中亚五国（哈萨克斯坦、吉尔吉斯斯坦、塔吉克斯坦、土库曼斯坦、乌兹别克斯坦）在地理位置上相似，均缺乏可利用的水路资源。同时，由于航空运输运费较贵且运力有限，自开通以来，中欧班列“长安号”中亚线路就成为陕西与中亚国家贸易往来的主要通道。

2013 年 11 月 28 日，“长安号”国际集装箱货运班列从古丝绸之路起点——西安一路向西出发，经过 6 天时间，抵达哈萨克斯坦阿拉木图。这一线路的开通，彻底解决了新欧亚大陆桥 20 多年来“通而不畅”的问题，使西安与中亚国家之间的货运物流正式进入“读秒时代”。

自 2013 年开通以来，该线路以运距短、速度快、安全性高的特点，搭建起了“一带一路”共建国家合作的新桥梁，成为国际物流中陆路运输的骨干方式，也是陕西深度融入“一带一路”建设的重要平台。目前，该线路已成为我国与中亚国家贸易往来的热门线路之一。

2. “长安号”北欧线路开通后陕西对中亚五国贸易额分析

从图 8. 9 可以看出，中欧班列“长安号”与中亚五国进出口总额、进口额和出口额整体呈现同步递增态势，并在 2019 年达到峰值，分别为 295413 万元、200610 万元和 94803 万元。然而，受疫情等影响，该线路贸易额在 2020 年骤降，之后又呈现同步增长趋势。

进一步分析五国贸易额可知，该线路进出口贸易主要集中在乌兹别克斯坦和哈萨克斯坦，二者贸易额约占线路进出口总额的 82%。在陕西向乌兹别克斯坦出口贸易中，占比最大的货物集中在车辆及零配件等领域，其出口额从2015年的5253万元增长到2022年的33255万元，8年增长了5倍多；占比次之的是电机、电气设备及其零件、电视和录音机等设备及其零配件，出口额从2015年的9万元增长到2022年的1124万元，8年增长了123倍多。陕西自乌兹别克斯坦进口货物主要集中在食用蔬菜、根及块茎和生皮（毛皮除外）及皮革，从贸易初始至2022年，二者分别增长了3倍和5倍。

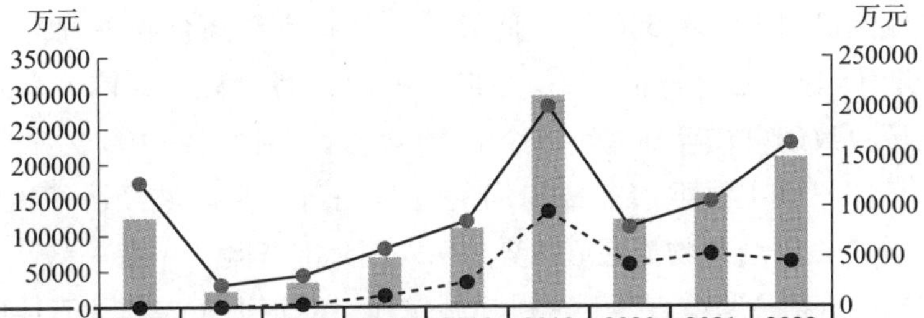

年份	2014	2015	2016	2017	2018	2019	2020	2021	2022
进出口额（左轴）	124054	21763	34143	69409	109864	295413	121150	157404	208155
出口额（右轴）	124054	21763	31469	58133	85518	200610	79225	104947	163519
进口额（右轴）	0	0	2674	11275	24345	94803	41925	52457	44636

图8.9　2014—2022年陕西与中亚五国贸易额

从陕西与中亚五国进出口总额增长率（图8.10）来看，自班列开行至今，陕西与中亚五国进出口总额的增长与出口额的增长趋势保持一致。由此可见，“长安号”中亚线路对进一步扩大陕西省外向型经济的发展起着至关重要的促进作用，同时在一定程度上促进了陕西对中亚国家的贸易增长。

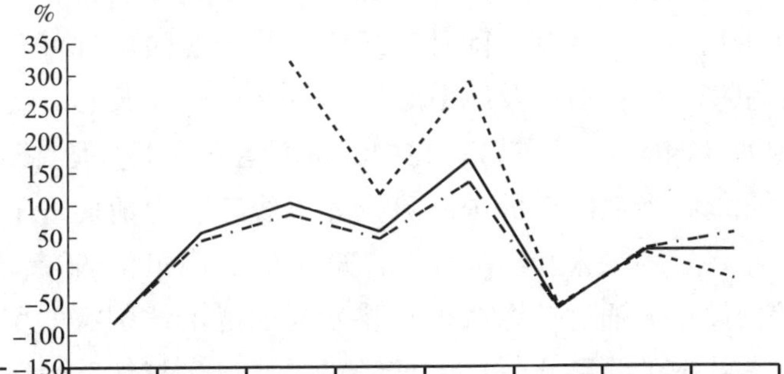

年份	2015	2016	2017	2018	2019	2020	2021	2022
进出口额增长率	−82	57	103	58	169	−59	30	32
出口额增长率	−82	45	85	47	135	−61	32	56
进口额增长率			322	116	289	−56	25	−15

图8.10　2015—2022年陕西与中亚五国贸易增长率

3. 原因分析

（1）集装箱货运场站的兴建对经贸往来意义重大。集装箱货运场站如同物流往来的“大本营”，其兴建使得经贸往来更加高效快捷。如中哈（西安）商贸物流有限责任公司场站项目在西安国际港务区开工建设，让哈铁快运中国西安分公司物流销售高级经理阿金汉兴奋不已。该项目总占地120亩，计划建设货物仓库、集装箱堆区，推动中国进出口哈萨克斯坦货物在西安快速集散分拨。

（2）临港产业不断集聚对区域经济起到了推动作用。“一带一路”临港产业园已引进世界500强企业31家、中国500强企业39家、中国民营500强企业15家。已落户汇芯5G通信、中国台湾中科半导体、京虹显示、银河新能源、致远科技等临港制造企业40余家，总投资约100亿元。

（3）线上线下产业链布局的逐步完善，为区域经济发展注入了新活力。凭借“长安号”物流通道优势，西安国际港务区“一带一路”电商中心已形成集国内直播、跨境直播、短视频制作和主播培训于一体的直播电商生态圈。与原先以海运为跨境电商出口货物的主要方式相比，通过中欧班列进行出口，具备了诸多核心优势。“长安号”开行频次增多，为跨境电商企业带来诸多便利，随着运输量的增加，货物品种日益多元化。同时，有效解决了物流的时效及成本问题，以前货物通过海运到欧洲主要港口需要30~40天，搭乘“长安号”运输后时间缩短为15天左右，不仅节省了大量时间，托运价格也颇具竞争力。

（三）中欧班列“长安号”对陕西与亚洲西部国家外贸增长的影响

1. 线路概要

陕西地处我国内陆地区，西亚六国（伊朗、格鲁吉亚、阿富汗、阿塞拜疆、亚美尼亚、土耳其）除阿富汗外，其余五国均有可利用的水运资源，如黑海、里海、阿曼海以及地中海等。2019年底开通的中欧班列“长安号”跨里海专列（西安—土耳其），在中欧班列运营史上，是首班跨越里海、穿越土耳其马尔马拉海底隧道的国际班列。该线路有力地促进了货物和服务的跨境流通，推动贸易往来和经济合作，充分发挥了国际运输新动脉的作用。

该线路主要通过铁海联运将陕西与西亚沿线国家的贸易联通起来，也是目前较为成熟的线路之一。因该线路需要海运与铁路运输协同完成，虽具备时效性上的优势，但同时也面临海运市场运费波动带来的巨大挑战。

2018年，陕西新开通了西安—白俄罗斯、西安—伊朗（阿富汗）、西安—根特（比利时）、西安—意大利（米兰）、西安—拉脱维亚（里加）5条线路。至此，中亚、中欧班列运营线路达到11条，覆盖中亚、中东及欧洲主要货源地。“长安号”凭借自身优势，成为全国“效率最高、服务最优、速度最快、路线最全、开行最多、运量最大”的国际货运班列。

2. “长安号”北欧线路开通后陕西对亚洲西部国家贸易额分析

从贸易额来看，2016—2022 年陕西与亚洲西部国家的贸易中，除进口额保持相对稳定外，出口额和进出口总额都呈现缓慢增长趋势。出口额从 2016 年的 9. 1726 亿元增长到 2022 年的 20. 1278 亿元，进出口总额从 2016 年的 9. 7472 亿元增加到了 2022 年的 20. 3631 亿元。进出口总额的变化与出口额的变化高度一致，如图 8. 11 所示。

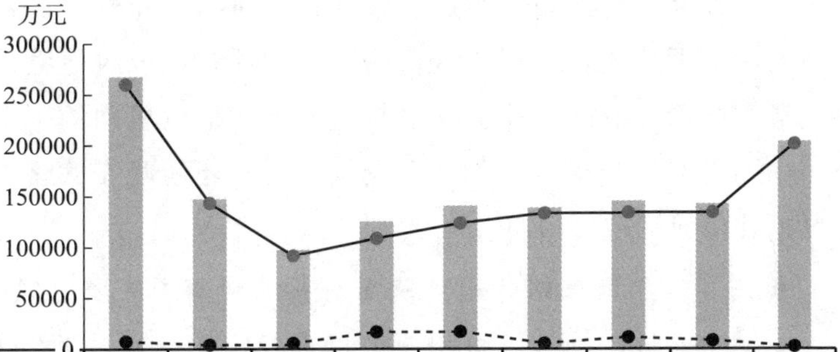

年份	2014	2015	2016	2017	2018	2019	2020	2021	2022
进出口额	267680	147427	97472	125308	140468	138619	145237	142468	203631
出口额	260173	143308	91726	108696	123583	133259	133962	134210	201278
进口额	7505	4120	5745	16616	16886	5362	11285	8260	2354

图 8. 11　2014—2022 年陕西与西亚六国贸易额

从各贸易额增长率来看，2016 年之后，陕西与西亚六国间的出口贸易额和进出口总额，除 2021 年受陕西省内新冠疫情影响外，均呈现正增长态势。尤其是 2022 年，出口额和进出口总额增长率达到了 43%，增长十分显著，如图 8. 12 所示。

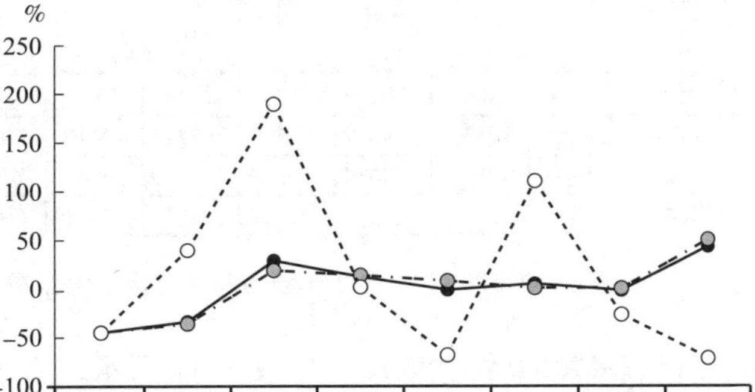

年份	2015	2016	2017	2018	2019	2020	2021	2022
进出口增长率	-45	-34	29	12	-1	5	-2	43
出口增长率	-45	-36	19	14	8	1	0	50
进口增长率	-45	39	189	2	-68	110	-27	-72

图 8. 12　2015—2022 年“长安号”与亚洲西部六国贸易增长率

（四）中欧班列“长安号”对陕西与亚洲南部国家外贸增长的影响

1. 线路概要

陕西与亚洲南部国家的国际货运班列主要面向尼泊尔和巴基斯坦。此前，陕西与这两个国家间的传统贸易往来主要通过铁海联运方式完成。这种方式虽运费较为低廉，但手续烦琐、时效性差。2022 年 5 月，中欧班列“长安号”西安—伊斯兰堡、西安—加德满都南亚班列同时开行。其采用的公铁联运方式具有海运无法比拟的运输距离短、货运质量高、时效性强等优势。南亚班列的顺利开行，不仅填补了陕西与南亚国际货运班列的历史空白，进一步完善了中欧班列“长安号”的货运网络布局，还使西安从此成为西北乃至中部地区通往南亚的重要窗口。

2. “长安号”北欧线路开通后陕西对亚洲南部国家贸易额分析

从图 8. 13 中可知，2014—2022 年，陕西与这两个国家进出口贸易在 2017 年达到 36 亿元高峰，随后逐渐下降，到 2019 年降至 4 亿元低谷，降幅近九成。此后陕西与这两个国家的进出口总额从 2019 年的 4 亿元迅速增加到 2021 年的 13 亿元。2022 年班列开通后，陕西对这两个国家的出口总额略有下降。

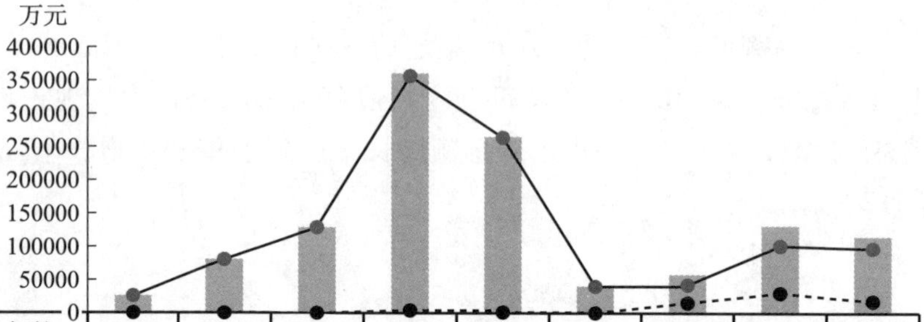

年份	2014	2015	2016	2017	2018	2019	2020	2021	2022
进出口额	26381	80832	128627	360324	265211	40410	57867	131004	114515
出口额	26164	80569	128614	356265	263939	40049	42369	100905	96823
进口额	217	274	14	4059	1271	361	15497	30098	17693

图 8. 13　2014—2022 年陕西与亚洲南部国家贸易额

从进出口贸易额的增长率来看，如图 8. 14 所示，陕西与尼泊尔和巴基斯坦两个国家进口增长率波动非常大，但出口增长率相对稳定。由于该条线路开通时间较晚，从现有数据上尚不能反映出班列开通对陕西与这两个国家贸易的促进作用。

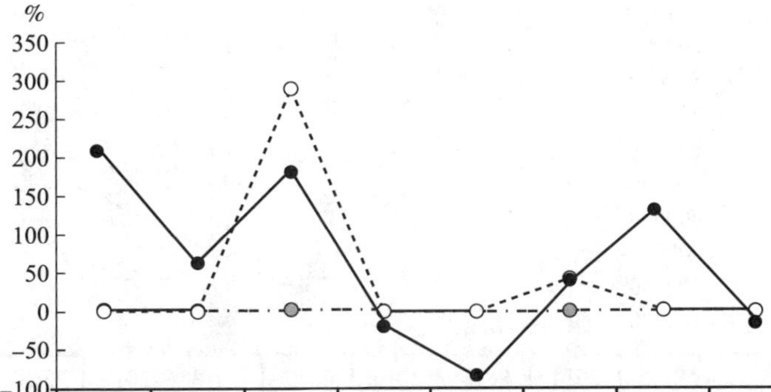

年份	2015	2016	2017	2018	2019	2020	2021	2022
进出口增长率	206	59	180	−26	−85	43	126	−13
出口增长率	208	60	177	−26	−85	6	138	−4
进口增长率	26	−95	28893	−69	−72	4193	94	−41

图 8. 14　2015—2022 年陕西与亚洲南部国家贸易增长率

（五）中欧班列“长安号”对陕西与亚洲东南部国家外贸增长的影响

1. 线路概要

陕西与东南亚国家（越南和老挝）传统的贸易往来主要依赖铁海联运。这种方式虽然运费较低，但手续烦琐且时效性差。2022 年 8 月，“长安号”西安—河内的首列中越国际货运班列从西安国际港站始发，标志着陕西西安成功打通了连接东盟的陆路贸易通道。该线路将中亚发往河内的货运时间由原来的 20 天缩短至 8 天，时间节约了近 2/3。中越国际货运班列的开通，将有力促进陕西及周边地区与东盟国家的经贸往来和人文交流，进一步提升陕西在“一带一路”建设中的参与度和影响力，同时为中国—东盟区域经济一体化注入新动力。

2. “长安号”北欧线路开通后陕西对亚洲东南部国家贸易额分析

从陕西与越南、老挝两国贸易额相关数据来看，2014—2020 年，该线路进出口总额从 12. 2 亿元增长到 77 亿元，出口额从 11. 9 亿元增加到了 58. 7 亿元，进口额和进出口总额呈现持续增长趋势。尽管 2021 年因新冠疫情等因素出现下滑，但在 2022 年中欧班列“长安号”开通当年，陕西与这两个国家的进出口贸易额翻倍增长，从 2021 年的 35 亿元增长到 77 亿元，如图 8. 15 所示。

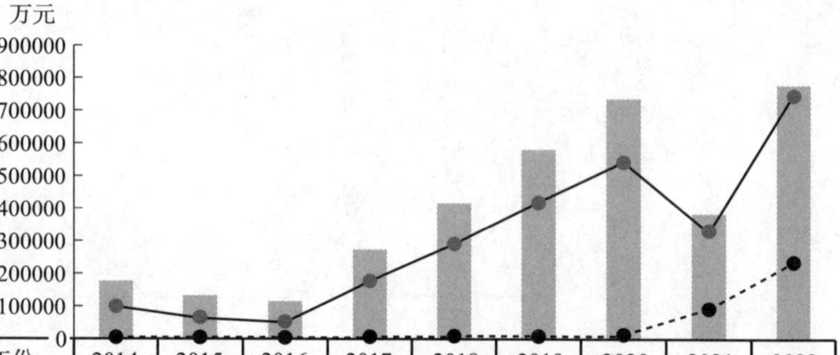

年份	2014	2015	2016	2017	2018	2019	2020	2021	2022
进出口额	122164	87744	74770	200827	315061	440481	565061	353437	770331
出口额	118627	84034	71666	195397	307624	433684	554331	281153	587004
进口额	3537	3710	3104	5430	7437	6797	10730	72284	183327

图 8.15　2014—2022 年陕西与亚洲东南部国家贸易额

同样，从陕西与越南、老挝两国贸易额的增长率来看，2022 年较 2021 年，其进出口总额增长率、出口额增长率以及进口额增长率分别为 118%、109%和 154%，进出口总额、进口额和出口额三者均实现了同步增长，如图 8.16 所示。

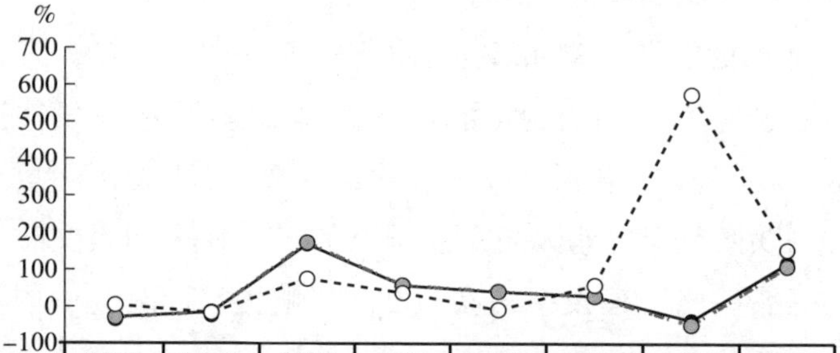

年份	2015	2016	2017	2018	2019	2020	2021	2022
进出口增长率	−28	−15	169	57	40	28	−37	118
出口增长率	−29	−15	173	57	41	28	−49	109
进口增长率	5	−16	75	37	−9	58	574	154

图 8.16　2015—2022 年陕西与亚洲东南部国家贸易增长率

虽然陕西与越南、老挝国际货运班列开通时间较晚，但是从现有的数据不难发现，“长安号”的开通对陕西与上述两国的贸易发展起到了显著的推动作用。

（六）中欧班列“长安号”对陕西与欧洲东部国家外贸增长的影响

1. 线路概要

中欧班列“长安号”途经的欧洲东部国家主要有乌克兰、波兰和立陶宛。由于这三国临近波罗的海，陕西与它们之间的传统贸易往来主要依赖铁海联运。2019 年开通的中欧班列“长安号”（西安—斯瓦夫库夫），从阿拉山口出境，途经哈萨克斯坦、俄罗斯、乌克兰，从乌克兰与波兰的边境口岸赫鲁别舒夫入境，全程运距 9478 千米，全程运行 10 天左右。2020 年开通的中欧班列“长安号”（西安—基辅），由二连浩特出境，途经蒙古、俄罗斯，约 12 天到达乌克兰首都基辅。

陕西至东欧国际铁路货运班列不仅服务客户门点，还辐射东南欧各国，具有时效更快、成本更低的优势。班列的开行进一步拉近了陕西与东欧国家的时空距离，促进了中欧班列“长安号”对东欧地区的辐射作用，为陕西打造内陆改革开放高地、建设中欧班列集结中心，以及发展枢纽经济、门户经济和流动经济增添活力。

西安至东欧线路包含三部分：中东欧快线、泛中东欧线路、基辅（敖德萨）专列。通过干支线结合的开行模式，实现了区域全覆盖。中东欧快线从西安出发，经乌克兰乔普直抵匈牙利布达佩斯，全程仅需 13 天；泛中东欧线路的运输产品可分拨至奥地利维也纳、罗马尼亚普洛耶什蒂和土耳其伊斯坦布尔等城市，覆盖东欧全境；基辅（敖德萨）专列可在 10 天内直达乌克兰首都基辅。

2. “长安号”北欧线路开通后陕西对欧洲东部三国贸易额分析

通过对 2014—2022 年陕西与乌克兰、波兰和立陶宛的贸易数据进行深入分析，不难发现，陕西与上述三国的进出口总额和出口额在 2018 年达到了顶峰状态。进出口总额和出口额从 2014 年的 1.9 亿元、0.99 亿元分别增长至 2018 年的 9.3 亿元、7.5 亿元。尽管 2019 年有所下滑，但进出口总额和出口额仍处于较高水平。然而，受全球疫情影响，2020 年进出口总额和出口额均出现大幅下降，进出口总额从 2019 年的 9.17 亿元下降到 5.39 亿元，出口额从 2019 年的 7.44 亿元减少到 2.58 亿元，进口额却从 1.73 亿元增加到 2.82 亿元，进口额的增加可能源于防疫物资的大量进口。全球疫情形势稍有缓解后的 2021 年，陕西对上述三国的进出口总额和出口额较 2020 年均有所回升，但进口额出现下降（见图 8.17、图 8.18）。

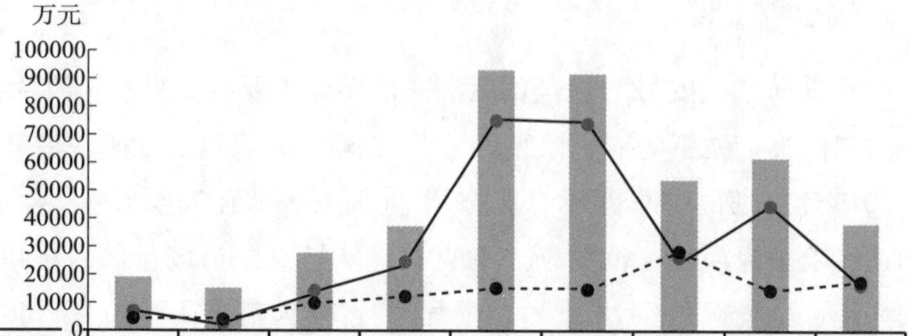

年份	2014	2015	2016	2017	2018	2019	2020	2021	2022
进出口额	19015	15141	27665	37233	93032	91678	53935	61683	38191
出口额	9922	5880	14303	21933	75314	74365	25781	44526	18615
进口额	9093	8661	13372	15300	17718	17314	28153	17158	19576

图 8.17　2014—2022 年陕西与欧洲东部国家贸易额

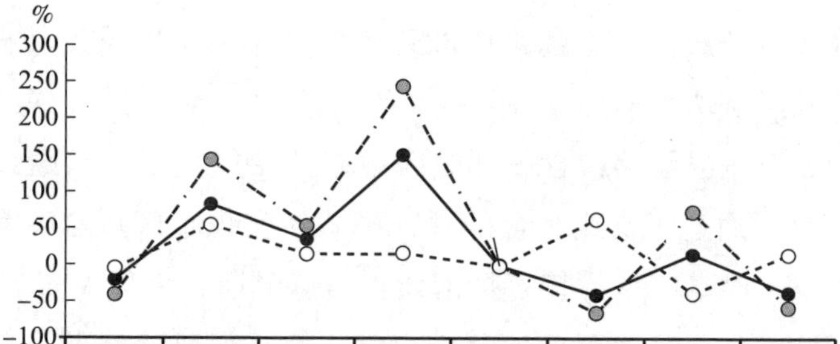

年份	2015	2016	2017	2018	2019	2020	2021	2022
进出口增长率	−20	83	35	150	−1	−41	14	−38
出口增长率	−41	143	53	243	−1	−65	73	−58
进口增长率	−5	54	14	16	−2	63	−39	14

图 8.18　2015—2022 年陕西与欧洲东部国家贸易增长率

（七）中欧班列“长安号”对陕西与欧洲中部国家外贸增长的影响

1. 线路概要

中欧班列“长安号”主要面向欧洲中部国家，包括德国、奥地利、波兰、捷克、斯洛伐克、瑞士和匈牙利七国。传统的海运方式虽然运费较低，但运输时间较长，而中欧班列的开通则大幅缩短了运输时间。2016 年 8 月 18 日，中欧班列（西安—华沙）开通，运行时间约 12 天，比海运节省 30 多天；2016 年 9 月 2 日，中欧班列（西安—汉堡）开通，13 天后抵达德国汉堡。2017 年 4 月 1 日，西安至布达佩斯（匈牙利）中欧班列正式开通，不仅实现了义乌—西安—布达佩斯的国内与国际货运班列联动，还进一步凸显了西安港作为国际中转枢纽港的功能。同时，该班列首次实现了西安与浙商的共赢合作，为义乌小商品乃至“中国制造”走出去开辟了一条全新的物流通道。此外，西安—斯瓦夫库夫班列是中欧班列首列宽轨直达欧洲腹地波兰境内的集装箱联运班列。该班列从中铁联集西安中心站出发，经阿拉山口口岸出境，途经哈萨克斯坦、俄罗斯、乌克兰，从乌克兰与波兰的边境口岸赫鲁别舒夫入境，全程运距 9478 千米，预计运行时间约 10 天，全程仅需一次换装（阿拉山口境）。

2. “长安号”北欧线路开通后陕西对欧洲中部国家贸易额分析

从图 8. 19 中不难发现，2016 年，西安—华沙、西安—汉堡等国际货运班列相继开通，陕西与欧洲中部国家的进口额整体增长较为缓慢，出口贸易额虽偶有波动，但是整体保持较高增长。进出口总额除 2022 年外，基本保持逐年增长的趋势。其中，进出口总额从 2016 年的 73 亿元增长至 2022 年的 222 亿元，年均增长率接近 25%；出口额从 2016 年的 35 亿元增长至 2022 年的 152 亿元，年均增长率为 19. 5%。

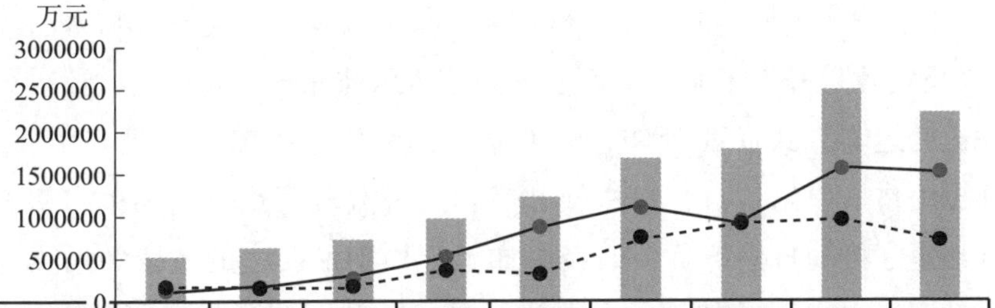

年份	2014	2015	2016	2017	2018	2019	2020	2021	2022
进出口额	526496	634090	730562	974605	1228360	1681066	1789681	2490224	2218076
出口额	158987	274928	356988	490588	770081	1092911	975328	1647445	1521990
进口额	367508	359162	373575	484017	458280	588157	814355	842777	696086

图 8. 19　2014—2022 年陕西与欧洲中部国家贸易额

从陕西与上述国家的贸易额增长率变化来看，自 2016 年中欧班列“长安号”首条欧洲线路开通以来，陕西与上述七个国家进口额、出口额以及进出口总额的增长率变化除了 2020 年和 2022 年外，其余年份的出口额年增长率远远超过进出口总额增长率，进口额的增长率最低，如图 8. 20 所示。其中，2021 年的出口增长率为 69%，6 年出口增长率的平均值为 37%，进出口总额增长率的平均值为 26%。

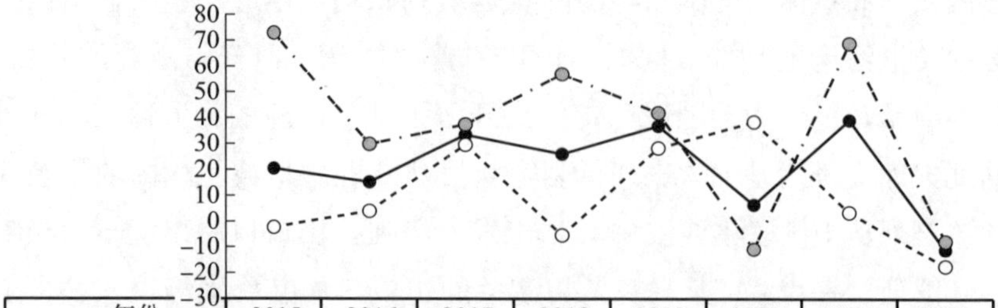

年份	2015	2016	2017	2018	2019	2020	2021	2022
进出口增长率	20	15	33	26	37	6	39	−11
出口增长率	73	30	37	57	42	−11	69	−8
进口增长率	−2	4	30	−5	28	38	3	−17

图 8. 20　2015—2022 年陕西与欧洲中部国家贸易增长率

由此可见，“长安号”中欧班列欧洲中部线路开通以来，对陕西与欧洲中部国家的进出口贸易有着极大的推动作用。

（八）中欧班列“长安号”对陕西与欧洲北部国家外贸增长的影响

1. 线路概要

“长安号”陕西至北欧国家线路主要面向瑞典、丹麦、挪威和芬兰。2020 年，“长安号”开发了全新的西安—斯德哥尔摩北欧极光班列，该班列通过海铁联运的运输方式向西延伸，辐射波罗的海周边国家。该班列由新筑始发，经阿拉山口口岸出境，在口岸换装后，通过宽轨铁路直达加里宁格勒。货物可从加里宁格勒直接下货，或经由加里宁格勒最西边的波罗的斯克港口，通过海运“点对点”分拨至马尔默港、哥德堡和斯德哥尔摩（瑞典），以及哥本哈根（丹麦）等地。

2021 年 3 月，首列中欧班列“长安号”（西安—丹麦）从西安新筑车站始发，预计 16 天便可抵达丹麦腓特烈西亚港。该线路运行至丹麦腓特烈西亚港后，可分拨覆盖北欧地区，进一步扩大了中欧班列进入欧洲大陆之后的辐射范围，提升了陕西的枢纽经济能力和开放通道优势。在海运空运受阻情况下，陕西省相关部门积极帮助光伏、植物提取物、显示器等重点产业和企业通过中欧班列“长安号”发运货物，保障了重点外贸企业产业链供应链畅通。

2. “长安号”北欧线路开通后陕西对欧洲北部国家贸易额分析

通过对该线路上陕西与上述四个国家的贸易额进行分析，从 2017 年到 2022 年，陕西出口额一直保持增长，从 3. 9 亿元增长到 12. 9 亿元，进出口总额从 13.8 亿元增长到 20.5 亿元，其间虽偶有波动，但整体也保持了持续增长，如图 8.21 所示。2020 年可能因为新冠疫情，进口额高达 19 亿元，远超 2019 年的 6.4 亿元，但在随后的两年，进口额有所回落，而出口额继续保持增长态势。从陕西与这四个国家的出口贸易额增长率来看，2017 年班列常态化运行之后，除新冠疫情第一年出口增长率为-3%外，其余年份出口增长率始终保持较高的水平，最高时的 2021 年出口增长率达到 74%，如图 8.22 所示。这说明尽管受疫情的影响，但陕西对欧洲北部四个国家的出口贸易始终保持良好的发展态势。

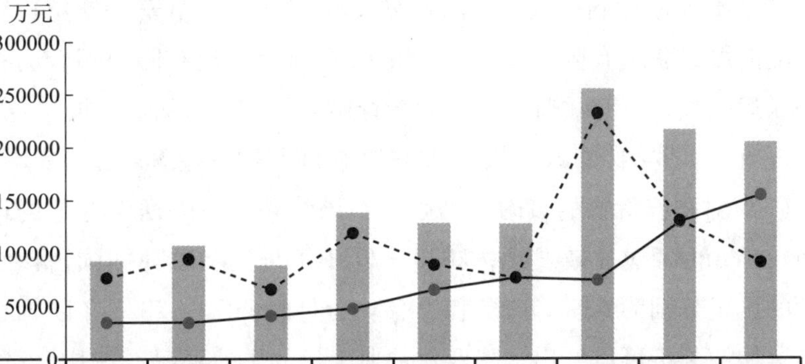

年份	2014	2015	2016	2017	2018	2019	2020	2021	2022
进出口额	92608	107106	88362	138245	128403	127417	255187	216642	205159
出口额	28804	28515	33803	39396	54141	63627	61781	107599	129231
进口额	63808	78591	54558	98849	73744	63790	193406	109043	75928

图 8.21　2014—2022 年陕西与欧洲北部国家贸易额

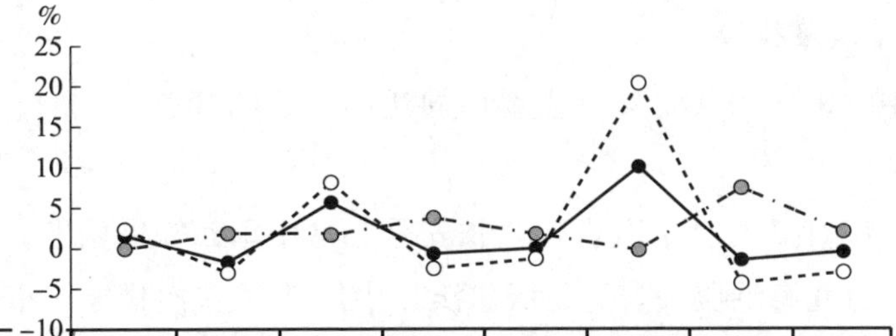

年份	2015	2016	2017	2018	2019	2020	2021	2022
进出口增长率	16	−18	56	−7	−1	100	−15	−5
出口增长率	−1	19	17	37	18	−3	74	20
进口增长率	23	−31	81	−25	−13	203	−44	−30

图 8.22　2015—2022 年陕西与欧洲北部国家贸易增长率

3. “长安号”欧洲北部线路开通对陕西对外贸易增长的原因分析

电机、车辆及零件以及核反应堆等高价值货物在陕西对欧洲北部的贸易增长中发挥着重要作用。

（1）线路溢价能力强。西安—丹麦线路目前是全国唯一具备较强溢价能力的班列线路，和传统线路相比，运输时间可减少 2~4 天，同时减轻得斯威公司丹麦仓库的压力，减少资金占用，实现交付效率提升和物流成本降低的双赢。此趟班列顺利开行标志着“长安号”向市场化、盈利化又迈出重要一步。

（2）海铁联运新模式。中欧班列“长安号”（西安—丹麦）线路由西安国际陆港多式联运有限公司、上海得斯威国际货运有限公司合力打造，实行海铁联运模式，可有效避开马拉舍维奇站点拥堵。此外，“长安号”（西安—罗斯托克—维罗纳/哥德堡/斯德哥尔摩）南北欧分拨班列在西安港顺利发车。

（3）对高值货物的吸附力增强。在该线路上，陕西至芬兰的班列虽开行时间较早，但通过比较发现，2020—2022 年丹麦和瑞典两国占该线路进出口总额的比重分别为 68%、68%和 69%。通过对 2020—2023 年陕西至瑞典的进出口贸易额分析可以看出，陕西对瑞典出口的主要商品结构中，第 85 类（电机、电气设备、音像设备）、第 84 类（核反应堆、锅炉等）以及第 39 类（塑料及其制品）和第 74 类（铜及其制品）占据了重要地位。其中，第 85 类、第 84 类和第 39 类分别占陕西对瑞典总出口额的 84%、67%和 59%。

（九）中欧班列“长安号”对陕西与欧洲西部国家外贸增长的影响

1. 线路概要

中欧班列“长安号”主要面向法国、葡萄牙、比利时、卢森堡这四个欧洲西部国家。

2019 年 7 月，中欧班列“长安号”从中国西安港始发，历时 18 天抵达比利时根特北海港码头。这是沃尔沃“中国造”首次搭乘“长安号”出口到欧洲，将为推动中欧经贸往来和“一带一路”高质量发展注入新动能。

2021 年 6 月 28 日，首列中欧班列“长安号”（西安—巴黎—北非三国）在西安国际港站发车。18 天里，该班列将途经哈萨克斯坦、俄罗斯、白俄罗斯、波兰、德国等国家，抵达法国巴黎，部分集装箱再由巴黎经铁路运至马赛港，海运至北非三国（突尼斯、阿尔及利亚、摩洛哥）。

2. 班列开通后陕西对欧洲西部四个国家的贸易额分析

通过对陕西与法国、葡萄牙、比利时、卢森堡四个国家进出口贸易额分析不难发现，2014 年以来，陕西与上述四个国家出口额、进出口总额基本保持持续增长的趋势，进出口总额从 116 亿元增加到 2022 年的 305 亿元，年均增长率为 23.6%，出口额从 71 亿元增加到 2022 年的 275 亿元，年均增长率为 25%。

表 8.4　2014—2022 年陕西与欧洲西部国家贸易额　万元

贸易额	2014 年	2015 年	2016 年	2017 年	2018 年	2019 年	2020 年	2021 年	2022 年
进出口总额	1160382	1106607	993084	1280229	1686339	1591229	1815359	2792489	3053391
出口额	711287	686320	653869	1073502	1328074	1166431	1295052	2194242	2749273
进口额	449946	420288	339213	206727	358267	424798	520307	598249	304118

从进出口贸易年增长率来看，班列开通后的前 3 年（2019—2021 年），该线路上陕西与这四个国家的出口贸易增长率和进出口总额增长率增长较快，尤其是 2021 年，出口贸易增长率和进出口总额增长率分别达到 69%和 54%，如表 8.5 所示，说明班列对陕西与这四个国家的贸易发展有很大推动作用。

表 8.5　2015—2022 年陕西与欧洲西部国家贸易增长率　%

贸易增长率	2015 年	2016 年	2017 年	2018 年	2019 年	2020 年	2021 年	2022 年
进出口增长率	−5	−10	29	32	−6	14	54	9
出口增长率	−4	−5	64	24	−12	11	69	25
进口增长率	−7	−19	−39	73	19	22	15	−49

3. “长安号”欧洲西部线路开通对陕西对外贸易增长的原因分析

（1）依托新的集散中心开展多式联运。中欧班列“长安号”通过铁路直达巴黎，相较于以往由德国杜伊斯堡公路的分拨方式，不仅降低了客户后程公路分拨的成本，还成功开辟了新的多式联运集散中心。基于此线路，中欧班列“长安号”首次通过海铁联运的方式将货物发往非洲，这是一次新的跨越与尝试。该线路的开通，有利于吸引更多优质货源，推动中法中小企业的贸易往来更加紧密，还将进一步完善中欧班列“长安号”国际货运网络。同时，借助巴黎的地理优势，“长安号”的辐射范围将不断扩大，进一步覆盖欧洲区域。

（2）混合运输方式创新。“集装箱+笼车”整车混合运输方式，即从西安至波兰马拉舍维奇段采用集装箱运输，马拉舍维奇至根特段采用笼车运输。“集装箱+笼车”运输方案是中欧班列进出口整车业务的全新探索与尝试，能降低进出口整车的国际铁路联运成本，大幅度提高集装箱等运输工具的利用率，是西安推动“一带一路”建设、加强与欧洲经贸往来的又一重要举措。采用混装运输方式，在保障安全的前提下，一列火车可多运67辆沃尔沃汽车，运量提升了50%。在综合物流成本和海运基本持平的情况下，汽车到达客户手中的时间由原来海运的60天，缩短至现在铁路运输的20天。

（3）西安港凭借其集结分拨的枢纽功能和多种运输方式组合的通道优势，通过探索更多便捷的多式联运线路，使更多中国制造产品通过新的运输方式进入欧洲市场，同时也为欧洲产品进入中国市场增加了新的物流运输平台，开辟了欧洲产品进入中国市场的又一重要渠道。

（4）整车口岸的综合服务。出口欧洲的沃尔沃汽车在西安港整车口岸集结，搭乘中欧班列“长安号”从西安港始发，经哈萨克斯坦、俄罗斯、白俄罗斯、波兰、德国，历经18天长途跋涉，跨越9783千米抵达比利时根特。这批车辆将从比利时分拨至爱尔兰、冰岛、德国、法国、荷兰、瑞典、瑞士、意大利、英国等欧洲的25个国家。“长安号”中欧班列抵达根特后，还将把沃尔沃在瑞典工厂生产的XC90汽车及比利时根特工厂生产的V系列旅行车以同样混合运输方式带回中国。车辆在西安港集结分拨后，再通过公路运输等方式运往国内市场。至此，沃尔沃汽车实现了中国与欧洲两大本土市场之间整车进出口运输的互通闭环，中欧班列“长安号”整车专列实现高频往返常态化运营。

（十）中欧班列“长安号”对陕西与欧洲南部国家外贸增长的影响

1. 线路概要

2019年11月6日，中欧班列“长安号”（西安—土耳其）跨里海专列缓缓驶入土耳其安卡拉火车站，标志着中欧班列“长安号”（西安—土耳其）跨里海专列首趟班列成功开行。本次班列东起西安，由霍尔果斯口岸出境，经哈萨克斯坦穿过里海到达土耳其，最终发往布拉格，全程运行距离为12251千米。这条线路全程使用铁路、海运两种运输方式，途经10个国家，是目前开行的中欧线路中途经国最多、运输方式最齐全的线路，其中格鲁吉亚、土耳其、保加利亚、罗马尼亚等国家均为首次通行中欧班列。

2020 年 4 月 8 日，西安—巴塞罗那中欧班列一路向西，驶往西班牙巴塞罗那，全程约 1.2 万千米。这是陕西省首次开行至巴塞罗那的中欧班列，沿途需要经过三次换装、两次换轨。

2020 年 8 月 20 日，首列中欧班列“长安号”中东欧线路班列缓缓驶出西安港。在未来的 13 天里，该班列将由阿拉山口口岸出境，途经哈萨克斯坦、俄罗斯、乌克兰，经扎霍尼口岸进入匈牙利，将布达佩斯作为枢纽节点，通过铁路分拨，直抵奥地利维也纳、罗马尼亚普洛耶什蒂、意大利米兰、土耳其伊斯坦布尔等城市。值得一提的是，中欧班列“长安号”中东欧线路班列由匈牙利扎霍尼口岸换装，改变了目前中东欧货物通过马拉中转的传统模式，缩短了全程运距，有效提高了运输时效，在货运旺季时可为客户节省近 1/2 的运输时间。

2. “长安号”欧洲南部线路对陕西与欧洲南部国家的贸易额分析

“长安号”至欧洲南部主要面向西班牙、意大利、罗马尼亚和保加利亚。2014—2022 年，陕西与这四个国家的进出口贸易额如图 8.23 所示，整体贸易额呈现上升趋势。其中，进出口总额由 2019 年的 32.9 亿元增加到 2022 年的 78.9 亿元，出口额从 2019 年的 22 亿元增加到 2022 年的 65.9 亿元。

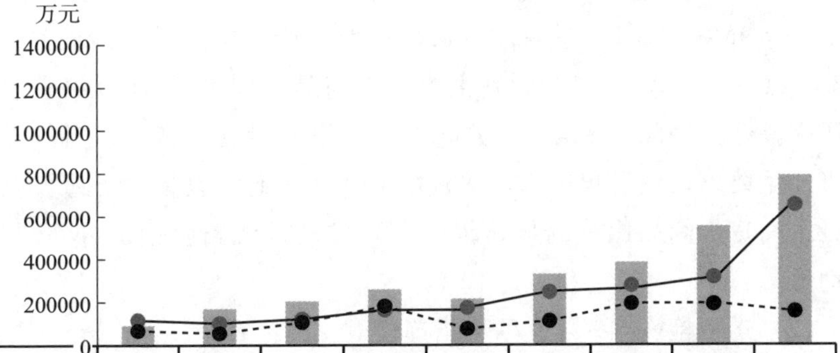

年份	2014	2015	2016	2017	2018	2019	2020	2021	2022
进出口额	133216	169605	204727	259113	215212	328920	383785	551835	788849
出口额	97107	90067	99739	120409	125629	220146	235628	356942	659058
进口额	85717	79538	104989	142314	89585	107774	148156	166511	129792

图 8.23　2014—2022 年陕西与欧洲南部国家贸易额

2014—2022 年，陕西与欧洲南部国家的贸易增长率在这段时期经历了显著的波动。进出口增长率和出口增长率在 2019 年达到高峰，而进口增长率在 2018 年和 2022 年出现了显著的下降。这些波动可能受到多种因素的影响，包括全球经济形势、贸易政策变化以及市场需求的变动等。具体如图 8.24 所示。

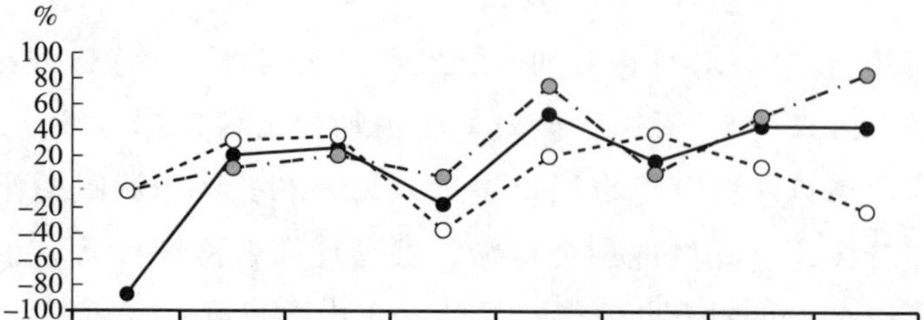

年份	2015	2016	2017	2018	2019	2020	2021	2022
进出口增长率	−87	21	27	−17	53	17	44	43
出口增长率	−7	11	21	4	75	7	51	85
进口增长率	−7	32	36	−37	20	37	12	−22

图 8.24　2015—2022 年陕西与欧洲南部国家贸易增长率

3. “长安号”欧洲南部线路开通对陕西对外贸易增长的原因分析

（1）高货值比重高。

2020 年 4 月，西安—巴塞罗那中欧班列的首次开列，架起了陕西与欧洲南部国家贸易往来的新桥梁。2020—2022 年，陕西对西班牙与意大利两国的贸易额分别占该线路四国进出口总额的 94%、89%、95%；总出口额占比高达 95%、96%、95%。进一步分析陕西对这两个国家的出口商品结构发现，2020—2022 年，陕西对意大利主要出口商品分别为第 81 项（其他贱金属、金属陶瓷及其制品）和第 85 类（电机、电气设备、音像设备等）。陕西对西班牙主要出口商品集中在第 85 类（电机、电气设备、音像设备）。由此可见，高货值商品比重的显著提升，是推动该线路陕西对外贸易增长的主要动力。

（2）运—检—挂一体化联动指挥模式。

为进一步提升中欧班列“长安号”运输效率，西安—巴塞罗那国际铁路班列通过协调各方资源，由西安局集团与中铁联集、西安国际港务区紧密配合，建立中欧班列运输装车、货检、挂运一体化联动指挥模式。指挥模式通过提前审核装车计划单据，减少班列停靠等待时间，确保班列安全有序开行。

（十一）中欧班列“长安号”对陕西与非洲北部三国外贸增长的影响

1. “长安号”北非线路对陕西与北非三个国家的贸易额分析

“长安号”北非线路主要面向突尼斯、阿尔及利亚及摩洛哥三国。由于近年来非洲地区整体经济发展相对滞后，陕西与这三个国家的贸易规模较小。陕西与北非三国的贸易额最高值出现在 2014 年，为 14 亿元。2021 年“长安号”班列开通后，贸易额有所提升，从 2.7 亿元增长到 2022 年的 3.6 亿元，如图 8.25 所示。

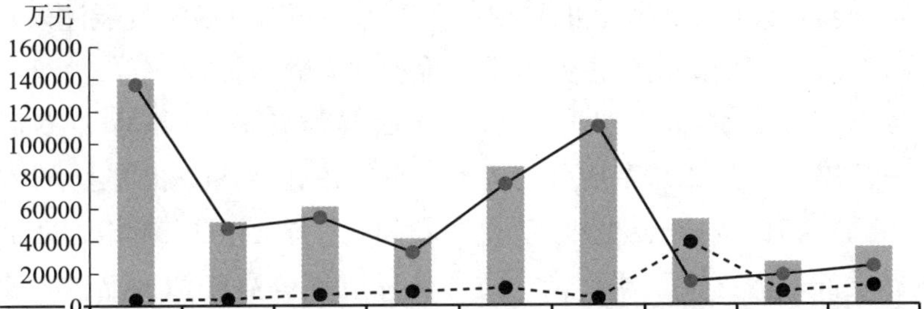

年份	2014	2015	2016	2017	2018	2019	2020	2021	2022
进出口额	140468	51765	61123	41275	85368	114418	52872	26540	35627
出口额	136659	47719	54380	32786	74791	110236	14268	18432	23911
进口额	3809	4046	6743	8489	10577	4181	38605	8107	11715

图 8.25　2014—2022 年陕西与北非三国贸易额

从贸易额的增长率来看，班列开通前后的 2020—2022 年，进出口增长率在前两年负增长的基础上，首次实现了 34%的正增长，而出口增长率在班列开通的第二年便实现了 29%的正增长，如图 8.26 所示。上述数据充分说明，“长安号”北非线路对陕西与突尼斯、阿尔及利亚和摩洛哥三国的外贸经济发展起到了一定的推动作用。

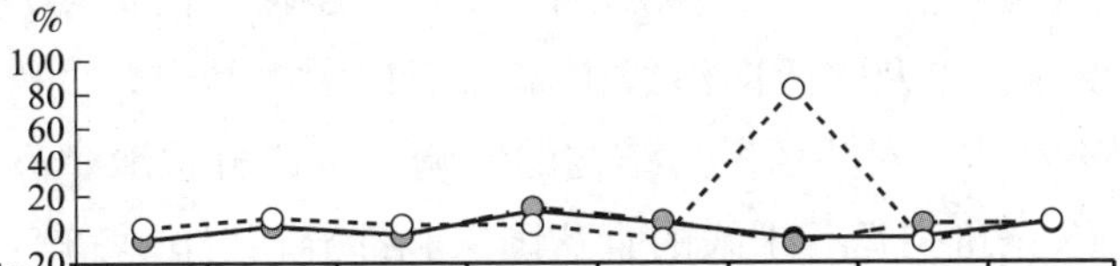

年份	2015	2016	2017	2018	2019	2020	2021	2022
进出口增长率	-63	18	-32	107	34	-54	-50	34
出口增长率	-65	14	-40	128	47	-87	29	30
进口增长率	6	67	26	25	-60	823	-79	45

图 8.26　2015—2022 年陕西与北非三国贸易增长率

2. “长安号”北非线路开通对陕西对外贸易增长的原因分析

（1）运输成本优势显著，开辟贸易新通道。

中欧班列“长安号”北非线路的开通，打破了传统运输方式的局限。相较于以往经德国杜伊斯堡公路分拨的模式，直达巴黎的铁路运输有效降低了客户的后程运输成本。更重要的是，该线路首次尝试海铁联运方式，将货物运送至非洲，实现了运输模式的创新。这不仅为陕西开辟了通往北非的贸易新通道，也有利于吸引更多优质货源，促进中法中小企业间的贸易往来，进一步完善中欧班列“长安号”的国际货运网络。依托巴黎的区位优势，该线路将进一步扩大在欧洲地区的辐射范围，为陕西对外贸易发展注入新的活力。

（2）高货值商品出口占比提升，推动贸易额增长。

数据显示，北非线路开通后，陕西与摩洛哥的贸易规模显著扩大。2021—2022 年，陕西与摩洛哥的进出口总额占比从 54%提升至 62%，出口贸易额占比从 37%增长至 46%。值得注意的是，陕西出口摩洛哥的商品中，电机电器设备、航空航天器、化学类、核反应堆等高货值商品占比高达 80%。由此可见，高货值商品出口比重的提升，是推动“长安号”北非线路陕西对外贸易增长的关键因素。

四、中欧班列“长安号”对陕西贸易结构影响的分析

中欧班列“长安号”开通，提升了陕西与沿线国家之间的贸易通道发展水平，增强了货物运输的通达性，降低了货物运输成本、企业贸易成本和企业出口门槛，从而增加了商品出口的数量和种类。同时，企业贸易成本的降低间接提高了企业生产率，促进了企业的创新参与行为，提升了企业的创新程度，推动了高附加值商品的生产和出口，这主要体现在高新技术产品出口的增长上。因此，本书主要从陕西与中欧班列“长安号”沿线国家贸易商品种类的变化，以及陕西向沿线国家高新技术产品出口的增长情况，分析中欧班列“长安号”对陕西贸易结构的影响。本部分选取中欧班列“长安号”已开通的 17 条班列运行干线的直达国家和部分辐射国家作为研究对象。

（一）中欧班列“长安号”对陕西与俄罗斯、白俄罗斯贸易结构的影响

1. 中欧班列“长安号”对陕西与俄罗斯贸易结构的影响

如图 8.27 所示，中欧班列“长安号”俄罗斯、白俄罗斯线路于 2016 年开通以来，陕西出口俄罗斯的 2 位 HS 编码商品种类整体呈增长态势，从 54

种增加到了2022年的82种；陕西自俄罗斯进口的2位HS编码商品种类也呈增长态势，且增幅较大，2015年进口商品种类为17种，到2021年达到54种，2022年小幅下降为51种。从上述分析来看，“长安号”的开通有效促进了陕西与俄罗斯进出口商品种类的增加。

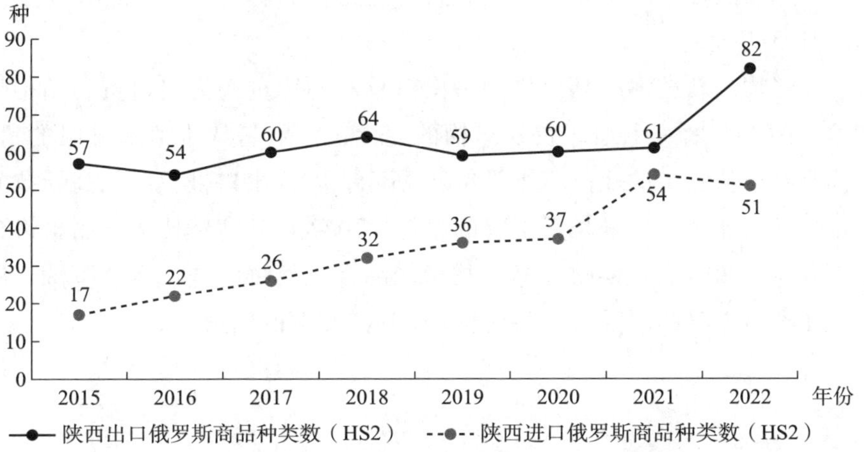

图8.27　2015—2022年陕西出口与进口俄罗斯商品种类数

近年来，得益于中欧班列“长安号”的经济运输优势，在俄罗斯方向的出口商品中，整车、机电产品、鞋服、小家电、玩具等商品的出口金额较大且增速较快。从白俄罗斯进口的货物中，木材进口金额较大，2022年进口木材类商品达4772.7006万元（见图8.28）

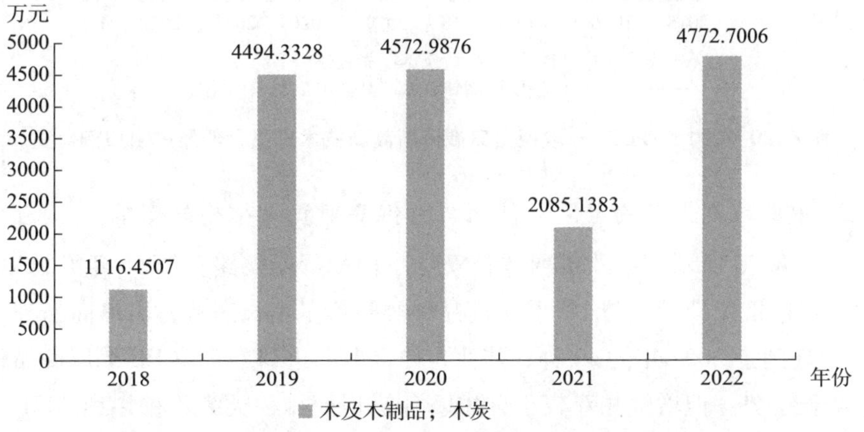

图8.28　2018—2022年陕西自俄罗斯进口第44类商品

高附加值产品是中欧班列“长安号”的主要目标货源。中欧班列“长安号”的开通提升了陕西至俄罗斯的交通运输通道水平，推动了陕西出口结构的转型升级，促进了高附加值产品的出口。如图 8. 29 所示，自中欧班列“长安号”开通以来，陕西向俄罗斯出口的高新技术产品金额整体呈增长态势，2020 年受疫情等因素影响，出口金额有所下降，但到 2022 年出口金额达 86310. 9193 万元。

有学者用高新技术产品出口额占出口总额的比重作为出口贸易结构的代理变量，用于衡量一个地区贸易结构的变化，特别是从价值链升级的角度，评估商品在价值链中的地位。如图 8. 29 所示，陕西出口俄罗斯的高新技术产品占出口额的比重呈先增长后下降的趋势。2022 年，高新技术产品出口金额占比下降至 9. 29%，说明陕西高新技术产品在价值链的地位有所下降。后续需进一步分析下降的原因，特别是与运输通道相关的因素。

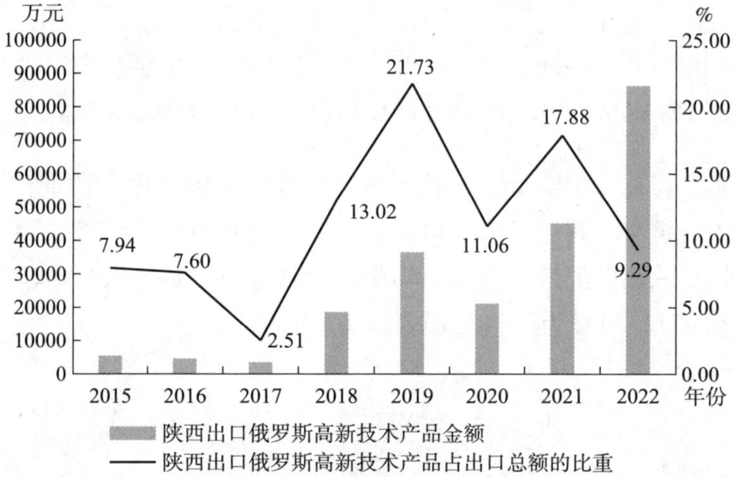

图 8. 29　2015—2022 年陕西出口俄罗斯高新技术产品金额及占出口额比重

2. 中欧班列“长安号”对陕西与白俄罗斯贸易结构的影响

如图 8. 30 所示，中欧班列“长安号”白俄罗斯线路自 2016 年开通以来，陕西出口白俄罗斯的 2 位 HS 编码商品种类整体呈增长态势，出口商品种类从 15 种增加到了 2022 年的 43 种；陕西自白俄罗斯进口的 2 位 HS 编码商品种类也呈增长态势，但增幅相对较小，2015 年进口商品种类为 4 种，到 2021 年达到 17 种，2022 年下降为 10 种。从上述分析来看，“长安号”的开通有效促进了陕西与白俄罗斯进出口商品种类的增加。

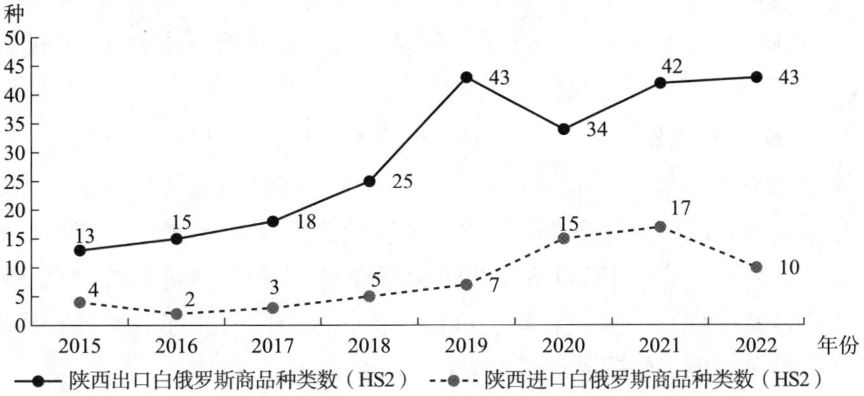

图 8.30　2015—2022 年陕西出口与进口自俄罗斯商品种类数

如图 8.31 所示，自中欧班列“长安号”开行以来，2015—2021 年，陕西向白俄罗斯出口的高新技术产品出口金额增长缓慢，但 2022 年高新技术产品出口金额出现井喷式增长，达到 3337.7044 万元，高新技术产品出口金额占比上升到 7.44%，汽车、机电产品出口金额大幅度增长是重要原因。这些商品主要是通过中欧班列“长安号”完成运输的，因此，中欧班列“长安号”有效提高了汽车、机电产品出口占比，进一步优化了陕西出口白俄罗斯的贸易结构。

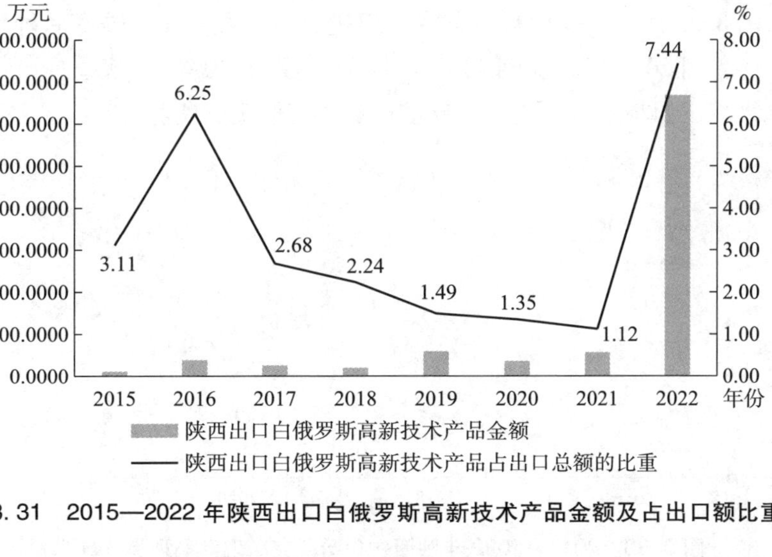

图 8.31　2015—2022 年陕西出口白俄罗斯高新技术产品金额及占出口额比重

（二）中欧班列“长安号”对陕西与中亚国家贸易结构的影响

2013 年 11 月 28 日，中欧班列“长安号”首列开通了西安至哈萨克斯坦阿拉木图线路。目前，中亚方向常态化开行了西安至哈萨克斯坦阿拉木图、乌兹别克斯坦塔什干等干线，每周 2 列班次常态化运行，全程运行时间为 7 至 10 天，采用“集装箱+整车”混编的方式，并通过公铁联运覆盖中亚五国。

1. 中欧班列“长安号”对陕西与哈萨克斯坦贸易结构的影响

中欧班列“长安号”中亚方向常态化开列以及开列数量的不断增加对陕西与哈萨克斯坦的贸易结构产生了很大的影响，如图 8. 32 所示，陕西向哈萨克斯坦出口的 2 位 HS 编码商品种类从 2015 年的 25 种上升到 2022 年的 63 种，其中汽车及其配件、工业原材料、机械设备、五金配件、家居家装、纺织品日用品、白色家电、轮胎光伏组件等出口占比较大。

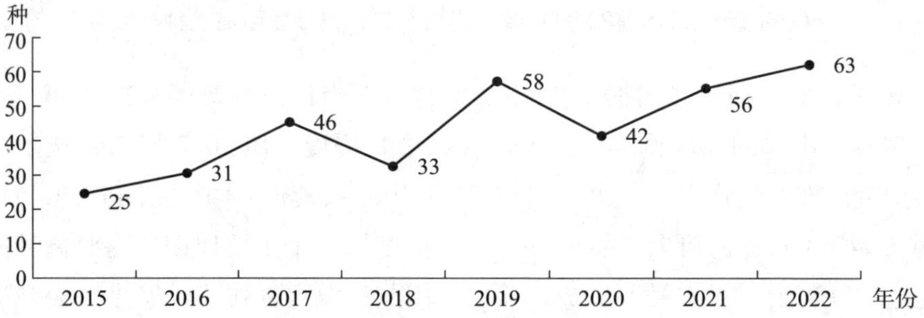

图 8. 32　2015—2022 年陕西出口哈萨克斯坦商品种类数（HS2）

如图 8. 33 所示，陕西自哈萨克斯坦进口的 2 位 HS 编码商品种类整体呈增长态势，到 2022 年增加到 13 种，但种类数仍然偏低，其中进口最多的是粮食作物，比如小麦、大麦，还有矿产类、资源类的货物。

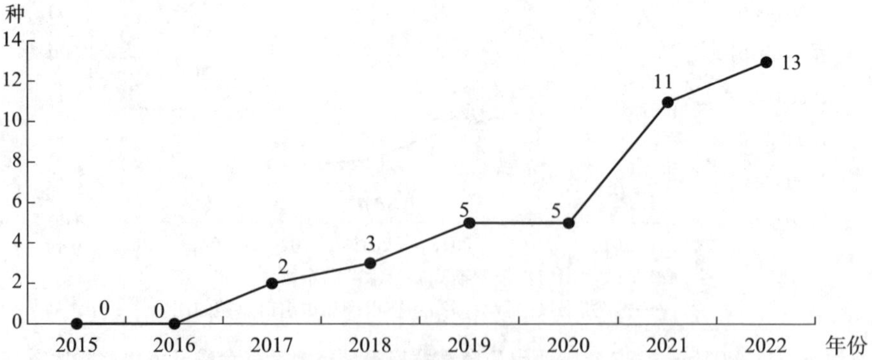

图 8. 33　2015—2022 年陕西进口哈萨克斯坦商品种类（HS2）

如图 8. 34 所示，自中欧班列“长安号”开行以来，陕西向哈萨克斯坦出口的高新技术产品金额整体呈增长态势，2022 年达到 2884. 7321 万元，占出口总额的比重为5.74%，占比相对较低，说明中欧班列“长安号”促进了陕西向哈萨克斯坦的出口，但对促进陕西出口商品价值链攀升的作用是有限的。

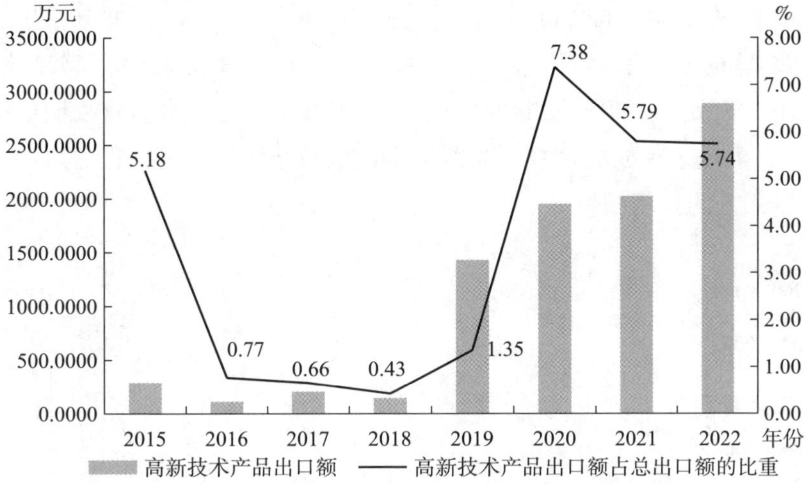

图8.34　2015—2022年陕西出口哈萨克斯坦高新技术产品及占出口总额的比重

2. 中欧班列“长安号”对陕西与乌兹别克斯坦贸易结构的影响

中欧班列“长安号”中亚方向常态化开列以及开列数量的持续增加，有效促进了陕西对乌兹别克斯坦出口和进口商品种类的增加，如图8.35所示，陕西向乌兹别克斯坦出口的2位HS编码商品种类从2015年的14种上升到2022年的50类，增长了2.57倍，其中机械设备、汽车整车、日用百货等商

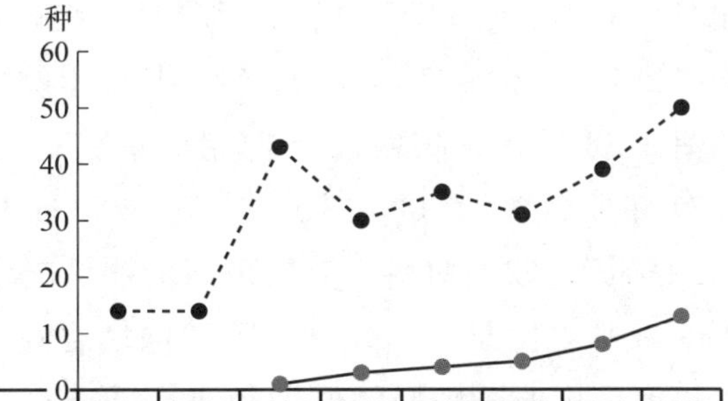

年份	2015	2016	2017	2018	2019	2020	2021	2022
陕西向乌兹别克斯坦出口商品种类（HS2）	14	14	43	30	35	31	39	50
陕西自乌兹别克斯坦进口商品种类（HS2）	—	—	1	3	4	5	8	13

图8.35　2015—2022年陕西出口与进口乌兹别克斯坦商品种类

品的出口占比较大。2022年，陕西自乌兹别克斯坦进口的2位HS编码商品种类达到13种，其中绿豆、棉纱、牛皮等商品占比较大。

如图8.36所示，自中欧班列“长安号”开列以来，陕西向乌兹别克斯坦出口的高新技术产品金额波动较大，但整体呈增长态势，2022年达到11137.7678万元，占出口总额的比重为66.58%，占比较高。这说明中欧班列“长安号”促进了陕西向乌兹别克斯坦出口贸易结构的完善，且对陕西出口商品价值链攀升的作用明显。

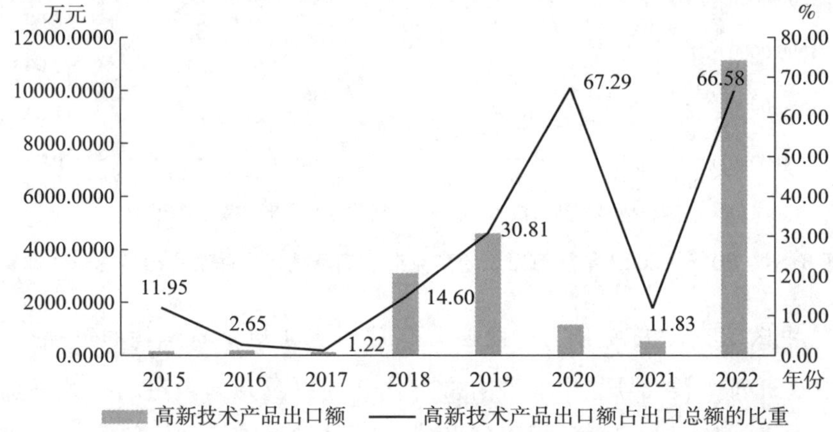

图8.36　2015—2022年陕西出口乌兹别克斯坦高新技术产品金额及占出口总额的比重

3. 中欧班列“长安号”对陕西与塔吉克斯坦贸易结构的影响

如图8.37所示，陕西向塔吉克斯坦出口商品种类先上升后下降，进口商品种类在2019年和2022年仅为1种，其余年份为0。

如图8.38所示，陕西向塔吉克斯坦出口的高新技术产品金额波动较大，2021年实现较大的增长，达到525.3119万元，2022年又下降为355.6492万元。陕西对塔吉克斯坦高新技术产品出口金额偏小，占比较低，说明中欧班列“长安号”改善了陕西向塔吉克斯坦出口的贸易结构，但对陕西出口商品价值链攀升的作用较小。塔吉克斯坦由“长安号”通过公铁联运方式完成货物的运输。因此，没有直达班列可能是其贸易结构变化较小的重要原因。

（三）中欧班列“长安号”对陕西与中东欧国家贸易结构的影响

目前，中欧班列“长安号”开通了西安至波兰华沙，以及波兰的马拉舍

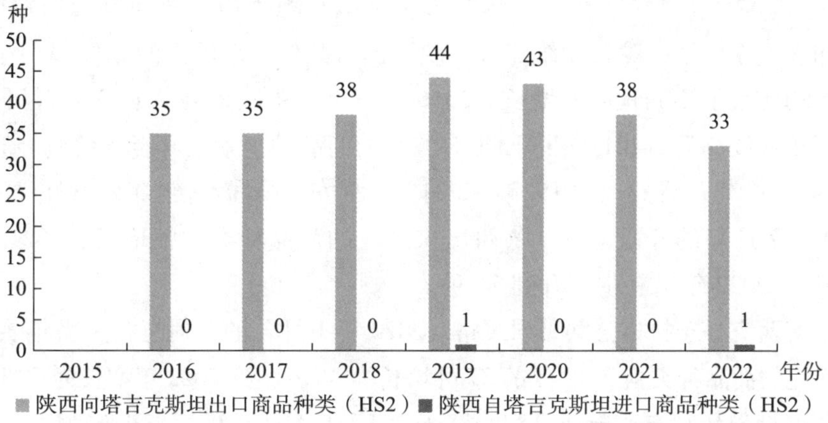

图 8. 37　2015—2022 年陕西出口与进口塔吉克斯坦商品种类

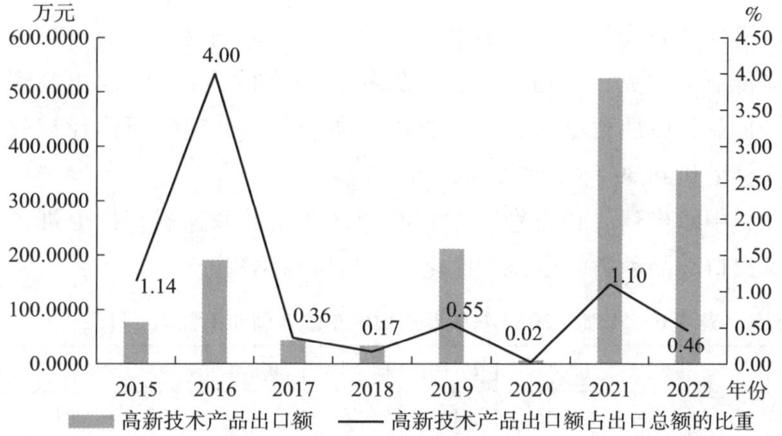

图 8. 38　2015—2022 年陕西出口塔吉克斯坦高新技术产品金额及占出口总额的比重

维奇和斯瓦夫库夫，西安至匈牙利布达佩斯，西安至捷克布拉格的直达班列。其中，中欧班列“长安号”公共班列（西安—布拉格）是“长安号”首条公共班列线路，于 2020 年 1 月 1 日开行，同年 7 月 1 日，又常态化开行了中欧班列“长安号”公共班列线路（西安—马拉舍维奇），每天开行 4 列，2 去 2 回。

本部分选取了中欧班列“长安号”直达和通过联运抵达的 8 个国家，从进出口商品种类、高新技术产品出口金额及占比等方面，分析中欧班列“长安号”对陕西与这些国家贸易结构的影响。

1. 中欧班列“长安号”对陕西与中东欧八国进出口商品种类的影响

如表 8.6 所示，除拉脱维亚外，陕西出口其他 7 个国家的 2 位 HS 编码商品种类均实现了不同程度的增长。2016 年 8 月，中欧班列“长安号”开通了西安至华沙线路后，2017 年陕西出口波兰的商品种类就上升至 50 种。随着西安至斯瓦夫库夫线路（2019 年 12 月）、西安—马拉舍维奇公共班列线路（2020 年 7 月）的开通运行，陕西出口波兰的商品种类大幅增长，2021 年达到 71 种，2022 年进一步上升到 76 种。

随着西安—布拉格公共班列线路（2020 年 1 月）的开通运行，当年陕西出口到捷克的商品种类由 2019 年的 37 种增长为 46 种，到 2022 年增长为 58 种。

西安至匈牙利布达佩斯班列线路于 2017 年 4 月开行，当年陕西出口到匈牙利的商品种类由 2016 年的 29 种增长为 41 种，此后基本呈现平稳增长态势，2022 年达到 55 种。

中欧班列“长安号”在到达波兰、捷克、匈牙利后，再通过联运的方式将货物运抵斯洛伐克、罗马尼亚、保加利亚等国的场站。陕西出口到斯洛伐克、罗马尼亚和保加利亚的商品种类均有所增长，这期间斯洛伐克的增幅最大，由 6 种增长到 39 种，增长 5.5 倍。

因此，中欧班列“长安号”中东欧地区线路的开通运行，促进了陕西对相关国家出口商品种类的增长，优化了出口贸易结构。

表 8.6　2015—2022 年陕西出口中东欧 8 国商品种类（HS2）　　种

国家	2015 年	2016 年	2017 年	2018 年	2019 年	2020 年	2021 年	2022 年
波兰	48	45	50	56	53	57	71	76
捷克	30	29	39	39	37	46	56	58
斯洛伐克	6	24	20	25	24	32	43	39
匈牙利	28	29	41	44	42	50	56	55
罗马尼亚	33	38	41	40	41	41	45	53
保加利亚	29	32	35	36	34	38	42	47
立陶宛	22	24	23	34	28	24	50	47
拉脱维亚	39	28	23	27	28	27	24	29

随着中欧班列“长安号”的开通，陕西自中东欧 8 国进口商品种类总体呈上升态势。其中，开行直达班列的国家增长幅度较大。例如，波兰由 2015 年的 16 种，到 2022 年增加为 38 种，增长 137.5%；捷克由 2015 年的 27 种，

到2022年增加为41种，增长51.85%；匈牙利由2015年的12种，到2022年增加为28种，增长133%。在中欧班列“长安号”联运抵达的国家中，除立陶宛外，陕西自其他国家进口商品种类大多呈上升态势，但拉脱维亚的增幅较小（见表8.7）。

表8.7　2015—2022年陕西进口中东欧8国商品种类（HS2）　种

国家	2015年	2016年	2017年	2018年	2019年	2020年	2021年	2022年
波兰	16	18	15	25	25	37	44	38
捷克	27	23	29	34	38	41	36	41
斯洛伐克	2	9	4	11	10	21	21	17
匈牙利	12	14	17	17	19	27	34	28
罗马尼亚	9	8	8	11	17	18	27	23
保加利亚	5	5	7	12	13	18	22	21
立陶宛	7	4	2	5	7	19	10	7
拉脱维亚	3	3	4	4	6	10	15	10

2. 中欧班列“长安号”对陕西高新技术产品出口中东欧8国的影响

自2016年以来，陕西向中东欧8国的高新技术产品出口额波动较大，高新技术产品出口额占出口总额的比重呈现相似的态势，波兰在2022年出口金额大幅度增长，达到139957.18万元（见表8.8）。从2022年的占比来看，波兰、捷克、匈牙利相对较高，而拉脱维亚、保加利亚和立陶宛相对较低（见表8.9），说明中欧班列“长安号”对班列直达国家出口贸易结构的改善效果更明显。

表8.8　2016—2022年陕西高新技术产品出口中东欧8国的金额　万元

国家	2016年	2017年	2018年	2019年	2020年	2021年	2022年
波兰	18629.01	2759.64	5641.41	56580.79	6064.61	23483.65	139957.18
捷克	45830.80	2400.50	581.53	59043.97	170.75	77904.45	65940.41
斯洛伐克	18639.51	23.72	834.12	2040.21	37.69	652.65	1388.80
匈牙利	5289.56	5482.09	1592.64	41227.75	1123.84	50306.01	36227.71
罗马尼亚	172.39	53.30	24.64	727.56	36.87	309.03	2346.29
保加利亚	358.16	216.21	174.87	1279.23	1008.39	280.36	375.33
立陶宛	222.14	274.94	46.73	131.25	20.89	1431.95	558.34
拉脱维亚	56.50	19.72	2.98	74.45	4.61	15.74	257.51

表 8.9　2016—2022 年陕西高新技术产品出口中东欧 8 国金额占出口总额的比重　%

国家	2016 年	2017 年	2018 年	2019 年	2020 年	2021 年	2022 年
波兰	62.08	8.81	7.60	35.72	3.26	6.78	36.89
捷克	94.06	3.55	0.59	91.06	0.21	59.96	34.87
斯洛伐克	73.14	0.36	9.27	10.87	0.26	3.53	6.63
匈牙利	54.88	13.18	6.31	69.46	1.83	68.38	45.50
罗马尼亚	1.21	0.28	0.12	5.99	0.49	3.85	20.06
保加利亚	21.21	4.10	5.48	30.19	21.18	4.13	2.21
立陶宛	14.99	13.02	1.45	7.01	1.06	22.77	10.22
拉脱维亚	1.82	0.76	0.13	11.15	0.17	1.17	22.61

（四）中欧班列“长安号”对陕西与西欧国家贸易结构的影响

目前，中欧班列‘长安号’开通了多条双向班列线路，包括 2016 年开通的西安至德国汉堡，2020 年开通的德国杜伊斯堡（公共班列）、罗斯托克、诺伊斯，2019 年开通的德国曼海姆；2019 年开通的西安至意大利米兰；2021 年开通的西安至英国伊明汉姆；2021 年开通的西安—巴黎—北非三国班列线路；2018 年开通的西安至比利时根特；2020 年开通的西安至荷兰蒂尔堡班列线路。本部分选取了中欧班列‘长安号’直达和通过联运抵达的 9 个国家，从进出口商品种类分析中欧班列‘长安号’对陕西与其贸易结构的影响。

如表 8.10 所示，陕西出口西欧 9 个国家的 2 位 HS 编码商品种类均呈增长态势，其中出口德国的商品种类最多，于 2022 年达到 80 种，这得益于西安至德国开行的 5 条班列线路。2021 年西安至英国伊明汉姆班列开通后，陕西出口至英国的商品种类增加到了 74 种，2021 年西安至法国巴黎班列开通后，2022 年陕西出口至法国的商品种类增加到了 65 种，2020 年西安至荷兰班列开通后，2022 年陕西出口至荷兰的商品种类增加到了 68 种，2021 年西安至意大利米兰班列开通后，2022 年陕西出口至意大利的商品种类增加到了 70 种。因此，中欧班列“长安号”西欧地区线路的开通促进了陕西对相关国家出口商品种类的增长，优化了出口贸易结构。

表 8.10　2015—2022 年陕西出口西欧 9 国商品种类（HS2）　种

国家	2015 年	2016 年	2017 年	2018 年	2019 年	2020 年	2021 年	2022 年
德国	58	62	64	67	62	65	79	80
英国	62	66	68	66	64	67	74	73

续表

国家	2015 年	2016 年	2017 年	2018 年	2019 年	2020 年	2021 年	2022 年
比利时	48	49	51	50	46	50	58	51
意大利	55	60	62	65	59	61	68	70
法国	51	48	51	53	52	53	58	65
奥地利	24	25	24	30	28	35	48	48
西班牙	49	43	53	53	53	58	61	66
荷兰	31	54	62	58	54	54	64	68
瑞士	31	35	28	33	39	34	42	59

如表 8. 11 所示，陕西进口西欧 9 个国家的 2 位 HS 编码商品种类均呈增长态势，其中进口德国的商品种类最多，最高时达到 71 种，这得益于西安至德国的 5 条双向班列线路的开行。2021 年西安至英国伊明汉姆班列开通后，陕西进口英国的商品种类增加到了 56 种，2021 年西安至法国巴黎班列开通后，2022 年陕西进口法国的商品种类增加到了 59 种，2021 年西安至意大利米兰班列开通后，陕西进口意大利的商品种类增加到了 66 种。2020 年西安至荷兰班列开通后，陕西自荷兰进口商品种类出现小幅下跌。因此，总体上中欧班列“长安号”西欧地区线路的开通对优化陕西进口贸易结构起到了促进作用。

表 8. 11　2015—2022 年陕西进口西欧 9 国商品种类（HS2）　　种

国家	2015 年	2016 年	2017 年	2018 年	2019 年	2020 年	2021 年	2022 年
德国	51	53	61	62	65	71	70	67
英国	41	44	46	45	47	50	56	58
比利时	26	29	24	27	29	39	47	39
意大利	51	52	54	58	58	62	66	63
法国	40	42	47	47	52	60	58	59
奥地利	26	32	27	32	33	36	43	35
西班牙	22	22	34	33	41	38	49	45
荷兰	56	47	41	41	47	51	50	43
瑞士	31	32	35	37	35	43	44	45

2015—2022 年，陕西出口德国的高新技术产品经历了不小的波动。2016 年，高新技术产品的出口额达到最高点，占比达 47. 20%。然而，2017 年出口

额和占比均出现大幅下降，分别为 8.02 亿元和 8.02%。此后，出口额和占比虽有所回升，但未达到 2016 年的水平。2022 年，出口额达 11.38 亿元，占比为 11.38%。这些数据表明，尽管高新技术产品在陕西出口中扮演着重要角色，但其出口额和占比受多种因素影响，包括全球经济形势、市场需求和贸易政策等。此外，陕西省与共建“一带一路”国家的贸易往来渐热，自 2020 年以来，面对新冠疫情的影响，贸易规模逆势增长，其中，防疫物资、太阳能电池、汽车等是陕西省对共建“一带一路”国家出口的主要增长点。具体如图 8.39 所示。

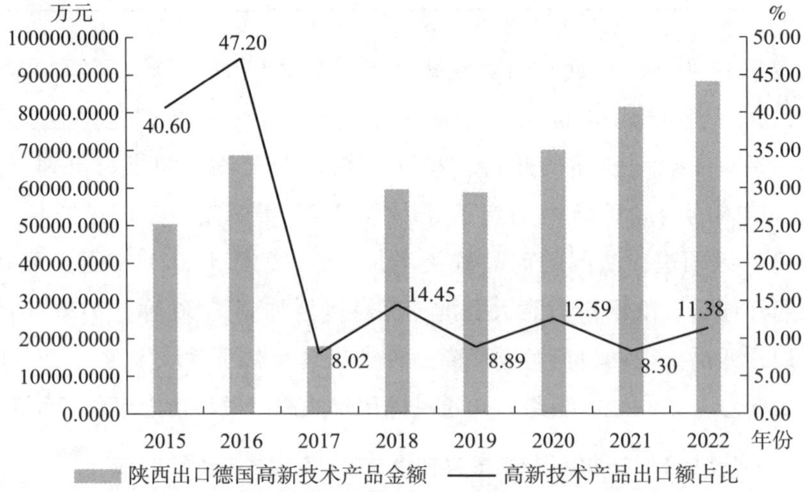

图 8.39　陕西出口德国高新技术产品金额及占比

图 8.39 展示了 2015—2022 年陕西出口德国高新技术产品的金额及其占出口总额的比重。从图中可以看出，高新技术产品出口额占出口总额的比重在 2016 年达到最高点 47.20%，之后有所下降，但在 2022 年又有所回升至 11.38%。这表明陕西在高新技术产品出口方面对德国市场的依赖度较高，且近年来高新技术产品出口额及其占比均有所增长，显示出陕西高新技术产业的国际竞争力在逐步增强。

（五）中欧班列“长安号”对陕西与北欧国家贸易结构的影响

目前，中欧班列“长安号”开通了 2 条往返北欧地区的线路，一条是西安—科沃拉（芬兰）往返班列，于 2017 年 11 月 10 日开行中欧班列“长安号”（科沃拉至西安）。科沃拉位于芬兰东南部，是一个著名的铁路城市，是芬兰的重要枢纽，是从欧洲到亚洲横跨西伯利亚铁路的终点站。另一条是西安—罗斯托克—哥德堡（瑞典）、斯德哥尔摩（瑞典）北欧分拨班列。该条线路由西安国际陆港集团多式联运公司与全球国际货运代理（中国）有限公司、德铁欧亚货运有限公司联合于2020年3月25日首开。本部分选取了中欧班列“长安号”直达和通过联运抵达的4个国家，从进出口商品种类分析中欧班列“长安号”对陕西与其贸易结构的影响。

如表8.12所示，陕西出口北欧4个国家的2位HS编码商品种类均呈增长态势，其中出口瑞典的商品种类最多，丹麦、芬兰和挪威的增幅较大，2015—2022年分别增长了60.71%、60.71%和58.06%。中欧班列“长安号”北欧地区线路的开通促进了陕西对相关国家出口商品种类的增长，优化了出口贸易结构。

表8.12　2015—2022年陕西出口北欧4国商品种类（HS2）　种

国家	2015年	2016年	2017年	2018年	2019年	2020年	2021年	2022年
丹麦	28	30	35	39	37	38	45	45
挪威	31	34	32	37	35	39	50	49
瑞典	41	43	41	44	40	49	53	53
芬兰	28	34	36	38	34	28	33	45

如表8.13所示，陕西进口北欧4个国家的2位HS编码商品种类均呈增长态势，其中进口芬兰的商品种类最多，于2022年时达到36种，相比2015年增长了140%，这得益于中欧班列“长安号”（科沃拉至西安）的开行。瑞典、丹麦、挪威分别增长了43.48%、60.00%、54.55%。因此，中欧班列“长安号”北欧地区线路的开通也促进了陕西自相关国家进口商品种类的增长，优化了进口贸易结构。

表8.13　2015—2022年陕西进口北欧4国商品种类（HS2）　种

国家	2015年	2016年	2017年	2018年	2019年	2020年	2021年	2022年
丹麦	20	19	18	21	19	32	39	32
挪威	11	11	8	11	13	17	16	17
瑞典	23	27	22	22	29	31	38	33
芬兰	15	15	17	22	22	20	23	36

（六）中欧班列“长安号”对陕西与土耳其贸易结构的影响

2019年11月，中欧班列“长安号”（西安—土耳其）跨里海专列开行后，陕西出口土耳其的2位HS编码商品种类在小幅下降后又快速上升，2022年达到58种；而陕西进口土耳其的2位HS编码商品种类在2021年前持续增长，到2022年出现了下降（见图8.40）。陕西出口土耳其的高新技术产品总额在2020年下降后快速上升，2022年达到44372.27万元，占出口总额的比重也上升到29.84%（见图8.41），说明中欧班列“长安号”的开行有效促进了陕西高新技术产品向土耳其的出口，优化了出口贸易结构。

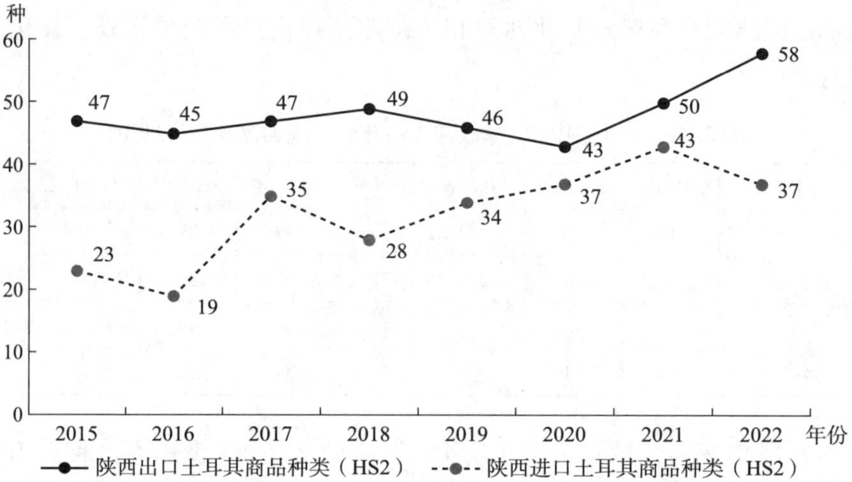

图8.40 2015—2022年陕西进出口土耳其商品种类

（七）中欧班列“长安号”对陕西与伊朗贸易结构的影响

2018年，中欧班列“长安号”［西安—伊朗（德黑兰）］开行后，陕西出口伊朗的2位HS编码商品种类整体呈小幅下降的态势，2022年下降为40种，陕西进口伊朗的2位HS编码商品种类较少，整体呈小幅下降的态势（见图8.42）。陕西出口伊朗的高新技术产品金额在2019年陡增后又快速下降，且下降幅度较大，2019年高新技术产品出口额为19799.40万元（见图8.43），2022年下降为1219.37万元，占比由2019年的24.29%下降为2022年的2.9%。

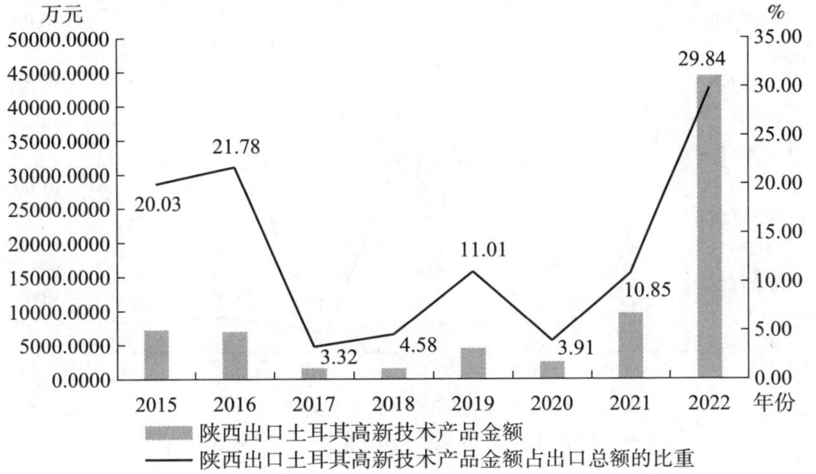

图 8.41　2015—2022 年陕西出口土耳其高新技术产品金额及占出口总额的比重

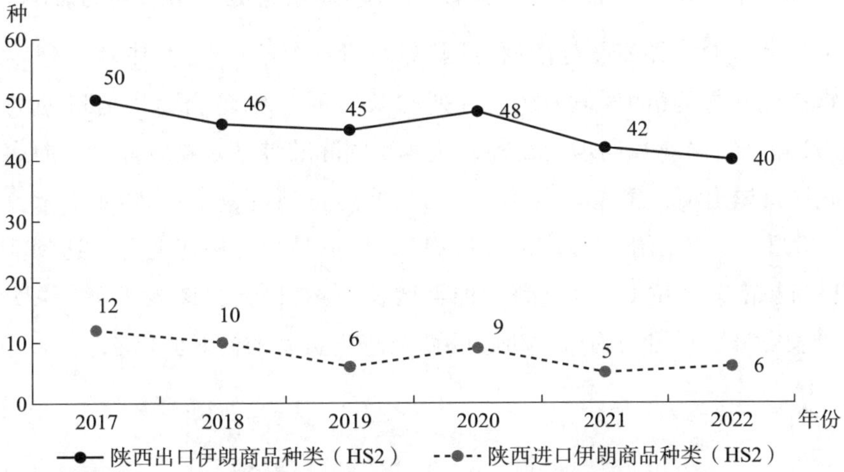

图 8.42　2017—2022 年陕西进出口伊朗商品种类

中欧班列“长安号”的开行对陕西高新技术产品出口伊朗的促进作用不稳定，优化贸易结构的作用没有很好地发挥出来，其中一个原因是陕西与伊朗进出口贸易额度、商品类别相差较大，导致来回程货源不平衡，班列不能常态化开行。出口商品主要为机械设备、整车及零部件、金属陶瓷、机电设备、有机化学品和塑料制品，而进口主要是地毯等，且金额很小。

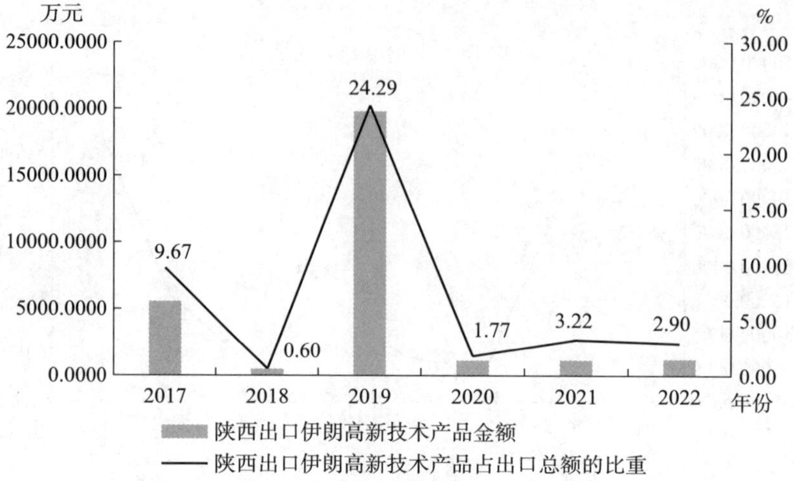

图 8.43　2017—2022 年陕西出口土耳其高新技术产品金额及占总出口额的比重

（八）中欧班列“长安号”对陕西与越南和老挝贸易结构的影响

2022 年 8 月，西安至越南河内国际货运班列开行，这是中欧班列“长安号”常态化开行的第 17 条干线。首列“长安号”中越国际货运班列满载着 41 车 82 箱来自哈萨克斯坦的石棉，从西安国际陆港站始发后将一路向南，由广西凭祥口岸出境，经越南同登口岸，最终运抵河内，全程 2384 千米，运行 8 天。2022 年，陕西出口越南的 2 位 HS 编码商品种类快速上升，达到 71 种，陕西进口越南的 2 位 HS 编码商品种类增长为 44 种（见图 8.44），说明中欧班列“长安号”的开行有效促进了陕西与越南贸易结构的优化。

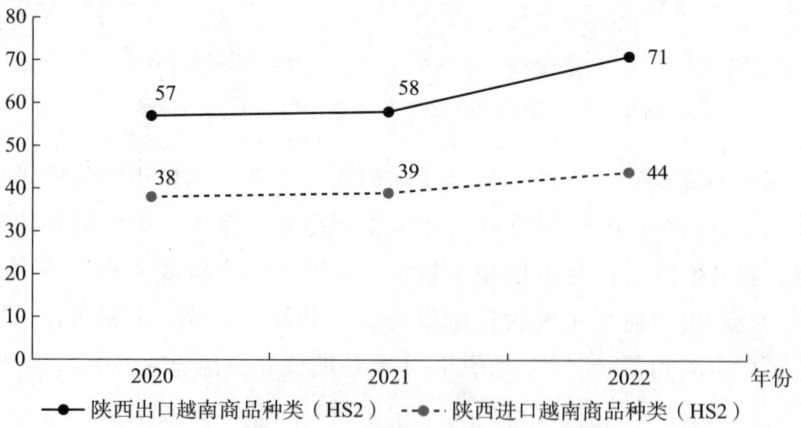

图 8.44　2020—2022 年陕西进出口越南商品种类（HS2）

（九）中欧班列“长安号”对陕西与尼泊尔和巴基斯坦贸易结构的影响

中欧班列“长安号”于2020年开行了西安至尼泊尔加德满都、巴基斯坦伊斯兰堡公铁联运线路。班列开行后，陕西出口巴基斯坦的2位HS编码商品种类变化较小，到2022年达到55种，进口商品种类增幅较大，由18种上升到26种；班列开行后，陕西出口尼泊尔的2位HS编码商品种类由18种上升到2022年的种，进口商品种类较少，且呈下降态势，2022年仅为4类。

经过对中欧班列“长安号”开通线的分析，主要研究结论如下。

1. 中欧班列“长安号”促进了陕西与沿线国家进出口商品种类的增长

随着中欧班列“长安号”的开通，班列规模不断增加，陕西与沿线国家的出口和进口商品种类均实现了增长，并呈现以下几个特点。

（1）进出口商品种类增长呈现差异性。

一是直达国家增长较快，但存在差异。陕西向中亚五国、俄罗斯、白俄罗斯、中东欧国家等中欧班列“长安号”直达国家的出口商品种类增长幅度明显高于英国、法国、比利时和意大利等传统以海运为主的国家。这主要归因于两方面：一是中欧班列“长安号”相较于海运，在运输时间、成本等方面对上述国家的比较优势尚未完全显现；二是中欧班列“长安号”开往这些国家的班次密度相对较低，限制了其运输能力的发挥。

二是联运辐射国家增长较慢。通过“中欧班列‘长安号’+海运（公路）”联运方式辐射的国家，其与陕西的进出口商品种类增长幅度普遍小于班列线路直达国家。这表明，联运方式的效率和便捷性仍需进一步提升。

三是出口商品种类普遍多于进口。总体而言，陕西向沿线国家出口的商品种类数量普遍高于进口商品种类数量，反映出陕西与这些国家之间贸易结构的互补性有待加强。

（2）回程货源不足制约成本优化。陕西从发展中国家进口的商品种类相对较少，且以附加值较低的商品为主，增长幅度有限。这种进出口商品种类数量和附加值的差异，直接导致了中欧班列“长安号”去程和回程班列数量的严重不平衡。以2022年为例，中欧班列“长安号”中亚方向开行665列，其中去程517列，回程仅148列。

由于境外宽轨段运费和欧洲段运费受境外铁路车辆周转因素影响，均按照去程和回程开行数量的比例进行阶梯计价收费。因此，回程班列数量不足将直接影响境外铁路运费的最优化，进而削弱中欧班列“长安号”的竞争力。

2. 中欧班列“长安号”促进高新技术产品出口

中欧班列“长安号”的开通为陕西高新技术产品出口创造了有利条件。数据显示，陕西向大多数沿线国家出口的高新技术产品均实现了增长，表明中欧班列“长安号”对优化陕西出口贸易结构、推动外贸高质量发展具有重要意义。

然而，值得注意的是，目前通过中欧班列“长安号”运输的高新技术产品占比仍然偏低。这提示我们，未来需要进一步挖掘中欧班列“长安号”的运输潜力，吸引更多高附加值、高技术含量的商品选择铁路运输，推动陕西外贸结构向更高层次迈进。

五、推动中欧班列“长安号”发展，促进陕西外贸增长和结构优化的政策建议

（一）关于“长安号”线路与枢纽建设的政策建议

1. 优化中欧班列“长安号”线路并持续开通新的线路

2013—2022年，陕西与“一带一路”共建国家进出口总额年均增长18.4%，2022年首次突破千亿元，同比增长41%。目前中欧班列“长安号”已开通17条线路，辐射亚欧45个国家和地区。中欧班列主要从6个铁路口岸进出，西通道（阿拉山口、霍尔果斯）、中通道（二连浩特）、东通道（满洲里、绥芬河和同江）。其中，“长安号”主要通过西通道口岸，占比超过60%，导致西通道拥堵现象严重，现有口岸已无法满足未来中欧班列发展的需要。2023年上半年，陕西前五大贸易伙伴分别为韩国、中国台湾、马来西亚、美国、俄罗斯。截至2023年6月底，中国与150多个国家、30多个国际组织签署了200多份共建“一带一路”合作文件，形成了一大批标志性项目和惠民项目。“一带一路”建设迫切需要物流通道的畅通，因此需要优化现有“长安号”线路，以推动陕西深度融入“一带一路”建设。具体优化及新线路开通建议如下。

（1）亚洲方向。一是在中国新疆、蒙古国、俄罗斯方向增加铁路通关口岸，尤其是西通道需要建设新的铁路口岸，并增加新的出入境线路。二是加快中吉乌铁路建设，缩短中欧之间的距离。三是从贸易金额看，东盟是中国最主

要的贸易伙伴之一，但目前仅开通了一条到达河内的线路。建议向东南亚方向开辟新的“长安号”线路，例如开发通过中老铁路延伸至泰国方向的线路。

（2）欧洲方向。欧洲共有44个国家和地区，但目前“长安号”线路仅辐射欧洲25个国家和地区，仍有19个国家未覆盖。建议增加新线路，进一步扩大对欧洲地区的覆盖范围。

（3）非洲方向。目前“长安号”在非洲仅辐射三个国家。与中国签署“一带一路”合作建设协议的非洲国家有54个，已有多项合作项目开工，这些项目需要大量物资输送。因此，有必要增开“长安号”非洲方向班列，作为海运和空运的重要补充。目前，到达非洲三国的线路需先抵达欧洲的法国巴黎，再通过地中海分拨至突尼斯、阿尔及利亚和摩洛哥，路线较为迂回。建议开通经过中亚、里海、土耳其到达非洲的线路。

此外，随着“粤陕号”“芜西欧”“常西欧”“厦西欧”“商西欧”等国际货运班列的成功开行，“长安号”通过“干支结合”的方式构建了“+西欧”集结体系。“蒙陕号”的成功开行使集结线路达到21条。未来应继续加开“+西欧”班列，尤其是与经济相对发达的沿海城市合作，集结更多国内货源从西安出口至国外。

2. 增加“长安号”沿线集散网点，加快沿线场站基础设施建设

中欧班列在国内通过21条“+西欧”线路集结国内货源，并在国外建设多个分拨网点，初步形成了枢纽对枢纽的运输网络。然而，仍需进一步增加枢纽节点并扩大辐射范围。具体建议如下。

（1）亚洲方向。①在国内段增加兰州和乌鲁木齐作为集散分拨点；②根据与中亚国家的贸易量，建议增加塔什干作为中亚地区的枢纽节点，对中亚地区的货物进行集散；③东南亚线路目前仅能到达河内，建议把河内作为东南亚的集散网点，逐渐辐射整个东南亚地区。

（2）欧洲方向。欧洲现有的集散中心主要集中在德国、波兰等欧洲中东部地区。建议增加欧洲北部及南部的集散中心。例如在欧洲北部增加赫尔辛基作为集散中心，辐射北欧地区；在欧洲南部把米兰作为集散中心，辐射南欧地区。

（3）非洲方向。因“长安号”在非洲仅辐射三个国家，且要通过欧洲多式联运分拨。建议开通经过里海、土耳其、地中海直达非洲的线路，并在非洲建立分拨中心，逐步辐射整个非洲地区。

在国内段，应加强集散枢纽的建设，完善交通体系，建设铁路、机场、

公路等基础设施，将铁路引入规模以上的开发区，打通铁路运输的“最后一公里”。推动“公转铁”、“散改集”，发展公铁联运、水铁和空铁联运等多式联运，确保各种交通方式无缝衔接。整合铁路、公路、水路、民航、邮政、海关、检验检疫等信息资源，建设承载“一单制”电子标签赋码及信息汇集、共享、监测等功能的数字化公共服务平台，推进不同运输方式、不同企业间多式联运信息开放共享和互联互通。

在国外段，应加强与中欧班列“长安号”沿线国家在基础设施建设等领域的投资与合作，提升铁路沿线的基础设施水平，推动双边货物贸易往来。在境外增设枢纽场站，提高运输集散和转运效率。重点要加快沿线国外场站的建设，扩增物流作业用地面积，预留足够的集装箱位、集卡区、货物装卸区，增添先进的物流吊装、转运车等设施设备；在场站管理方面，进行平台的智慧化升级，在提高班列作业能力的同时提升配套服务能力。在资金来源方面，要与班列沿线国家保持官方合作，依靠亚洲基础设施投资银行（AIIB）、中国进出口银行等平台进行融资，为班列沿线国家的基础设施建设提供资金支持。此外，加强民间基建企业同班列沿线国家的商务合作，为建设项目提供物资、技术与人力支持，整合各方资源共同推进中欧班列物流场站的发展与进步。

（二）完善中欧班列“长安号”协调机制，助力班列高水平运营

1. 深挖“+西欧”区域合作机制

为进一步促进中欧班列“长安号”开行从“点对点”向“枢纽对枢纽”转变，加速构建“干支结合、枢纽集散”的亚欧海大通道，西安已与国内各重要节点城市积极对接，形成了21条“+西欧”班列，为构建以国内大循环为主体、国内国际双循环相互促进的新发展格局提供强劲动力。然而，“+西欧”集货线路开通较晚，班次较少，距离常态化运营仍有差距。因此，陕西应从政府政策、税收等方面与“+西欧”各城市及相关企业建立稳定的货源关系，充分利用西安起运地出口退税政策优势，在“+西欧”的基础上继续扩大集散网络，并与其他班列合作、联通，结成战略联盟，吸引更多优质货源在西安集结，送达欧洲以及亚洲各地。

2. 建立全程联运单据协同与电子化管理机制

由于不同国家和地区采用的铁路运单标准不统一，“长安号”在境外分拨点或换装点需更换运单，增加了货运手续，浪费了时间、人力和物力。统一

运单可以大幅缩短通关时间，节约费用支出，加快整体运输速度。目前，“长安号”（西安—加里宁格勒—穆克兰）中欧班列在跨组织联运时已取消更换运单操作，并将传统的两种运单统一为“CIM/SMGS统一联运运单”。陕西应继续加大与其他线路沿线国家和班列运营公司、港口、海关等部门的沟通力度，尽快消除班列运输中的运单流转障碍。同时，应全面推行国际联运单证电子化，加快区块链技术应用，推动中欧班列“长安号”价值链升级，提升班列上下游全产业链供应链的信息共享水平，构建绿色、安全的信息资源共享机制，增强“长安号”发展活力。

3. 建立高效、透明的中欧班列信息协同机制

目前，中欧班列“长安号”运营信息零散、口径不统一，各班列信息化服务平台整体规模小、信息发布滞后，建议建立一个集政府、班列运营公司、境外铁路、货代、港口等中欧班列相关主体于一体的信息互联互通综合型信息服务平台，为客户提供“一站式”综合服务。同时，支持与参与中欧班列运营的铁路、物流、金融、贸易、货代等企业加强对接，创新“班列+”合作新模式，实现中欧班列与沿线国家产业的深度融合，进一步稳定国际产业链供应链体系。这不仅有助于对外宣传，也有利于提升服务质量。

4. 建立金融创新与产业集聚机制

“长安号”应继续发挥“运单融资”供应链金融新模式优势，利用“央行·“长安号”票运通”帮助企业向银行融资用于支付运费，并获得中国人民银行的利息贴现，以更低的成本、更快的速度解决企业资金难题。此外，企业还能享受远低于一般流动性贷款的利率，以此吸引省内外优质企业入驻，提升中欧班列“长安号”的货运集散能力，改善陕西省产业结构，推动陕西省对外贸易高质量发展。

5. 建立中欧班列区域税收政策管理协同机制

针对目前“长安号”本地货源比例低、本地企业参与度不足等现状，陕西省应联合周边省份，紧盯中欧班列集结中心“物流+贸易+产业”发展模式，加速国家相关试点税收政策在西安集结中心落地，汇集税收要素支持“长安号”关联企业和重点项目建设，进一步降低“长安号”综合物流成本和企业运营成本。同时，推进中欧班列执法区域协同，协调解决中欧班列各集结中心税费政策解释、执行口径不一致及业务事实认定不一致的问题。共同推动涉税信息共享，在确保信息安全的前提下，推进“税收数据+中欧班

列”建设，建立中欧班列（西安）集结中心涉税数据共享机制，细化明确数据共享清单，完善信息归集和信息化功能整合升级，保障西安集结中心和其他地区集结中心以及参与企业税收数据共享共用，增强税收数据服务中欧班列高质量发展能力。

（三）探索推进“长安号”+外贸新业态融合发展

1. 推进“中欧班列+跨境电商”融合发展

陕西充分发挥“跨境+自贸+综保+进口贸易+口岸”综合优势，依托中欧班列“长安号”和西安港口岸平台，持续提升跨境贸易便利化水平，畅通跨境电商物流大动脉，着力打造“中欧班列+跨境电商”全国集结中心。目前，陕西已实现跨境电商 1210 保税备货模式、9610 集货模式、9710 B2B 直接出口模式、9810 出口海外仓模式等监管模式全覆盖。建议从以下几个方面建强“中欧班列+跨境电商”全国集结中心。

（1）开拓中欧班列“长安号”跨境电商专列新线路，探索开行西安至英国、法国、西班牙和越南等国家的跨境电商专列。英国、法国和西班牙位居我国跨境电商出口前十大国家之列，跨境电商专列的开通将进一步促进与上述国家跨境电商的快速发展。越南是 RCEP 成员国，目前已开通西安至越南河内的班列。在 RCEP 政策优势和中欧班列“长安号”通道优势的叠加下，越南将是跨境电商出口的重要市场。

（2）围绕陕西 24 条重点产业链出海需求，扩大跨境电商 B2B 出口规模；面向重点海外市场探索跨境电商+加工贸易新模式；面向跨境电商跨境数据流动需求，建设专用国际数据通道。

（3）积极发展面向跨境电商零售（B2C）出口业务的外综服[①]企业，系统性解决跨境电商零售出口企业退税问题，提升跨境电商小包零售出口通道使用积极性。

（4）积极探索 9710/9810 B2B 出口的便利化退税及所得税优惠政策；开展跨境电商与市场采购贸易融合发展创新实践。

2. 探索发展转口贸易

中欧班列“长安号”已常态化开行 17 条班列线路，可通达欧洲、中亚、

---

① 外综服是指具备对外贸易经营者身份的企业，接受国内外客户的委托，依法签订综合服务合同，依托综合服务信息平台，代为办理包括报关报检、物流、退税、结算、信保等在内的综合服务业务，并协助办理融资业务。外综服企业是代理服务企业，应具备较强的进出口专业服务、互联网技术应用和大数据分析处理能力，建立较为完善的内部风险防控体系。

西亚和东南亚等地区，加之西安中欧班列集结中心的建设，西安国际陆港已经成为重要的物流枢纽，因此，西安应充分利用中欧班列“长安号”的通道优势、陆港的枢纽优势、综合保税区的政策优势，探索发展转口贸易。企业可充分利用综合保税区保税集散分拨功能，开展“分批进区保税存储，整批拼装出口销售”业务，以空间换时间，实现降本增效。建议政府出台相关政策支持外贸企业、“长安号”平台公司等市场主体探索开展中欧班列“长安号”沿线国家之间的转口贸易。中欧班列+陆海新通道正在成为中亚国家新的出海通道，建议先探索开展中亚国家、俄罗斯与越南等东南亚国家的转口贸易，然后逐步拓展到欧洲国家。

此外，中欧班列“长安号”很多线路是固定班列，沿线海关信息互认共享，班列运行背后的货流、资金流、订单流实现有效集成，满足了贸易项下外汇进出汇兑时的三单合一要求，打破了开展离岸贸易的收付汇障碍。因此，未来西安可以探索发展离岸贸易。

3. 探索发展易货贸易

中欧班列沿线大部分国家自然资源丰富、消费市场潜力高，但面临外汇储备少、金融机制不完善、居民消费购买力有限的问题。美联储的连续加息导致美元对各国货币显著升值，进一步加剧了这些国家的进口成本。

2021 年，商务部在发布的《“十四五”商务发展规划》中，明确指出“探索发展离岸贸易、新型跨境易货贸易等新型贸易方式”，从顶层设计上支持新型跨境易货贸易的发展。中欧班列“长安号”为跨境易货贸易提供物流配送保障。因此，建议陕西自由贸易试验区在研究陕西省产业发展需求的基础上，出台相关政策。探索新型跨境易货贸易发展模式，利用新型跨境易货贸易优势，服务优势产业做大做强。例如，陕西省新能源汽车在国际市场的竞争力日益增强，但面临汇率波动带来的汇兑风险，而跨境易货贸易有助于解决该问题。另外，随着我国新能源汽车出口欧盟数量的增加，欧盟针对我国新能源汽车的反补贴调查将不可避免，而班列沿线外汇储备少的发展中国家将是新能源汽车出口的重要市场，跨境易货贸易有助于解决这些国家的外汇不足问题。

（四）推进中欧班列与相关产业互促发展

1. 科学规划中欧班列各类产业集群

中欧班列开通后既满足了中欧大陆之间日益增长的货物运输需求，又吸引了相关生产要素和企业集聚到沿线节点城市，并通过促进资本、人才、技术等要素资源的自由流动，降低了企业的交易成本，进而促进外贸增长。陕西省应因地制宜打造独具特色的中欧班列相关产业集群，提高区域内企业“引进来”“走出去”的竞争优势，为城市产业集聚提供必要的政策支持。根据产业集群理论以及中欧班列运营实际，打造“长安号”相关产业集群应合理布局下列三类产业。

第一类是共生产业，主要包括铁路运输、仓储、装卸搬运、理货、设备租赁等行业，这些是班列运行的核心力量。

第二类是依存产业，主要包括区域内的消费电子、半导体、食品加工、智能制造、现代医药、新能源、汽车工业等产业。依存产业不仅延长了共生产业的价值链，还提高了区域产业的集聚程度。只有制造业集聚形成一定的规模效应后，才能发挥中欧班列开通后对城市生产性服务业集聚的积极效应，进而为贸易增长提供稳定货源和服务保障。

第三类是关联产业，主要包括海关、商品检验检疫、口岸管理、国际货代、金融保险、法律咨询等行业。产业集群的形成和发展是一个不断趋于资源最佳配置状态的过程，对内形成专业化分工协作，对外呈现出一个战略利益共同体，展示出整体竞争优势。

2021 年 6 月，陕西省印发《关于进一步提升产业链发展水平的实施意见》，筛选出 24 条重点产业链，包括数控机床、输变电装备、商用车（重卡）、乘用车（新能源）、航空、民用无人机、光子、新型显示、半导体及集成电路、太阳能光伏、智能终端、传感器、物联网、钛及钛合金、氢能、增材制造、钢铁深加工、铝镁深加工、煤制烯烃（芳烃）深加工、陶瓷基复合材料、生物医药、乳制品、富硒食品、白酒。2022 年，陕西省 24 条重点产业链实现产值 1.64 万亿元，年均产值增长超过 20%，千亿元级产业链由 3 条增至 6 条。

支持“长安号”相关物流企业的发展，对业务规模较大的物流企业开通贷款贴息，对有意迁入港务区的外贸企业实行税收减免和补助奖励，做好政策的宣传工作，以吸引周边更多优秀企业入驻等。

2. 建设中欧班列特色产业园区

（1）扩建农产品加工园区。

粮食是人类生存的必需品，如面粉，不仅有面包粉、饺子粉、饼干粉、标准粉、富强粉等，还可制成面包、饼干、馒头、挂面等各类中式面食和西式食品，既符合我国北方城市和东部地区百姓饮食习惯，也适应中亚、欧洲等国际化口味需求。因此，建议效仿爱菊和中粮的成功模式，支持更多农副产品、特色食品加工企业创新发展，在中欧班列沿线国家建立产业园区。同时，基于港务区农产品物流加工园区，引入更多的粮食加工企业和新技术，发挥产业集聚效应。在原材料种植与采收、粗加工和精加工、物流中转分拨及国际销售等全链条上，探索与哈萨克斯坦北部地区的创新合作，将粮食加工产业做强做大，打造粮食加工产品的输出和出口集中区，利用中欧班列“长安号”的稳定国际通道使陕西品牌走向世界，拉动陕西农产品外贸增长，提升国际知名度。

（2）共建中草药加工园区。

2023 年 5 月 18—19 日，中国—中亚峰会在陕西省西安市举办。会议期间，中国同中亚五国达成系列合作共识，其中第 37 项成果为推动建设中医药中心，开展草药种植及加工合作，打造“健康丝绸之路”。中亚居民青睐中国传统中医，对于中草药有着广泛的种植和使用，中药是中亚百姓民心相通的纽带。例如，土库曼斯坦拥有丰富的药用植物资源，其原材料甘草等药物性状优良，可作为中药制剂的上等原材料。建议吸引药品贸易、药物研发、中药生产加工等企业共建园区，形成产业集聚，共同推进中医药研发创新业务，并推动中草药加工由初级加工向高附加值的精深加工转变。在园区内，可以同步探索与中亚五国共同开展传染病控制和预防合作、慢性病的管理与治疗等。

（3）建设出口汽车加工园区。

随着陕西汽车产业的快速发展，新能源汽车持续走俏海外，已出口至德国、俄罗斯、越南等国。2023 年 4 月，“长安号”首列新能源汽车专列从西安国际陆港站开往乌兹别克斯坦首都塔什干，为国产汽车走向世界开辟了一条安全、高效、便捷的国际物流大通道。如今，越来越多的车企选择通过中欧班列开展汽车出口贸易。

借助西安国际陆港整车口岸优势和新能源汽车出口的旺盛需求，建设现代化的汽车整车及其零部件出口加工园区，集聚比亚迪、陕汽、西安吉利等新能源车企，以及三星环新、众迪锂电池等一批重点企业，形成新能源汽车产业集聚，共同提升产量、扩展品种、打造品牌，并持续扩大规模。支持企业拓展汽车零部件加工和装配业务，利用园区提供的工厂建筑、仓储设施、物流装备，以及西安国际陆港便捷的交通网络，充分发挥出汽车产业集群效应，实现出口汽车“抱团出海”。

3. 深化“班列+产业”模式

目前，中欧班列已形成“产业+中欧班列”的运行模式，开通了多趟专列。运邮专列，标志着铁路不通邮的历史被改变；冷链专列，开启了冷鲜货物的铁路远距离运输之旅；整车专列，2019 年首次出口的整车专列共载有 190 辆中国制造的沃尔沃汽车前往比利时根特北海港；跨境电商专列，为跨境电商企业提供专业化的国际物流服务；康佳家电专列，2022 年 11 月首发，拉开了陕西康佳出口的帷幕；果汁专列，2019 年首列陕西苹果果汁专列经由满州里开往莫斯科，运输时间较海运缩短了 2/3。

建议依托陕西省本土特色货源及重点外贸企业的出口优势，推广“定制班列”“精品班列”等服务模式，扩大半导体、集成电路、煤制化工产品、农食产品等陕西优势产品出口。拓展跨境电商等新业态，发展物流总部经济，打造大宗商品交易中心。

参考文献

[1]Bochao, Tian Xin, Deng Shi yong, et al. Impact of China Railway Expression Urban Exports: Evidence from Prefectural-Level City Economic Data[J]. Procedia Computer Science, 2022, 214.

[2]Charnes A, Clark C T, Cooper W W, et al. A Developmental Study of Data Envelopment Analysis in Measuring the Efficiency of Maintenance Units in the US Air Forces[J]. Annals of Operations Research, 1985, 2(1): 95-112.

[3]Choi Kyoung Suk. The Current Status and Challenges of China Railway Express(CRE) as a Key Sustainability Policy Component of the Belt and Road Initiative[J]. Sustainability, 2021, 13(9).

[4]Chunying, Zhang Jin ning, Lyu Yan wei. Does the Opening of China Railway Express Promote urban Total Factor Productivity? New Evidence Based on SDID and SDDD Model[J]. Socio-Economic Planning Sciences, 2022, 80.

[5]Lau, L. J. (2019). The Belt and Road Initiative: A Chinese Marshall Plan? * China Economic Review, 57, 101-113.

[6]Leveque, P. Dry Port concept for seaport inland access with intermodal solutions[D] Goteborg: Chalmers University ofTechnology, 2001.

[7]Liu, X., & Zhang, L. (2021). Research on the problem of insufficient return cargo of China-Europe block trains and countermeasures. Logistics Technology, 40(1), 1-5.

[8]Monios J, Wilmsmeier G. Giving a Direction to Port Regionalization[J]. Transportation Research Part A: Policy and Practice, 2012, 46(10): 1551-1561.

[9]Notteboom, T. (2018). The impact of the Belt and Road Initiative on Eurasian land transport: The case of the China-Europe rail link. Journal of Transport Geography, 71, 1-12.

[10]Notteboom T. The Relationship Between Seaports and the Intermodal Hinterland in Light of Global Supply Chains: European Challenges[J]. GeoJournal, 2010, 75(5), 493-508.

[11]Rahimi Y, Tavakkoli-Moghaddam R, Mohammadi M, et al. Multi-objective Hub Network Design under Uncertainty Considering Congestion: An M/M/c/K queue System[J]. Applied Mathematical Modelling, 2016(40): 4179-4198.

[12] Rodemann, H., & Templar, S. (2019). The impact of the China-Europe rail link on the port of Duisburg and its hinterland. Journal of Transport Geography, 78, 102-112.

[13]Rolland, N. (2020). China's Eurasian Century? Political and Strategic Implications of the Belt and Road Initiative. The National Bureau of Asian Research.

[14]Roson R. The Role of Inland Ports in the Development of Intermodal Transport: The European Experience. OECD/ITF Joint Transport Research Centre Discussion Papers, 2010(2010)2, OECD Publishing.

[15]Roson R, Winkelmans W. The Impact of Inland Ports on the Location of Industries: Evidence from the Netherlands[J]. Journal of Transport Geography, 2009, 17(5): 361-369.

[16]Russ B F, Yamada T, Castro J T, et al. Optimising the Design of Multimodal Freight Transport Network in Indonesia[J]. Journal of the Eastern Asia Society for Transportation Studies, 2005, 6: 2894-2907.

[17]Uijiong Gao. The Belt and Road and China Railway Express[J]. Journal of Economics, Business and Management, 2022, 10(3).

[18]Van der Lugt M, Van Dijk M, Van Duin J H R. New Port-hinterland Container Transport Challenges: Adapting the Current Hub-and-spoke System[J]. Maritime Economics & Logistics, 2014, 16(1): 86-109.

[19] Walter C K, Poist R F. Desired Attributes of an Land Port: Shipper vs. Carrier Perspectives[J]. Transportation Journal, 2003, 42(5): 42-55.

[20]Wang C, Duan Z. Research on Competitiveness Evaluation System of Dry Port Based on AHP[J]. Open Journal of Social Sciences, 2016, 4(12): 13-22.

[21]Wanghang H Y, Zhong M, Yang X B, et al. Multi-criterion System Optimization B, Wang X. Genetic Algorithm Application for Multimodal Transportation Networks[J]. Information Technology Journal, 2013, 12(6): 1263-1267.

[22]Wang J J, Notteboom T, Jin D. Assessing Port Hinterland Vulnerability in a Maritime Network: A multi-criteria Approach[J]. Transportation Research Part A: Policy and Practice, 2014, 68: 143-160.

[23]Wang J J, Slack B. The Evolution of Intermodal Freight Transportation in the United States and Its Implications for Chinese Freight Transportation[J]. Journal of Transport Geography, 2000, 8(3): 159-172.

[24]Wang, J. , & Zhang, Y. (2020). Analysis of the operation mode of China-Europe block trains and its development trend. Journal of Railway Science and Engineering, 17(1), 1-10.

[25]Wang Nana, Shao Kaixuan. Analysis of Invulnerability of China Railway Express Logistics Network Based on Node Importance [J]. Science Discovery, 2022, 10(2).

[26]Wiegmans B, Van Der Lugt M. Developing and Testing a Framework for inland port Performance Analysis[J]. World Review of Intermodal Transportation Research, 2011, 4(2): 165-183.

[27]Wiegmans B, Witte P A, Spit T J M. Inland Port Performance: A Statistical Analysis of Dutch Inland Ports[J]. Transportation Research Procedia, 2015 (8).

[28]Wiegmans B, Witte P. Developing the inland port Concept: An Analysis of the Literature[J]. Transport Reviews, 2018, 38(1): 23-46.

[29]Xuefeng Wang, Yangyang Gu, Jiawei Ge, et al. Economic Routes Election under the Integrated Operation Mode: Case Study of China Railway Expression Zhengzhou[J]. International Journal of Shipping and Transport Logistics, 2021, 13 (3-4).

[30]Xu Zhang, Wei Zhang, Paul Tae-Woo Lee. Importance Rankings of no Desinthe China Railway Express Network Under the Belt and Road Initiative[J]. Transportation Research Part A, 2020, 139.

[31] Yuehui Wu, Chang Lin, Jingyu Huang. Network Planning Location Model for China Railway Express[J]. Transportation Research Record, 2019, 2673(2).

[32]长安续写新传奇 中欧班列"长安号"开行量、货运量稳居全国第一[EB/OL]. https://news.cctv.com/2023/09/23/ART/px/fNWRwLg3ejoB1oB

T2309230shtml.

[33]常伟. 关于促进国际陆港与海港协同发展的思考[J]. 港口经济，2016(3)：21-24.

[34]常伟. 国际陆港建设发展战略研究[J]. 物流工程与管理，2011(7)：31-32，45.

[35]常伟，赵霄伟. 国际陆港物流系统研究评述与展望[J]. 物流技术，2013，32(1)：1-3，36.

[36]陈瑾瑜，王文晓. 提高企业运营效率的几点措施[J]. 经营管理者，2014，(3)：67-67.

[37]陈菊红，黄鹏. 基于Fuzzy-ANP的国际陆港竞争力评价[J]. 系统工程，2011(12)：88-95.

[38]陈迎."中欧班列"沿线国家贸易效率评价与比较研究[D]. 重庆：四川外国语大学，2018.

[39]崔明阳. 基于货物时间价值的集装箱多式联运方案研究[D]. 北京：北京交通大学，2017.

[40]丁姜华. 西安国际港务区的选址与规划研究[D]. 西安：西安建筑科技大学，2008.

[41]董千里."一带一路"背景下国际中转港战略优势、条件及实现途径[J]. 中国流通经济，2017，31(2)：46-54.

[42]冯芬玲，梁俊凯，刘承光，等."一带一路"背景下中欧班列竞争力分析——基于货物细分和Logit模型[J]. 技术经济，2020，39(3)：119-128.

[43]富鹏飞. 中欧班列华南地区运营的现状与分析[J]. 铁道经济研究，2019(4)：13-17.

[44]耿进昂."一带一路"倡议下中欧班列发展对策探讨[J]. 铁道运输与经济，2020，42(10)：69-73. DOI：10.16668/j.cnki.issn.1003-1421.2020.10.12.

[45]苟辰楠，丁程. 国际陆港联动发展研究[J]. 河南大学学报(社会科学版)，2015(5)：61-68.

[46]韩林芝，何伦志. 发挥中欧班列作用推进丝绸之路经济带发展思路与建议[J]. 改革与开放，2018(5)：17-19.

[47]和豪涛，张毅. 基于AHP-灰色关联度的公路大件运输方案优选[J]. 公路交通科技，2015，32(11)：148-152.

[48]胡硕. 中欧班列政策对"一带一路"倡议参与国的碳排放效率的影响

研究[D]．成都：西南财经大学，2022.

[49]蒋浩天．“一带一路”背景下中欧班列的发展[D]．北京：外交学院，2021.

[50]蒋志青．精益管理在供应链管理中的应用研究[J]．中国物流与采购，2011(8)：64-65.

[51]解欢品．中欧班列对全要素生产率的影响[D]．济南：山东财经大学，2021.

[52]解码中欧班列“长安号”：做到全国第一后，下一步去向哪里？[EB/OL]．(2023-03-15)．https：//m. sohu. com/a/654357101_121255906.

[53]李春莹．中欧班列开通对城市生产率的影响研究[D]．乌鲁木齐：新疆大学，2021.

[54]李佳，闵悦．中欧班列开通对中国民营企业投资效率的影响研究[J]．国际贸易问题，2022(2)：125-139.

[55]李欣蔚．“一带一路”背景下中欧班列与中欧贸易发展预测及其协调性判别研究[D]．重庆：重庆工商大学，2022.

[56]梁红波．虚拟国际陆港区域联动发展模式的研究[J]．中国商论，2014(8)：106-108.

[57]林萍．中欧班列运营效率评价研究[D]．重庆：重庆工商大学，2020.

[58]刘畅，秦胜，张文．基于逻辑斯蒂模型的中欧班列开行数量预测探讨[J]．铁道运输与经济，2019，41(05)：110-114.

[59]刘岱，吴宗书．基于DEA的中西部地区区域物流与区域经济协同发展评价[J]．物流科技，2016，39(11)：75-77.

[60]刘威．中欧班列联动下西安内陆港发展模式研究[D]．大连：大连海事大学，2017.

[61]刘威．中欧班列联动下西安内陆港发展模式研究[D]．大连：大连海事大学，2017.

[62]吕顺坚，董延丹．我国无水港的发展[J]．水运管理，2007(8)：20-22.

[63]吕顺坚．我国国际陆港物流系统研究[D]．北京：对外经济贸易大学，2014.

[64]罗晴．国际陆港物流服务功能体系构建研究[D]．重庆：重庆交通大

学，2020.

［65］马斌．中欧班列的发展现状、问题与应对［J］．国际问题研究，2018，（06）：72-86.

［66］［美］卡普兰，诺顿．战略地图：化无形资产为有形成果［M］．刘俊勇，孙薇，译．广州：广东经济出版社，2004.

［67］逄格敏．中欧班列开通对中国与“一带一路”沿线国家贸易影响研究［D］．大连：东北财经大学，2021.

［68］秦志鹏．新中欧铁路物流大通道规划研究［J］．物流工程与管理，2018，40（1）：40，59-60.

［69］三水，木棉．中欧班列主要平台、口岸2021全年开行数据一览［Z］．公众号：探索新丝路，2022-1-6.

［70］孙林岩，李刚，朱志红，等．工业工程现状及其发展展望［J］．中国机械工程，2010，21（19）：2258-2265.

［71］汤银英，戴炜东，陈思，等．考虑多节点时间窗差异的集装箱多式联运路径选择研究［J］．交通运输工程与信息学报，2020，18（1）．34-42.

［72］田宇宁，王莹陈，陈喜明．基于货运服务链的中欧班列运输服务模式探析［J］．铁道运输与经济，2022，44（3）：36-41.

［73］汪鸣．新时代国际陆港发展再认识［J］．中国物流与采购，2019（11）：8.

［74］王福成，王海英．企业运营效率管理创新研究［J］．企业改革与管理，2014（9）：22-23.

［75］王刚．内陆国际陆港物流园区规划研究［D］．重庆：重庆交通大学，2015.

［76］王红卫．“一带一路”背景下我国国际陆港建设与发展研究［D］．北京：北京交通大学，2019.

［77］王慧珍．加快推进中欧班列（西安）集结中心的思考与建议［J］．大陆桥视野，2020（10）：38-41.

［78］王慧珍．中欧班列（“长安号”）高质量发展路径探讨［J］．大陆桥视野，2021（11）：33-35，38.

［79］王姣娥，焦敬娟，马丽．中欧班列运输组织模式与边境口岸腹地范围研究（英文）［J］．Journal of Geographical Sciences，2018，28（9）：1275-1287.

［80］王艳波．中欧班列建设发展规划研究［J］．铁道运输与经济，2017，

39(1)：41-45.

[81]魏松波，史锦艳，程俊，等．基于 DEA-Malmquist 指数模型的中欧班列枢纽城市物流业效率评价[J]．中国储运，2022(9)：165-166.

[82]文瑞．中欧班列运行效益分析及高质量发展对策[J]．区域经济评论，2019(5)：110-116.

[83]席平．国际陆港基础概念与运作模式[J]．物流科技，2007(1)：8-11.

[84]席平．内陆地区建设国际陆港的思考[J]．综合运输，2007(2)：39-41.

[85]席平．新时代国际陆港发展再认识[J]．大陆桥视野，2020(7)：46-51.

[86]席平．新时代国际陆港物流园区建设与发展[J]．中国物流与采购，2019(12)：38-39.

[87]席平，严国荣，曹鸿．建立中国西部国际港口——“国际陆港”的基础概念与运作思路[J]．中国物流与采购，2016(4)：70-73.

[88]席平．“一带一路”倡议下国际陆港物流中心发展研究[J]．物流与供应链管理，2018(39)：46-50.

[89]许英明．高质量发展背景下中欧班列发展现状、挑战与对策[J]．国际贸易，2020(5)：28-34.

[90]许英明，邢李志，董现垒．“一带一路”倡议下中欧班列贸易通道研究[J]．国际贸易，2019，(02)：80-86. DOI：10.14114/j.cnki.itrade.2019.02.013.

[91]鄢飞．物流服务供应链的协调机理研究[D]．西安：长安大学博士学位论文，2009.

[92]杨德才．中国经济史[M]．2 版．北京：高等教育出版社．

[93]杨德芳．基于 Delphi/改进 AHP/GRA 多式联运运输方案选择研究[D]．大连：大连交通大学，2013.

[94]杨睿．内陆“干港”及其选址研究[D]．上海：上海海事大学，2006.

[95]殷红军，郭菊娥，赵新文．内陆港口现代物流体系研究[J]．长安大学学报(社会科学版)，2011(3)：30-36.

[96]翟志伟．我国内陆国际陆港发展模式及竞争力评价研究[D]．大连：大连海事大学交通运输管理学院，2011.

[97]张超，蒋芮．基于 SWOT 的中欧班列发展现状与策略分析[J]．中国市场，2016(41)：148-149，154.

[98]张戎，艾彩娟．内陆港功能定位及发展对策研究[J]．综合运输，2010(1)：44-47.

[99]张雯卿，闫蕊．“一带一路”中欧班列可持续发展研究[J]．中国水运(下半月)，2019，19(08)：50-52.

[100]张雪琪．中欧班列去程运输组织优化策略与模型研究[D]．成都：西南交通大学，2019.

[101]中共中央　国务院关于新时代推进西部大开发形成新格局的指导意见[EB/OL]．中国政府网，https：//www. gov. cn/xinwen/2020-05/17/content_5512456. htm.